AB 50 IN FORM

DAGMAR VON CRAMM

AB 50 IN FORM

Schlanke Rezepte zum Genießen und Fitbleiben

LIEBE LESERIN, LIEBER LESER,

Dagmar von Cramm,
Autorin

dieses Buch ist schon einmal erschienen: unter dem Titel „Clever kochen – besser essen". Jetzt haben wir es überarbeitet und mit neuen Rezepten erweitert. Und bereits im Titel wird klar, wer die Zielgruppe ist. Alle, die über 50 sind und sich und ihrem Körper etwas Gutes tun wollen, sind mit diesem Buch angesprochen.
Um die Lebensmitte verändert sich unser Stoffwechsel. Wir brauchen mehr Bewegung, aber auch Zeit zur Regeneration, mehr wertvolle Nährstoffe, aber eindeutig weniger Kalorien. Die meisten nehmen zu, mit allen negativen Begleiterscheinungen. Wer seine Ernährung und seinen Lebensstil bewusst gestaltet, der verleiht nicht nur seinem Leben mehr Jahre, sondern diesen Jahren auch mehr Leben. Das zeigen große Studien ebenso wie die Erkenntnisse über die langlebigsten Völker unsere Erde.
Aber nicht nur unser Körper, auch unsere Lebenssituation verändert sich: Unsere Kinder werden groß und gehen ihre eigenen Wege, unsere Eltern werden alt und brauchen uns vielleicht wieder mehr, wir laufen beruflich zur Hochform auf, bevor wir uns dann langsam auf den Ausstieg vorbereiten. Unser Haushalt wird eher kleiner, doch Freundeskreis und Interessen wachsen wie die Jahresringe. Die Belastungen bleiben gleich hoch, so scheint es. Wir möchten ihnen gewachsen sein.
Dieses Buch will Ihnen eine genussvolle Anregung sein. Lesen, kochen und schmecken Sie sich in eine neue Lebensphase hinein. Viel Spaß dabei wünscht Ihnen

Dagmar Frfr. v. Cramm

Dagmar v. Cramm

INHALT

ERNÄHRUNG

LEBENSSTIL

GESUND GENIESSEN

DIE REZEPTE

FRÜHSTÜCK

MITTAGESSEN

ABENDESSEN

GENIESSEN MIT GÄSTEN

WAS GIBT'S NEUES?

SERVICE

ANDERS LEBEN, ANDERS KOCHEN

Dies ist zunächst einmal ein Genuss-Kochbuch. Aber gleichzeitig ist es ein Ratgeber für die richtige Ernährung ab 50. Was wirklich guttut, worauf es ankommt, was sich ändert und was so bleiben kann. Natürlich gibt es individuelle Unterschiede. Doch die Wissenschaft hat einige klare Erkenntnisse aus der Chronobiologie, der Ernährungsforschung, der Psychologie, Medizin und aus der Langzeitbeobachtung von Bevölkerungsgruppen, die Hinweise darauf geben, wie man seine Leistungsfähigkeit, Gesundheit und Schönheit möglichst lange erhält. Mehr darüber erfahren Sie im Kapitel Ernährung. Wir haben diese Fakten zusammengefasst und auf die Praxis bezogen: auf die Lebensmittel und auf ihre Zubereitung. Dazu gibt es den Rezeptteil.

Die Rezepte

Klar können Sie kochen. Schließlich haben Sie ja schon lange die Familie oder zumindest sich selbst versorgt. Deshalb trauen wir Ihnen auch etwas zu in der Küche. Aber Sie sollten auch einmal etwas Neues ausprobieren – dazu ist jetzt genau der richtige Zeitpunkt. Ein bisschen überraschend, spannend, raffiniert – aber auch wohltuend und gesund sollten die neuen Rezepte sein. Und trotzdem leicht zuzubereiten.
Ein regelmäßiger Essrhythmus ist gut fürs Wohlbefinden – den sollten Sie also nicht über Bord werfen. Deshalb sind die Rezepte nach Tageszeiten geordnet: Frühstück, Mittag- und Abendessen. Darüber hinaus gibt es einen großen Extrateil für Gäste, kleine und große Runden – eben für besondere Anlässe. Beides ist wichtig: der Alltag mit seiner Regelmäßigkeit und die Zeit, die man entspannt mit Freunden und der Familie verbringt und ganz bewusst genießt.

Die Zutaten

Es gibt viel zu entdecken: Die Welt der Lebensmittel ist bunter geworden, wie auf den nächsten Seiten zu lesen ist. Wir meinen damit nicht den Wust von neuen Fertigprodukten – darauf können Sie locker verzichten, weil sie nicht wirklich guttun. Wir meinen die Welt der Gewürze und Kräuter, der exotischen Zutaten, die Sortenvielfalt bei Obst und Gemüse, bei Nüssen, Kernen und Getreide. Spezielle Zutaten, die Sie vielleicht noch nicht kennen, werden ab Seite 242 erklärt – mit möglichen Alternativen und den besten Einkaufsquellen. Probieren Sie, was Ihnen schmeckt und guttut.

Die Mengen und die Qualität

Gekocht wird jetzt oft für zwei Personen oder auch nur für eine – nicht mehr für eine ganze Familie. Das ist einerseits schade, andererseits eine große Chance. Für zwei sind die Jakobsmuscheln und das Biofleisch erschwinglich. Und auch beim Gemüse, dem Salatöl oder den Kräutern müssen Sie nicht so scharf auf den Preis schauen. Klein, aber fein sollte Ihre Devise sein. Denn nichts schlägt sich schrecklicher auf den Hüften nieder als die Familienportionen, die zu zweit verdrückt werden. Doch es geht nicht nur um weniger – Zutaten mit einer hohen Nährstoffdichte sind wichtig. Das sind Lebensmittel, die pro Kalorie besonders viel wertvolle essenzielle Nährstoffe enthalten: Gemüse, Obst, Vollkorn, Fisch, mageres Fleisch oder Nüsse. Die „Sättigungsbeilagen" wie Brot, Nudeln, Reis dürfen etwas knapper ausfallen.

Es ist ein Luxus, nur für zwei einkaufen zu gehen: Sie müssen keine riesigen Mengen mehr nach Hause schleppen und keine großen Vorräte mehr anlegen. Das schont auch den Geldbeutel. Da ist es möglich, zum Wochenmarkt, in den Bioladen, zum Türken, Perser oder Chinesen zu gehen. Entdecken Sie neue Einkaufsquellen. Sicher können Sie im Supermarkt und beim Discounter kaufen. Aber kleine Läden mit kurzen Wegen und persönlicher Beratung haben auch ihre Vorteile.

Der Aufwand

Es gibt Gerichte, die für eine ganze Familie viel zu viel Aufwand bedeuten. Nudeln selbst machen zum Beispiel. Oder Brot backen. Oder einen Brotaufstrich mixen. Das alles lohnt sich auszuprobieren, wenn Sie mehr Zeit haben und nur noch für zwei kochen. Ein Auflauf dagegen oder ein Braten ist nicht so ein Hit: Das gibt es eher, wenn Gäste kommen. Es muss auch nicht immer Aufwendiges sein: Schnell etwas im Wok rühren oder in der Pfanne braten zum Beispiel ist ideal, wenn es fixer gehen soll. Auch Kleinschneiden und -hacken bedeutet bei überschaubaren Mengen keinen großen Zeitaufwand mehr. Alles wird eben anders, wenn nur noch zwei am Tisch sitzen.

ERNÄHRUNG

Anti-Aging heißt das Zauberwort. Was ist dran? Kann man ewige Jugend essen? Natürlich nicht! Aber Ernährung spielt durchaus eine wichtige Rolle beim Alterungsprozess. Eine optimale Ernährung sollte unsere Zellen mit antioxidativen Substanzen versorgen und dem Körper alle wichtigen Bausteine zur Zellerneuerung liefern, sie sollte für eine gesunde Verdauung sorgen und dafür, dass wir nicht dick werden. Unser Körper hat ein langes Gedächtnis – je früher Sie ihm etwas Gutes tun, desto besser. Aber wie? Langfristige Studien mit großen Bevölkerungsgruppen, sogenannte epidemiologische Studien, geben Hinweise. Genauere Informationen liefern Metastudien, die die Ergebnisse einer Vielzahl von Untersuchungen zusammenfassen. Daraus lassen sich nachweislich sinnvolle praktische Ratschläge für Essen und Trinken ableiten.

WIE WIR ESSEN UND TRINKEN

Die Nationale Verzehrsstudie schaute uns auf die Teller – so genau wie noch nie. Etwa 20 000 Menschen in Deutschland zwischen 14 und 80 Jahren wurden mehrfach befragt, untersucht, gemessen und gewogen. Noch sind nicht alle Ergebnisse ausgewertet. Doch die Studie hat bestätigt, was wir ohnehin ahnten: Viel zu viele sind zu dick – und das Übergewicht steigt vor allem nach dem 40. Lebensjahr erheblich an, Jahr für Jahr. Bei Männern stärker als bei Frauen.
Damit verbunden nehmen ernährungsmitbedingte Krankheiten wie Diabetes, Bluthochdruck, Arteriosklerose und Erkrankungen des Bewegungsapparates zu. Männer sind davon häufiger betroffen als Frauen. Deshalb ist ihre Lebenserwartung auch geringer. Sie liegt aktuell bei 76 Jahren, während Frauen durchschnittlich 81 Jahre alt werden. Es geht aber nicht in erster Linie darum, dem Leben weitere Jahre hinzuzufügen, sondern den Jahren Lebensqualität zu geben: Well-Aging heißt die Devise.

Was heißt Altern?

Mit etwa 20 Jahren ist die Wachstumsphase beendet. Von dem Zeitpunkt an beginnt der Körper zu altern. Zwischen dem 30. und 80. Lebensjahr sinkt die Kraft des Herzens, Blut durch den Kreislauf zu pumpen, um ein Drittel, die Vitalkapazität der Lunge und die Nierendurchblutung halbieren sich! Die Ursache für den Alterungsprozess hat die Wissenschaft noch nicht gefunden. Es gibt dazu unterschiedliche Theorien. Viele Forscher vermuten Entzündungsvorgänge in den Zellen, die bereits vor der Geburt einsetzen. Sie werden durch den oxidativen Stress freier Radikale angeregt und diese Entzündungsvorgänge nehmen im Laufe des Lebens zu.
Altern ist wohl ein Ergebnis von Schädigung und Reparatur, wobei irgendwann die Schädigungen die Oberhand gewinnen – so die Alternstheorie bezüglich der freien Radikale.

Die große Frage: Sind diese Vorgänge durch die Ernährung deutlich zu beeinflussen? Können wir uns ein gesundes, aktives Alter „er-essen“?

Die größten Probleme

Übergewicht, Herz-Kreislauf-Probleme und Diabetes nehmen statistisch gesehen mit den Jahren zu und sie verstärken sich gegenseitig. Sie werden unter dem Begriff Metabolisches Syndrom (siehe Seite 240) zusammengefasst. Es ist erkennbar an mindestens drei der folgenden Kriterien:

- Fettverteilung im Bauchraum bestimmt durch einen Taillenumfang von über 102 Zentimeter bei Männern oder über 88 Zentimeter bei Frauen,
- Serumtriglyzeride von über 150 mg/dl,
- HDL-Cholesterin von unter 40 mg/dl bei Männern bzw. < 50 mg/dl bei Frauen,
- Blutdruck von 135/85 mmHg oder mehr,
- Nüchternblutzucker von über 110 mg/dl oder Vorliegen von Diabetes Typ 2 (siehe Seite 238)

Sarkopenie, der Verlust von Muskelmasse, wird erst in späteren Jahren sichtbar, beginnt aber schon relativ früh. Griechisch bedeutet „Sarx“ Fleisch und „Penie“ Mangel. Dieser Rückgang der Muskulatur beginnt schon etwa mit 30 Jahren und beschleunigt sich ab Mitte fünfzig. Dabei wird Muskelmasse durch Fett und Bindegewebe ersetzt: Im Laufe des Lebens nimmt die Muskelmasse so um 30 bis 40 Prozent ab. Die Gründe sind noch nicht ausreichend untersucht. So lässt die Fähigkeit der Muskelzelle nach, Eiweiß aufzubauen. Das hängt wahrscheinlich mit hormonellen Veränderungen zusammen. Mit dem Verlust von Muskelmasse verbraucht der Mensch auch weniger Kalorien, denn eine Fettzelle braucht viel weniger Energie als eine Muskelzelle. Das senkt den Kalorienbedarf erheblich. Sarkopenie ist aber auch mitverantwortlich für Gebrechlichkeit und Sturzgefahr im hohen Alter. Denn auch in Geweben wie den Knochen breiten sich Fettzellen aus.

WIE DER ENERGIEBEDARF SINKT

Der Energiebedarf des Körpers ohne jede körperliche Aktivität wird als Grundumsatz bezeichnet. Er sinkt im Laufe des Lebens um etwa 20 Prozent: beim Mann von 1 820 Kalorien zwischen 25 und 50 Jahren auf nur noch 1 410 Kalorien mit über 65.
Frauen verbrauchen im Alter zwischen 25 und 50 noch 1 390 Kalorien, im Alter von über 65 nur noch 1 170 Kalorien. Aber keine Sorge: Der tatsächliche Kalorienbedarf liegt höher, weil ja immer körperliche Bewegung dazukommt, und je mehr man sich bewegt, desto höher der Kalorienbedarf (siehe Seite 28).

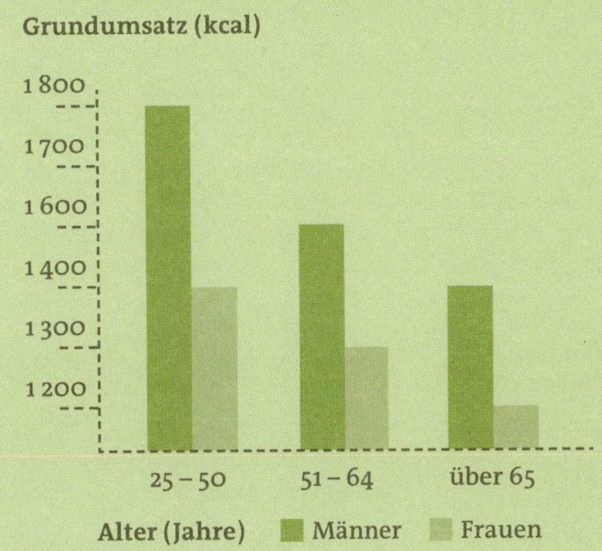

Spannende Studien

Die Franzosen essen viel gesättigte Fette – Butter, Crème fraîche, fette Rohmilchkäse, Sahne, Pasteten und Mousse! Sie essen ähnlich viel dieser Fette wie die Skandinavier, Engländer und Deutschen mit ihrer Butter, Sahne, Wurst und Speck. Aber sie sterben viel seltener an Herzinfarkt – sie haben weniger Probleme mit Arteriosklerose. Darin gleichen die Franzosen den Mittelmeerbewohnern, die aber vorwiegend ungesättigte Fette essen: Olivenöl, Nüsse, Kerne. Die Wissenschaft vermutet: Es ist der Wein, der die Franzosen so gesund hält.
Es gab die „Lyon-Herz-Studie" und das „Hale-Projekt". In beiden Studien wurden tierische Fette so weit wie möglich durch pflanzliche ersetzt, mehr Fisch und weißes Fleisch (Geflügel) statt rotem Fleisch (Schwein, Rind, Lamm, Wurst) verzehrt, mehr Gemüse, Obst und Vollkornbrot. In beiden Studien sank die Sterblichkeit um über 50 Prozent!
Mit der Beziehung Krebs und Ernährung befassen sich zwei Studien: Die „Epic-Studie" mit über 500 000 Teilnehmern fand einen starken Zusammenhang zwischen Obst- und Gemüseverzehr und Herz-Kreislauf-Erkrankungen, Diabetes und Krebs. Der „WCRF-Report" (World Cancer Research Fund) fasste die Ergebnisse von 7 000 Studien über den Zusammenhang zwischen Krebs und Lebensstil zusammen. Ergebnis: Die Einflussfaktoren sind je nach Krebsart unterschiedlich. So ist ein direkter Zusammenhang zwischen Ernährung und Brust- beziehungsweise Prostatakrebs unwahrscheinlich. Übergewicht und zu viel Alkohol erhöhen aber sicher das Risiko für diese Krebserkrankungen. Fehlende Bewegung, viel Alkohol, zu wenig Obst, Gemüse und Vollkorn sind Risikofaktoren für Krebserkrankungen des Verdauungstraktes. Die „Diogenes Studie" über den Jojoeffekt in acht europäischen Ländern bei knapp 1 000 Teilnehmern ergab, dass die beste Vorbeugung gegen Zunahme ein höherer Eiweißanteil in der Kost und Kohlenhydrate mit hohem Glykämischen Index sind (siehe Seite 39 und 239).

5 ERNÄHRUNGS-REGELN FÜR WELL-AGING

Warum nicht weitermachen wie bisher? Nun – zwischen dem 40. und 60. Lebensjahr ändert sich so einiges in unserem Leben und vieles in unserem Körper.

- Muskelgewebe wird durch Fettgewebe ersetzt – dadurch sinkt der Kalorienbedarf. Fehlende körperliche Aktivität und eine generelle (altersbedingte) Verlangsamung der Bewegung verstärken diese Wirkung.
- Der Vitamin- und der Mineralstoffbedarf bleiben aber gleich. Das heißt, dass wir besonders überlegt essen sollten, um mit weniger Kalorien genauso viele essenzielle Nährstoffe zu uns zu nehmen. Absolut gesehen werden sogar mehr Vitamin D und Vitamin K gebraucht. Je nach Gesundheitszustand steigt auch der Bedarf an Mineralstoffen und Vitaminen wie Folsäure oder Vitamin C.
- Der Wassergehalt des Körpers sinkt, die Leistungsfähigkeit der Nieren lässt nach. Deshalb wird eine regelmäßige und ausreichende Flüssigkeitszufuhr immer wichtiger.
- Das Immunsystem wird schwächer – der Thymus, in dem Abwehrzellen gebildet werden, wird bis auf winzige Reste abgebaut. Das verschlechtert die körperlichen Abwehrkräfte und fördert Erkrankungen wie Osteoporose und Arteriosklerose. Der Bedarf an immunstärkenden Substanzen wie Vitaminen und Bioaktivstoffen steigt.
- Langfristig sinkt die Effizienz des Verdauungssystems. Das kann sich in einer verminderten Sekretion von Magensäure äußern, aber auch in nachlassender Darmbewegung und verlangsamtem Nährstofftransport durch die Darmschleimhaut. Dadurch erreichen nicht mehr alle Nährstoffe den Blutkreislauf.

Mit anderen Worten: Wir werden nicht nur äußerlich und sichtbar älter, sondern auch innerlich. Dieser Prozess ist individuell unterschiedlich und auch abhängig vom Lebensstil. Es hilft wenig, einzelne Lebensmittel als Allheilmittel zu betrachten. Das große Ganze ist entscheidend – und da gibt es tatsächlich Richtlinien, die sich ganz konkret umsetzen lassen – wie in den Rezepten dieses Buches. Hier die 5 wichtigsten Regeln:

1. Fünf Portionen Obst und Gemüse am Tag

Frisches hat viele Vorteile. Umso erfreulicher, dass die Beliebtheit von Obst und Gemüse mit zunehmendem Alter steigt, wie die Nationale Verzehrsstudie ergab. Kleine Ausnahme: Bei den 65- bis 80-jährigen Frauen sinkt der Obstverzehr wieder etwas. Bei Männern nimmt das Risiko für Herz-Kreislauf-Erkrankungen mit dem Alter erheblich zu. Die amerikanische Nurse Health Study ergab, dass auch Frauen in und nach den Wechseljahren verstärkt von Herzinfarkt bedroht sind. Dieses Risiko sank für beide Geschlechter mit hohem Obst- und Gemüseverzehr. Grund: Ballast- und Bioaktivstoffe normalisieren den Blutfettspiegel. Obst und Gemüse enthalten viele wertvolle Nährstoffe, aber wenig Kalorien. Das wird auch als „niedrige Energiedichte“ bezeichnet – ein Riesenvorteil, wenn man mit Übergewicht zu kämpfen hat. Es muss nicht immer Rohkost sein: Bioaktiv- und Mineralstoffe bleiben auch in gegartem Gemüse vollständig erhalten – manche Vitamine wie Betakarotin, die Vorstufe von Vitamin A, sind sogar für den Körper besser verwertbar, weil Erhitzen sonst unverdauliche Faserbestandteile aufschließt. Da unsere einheimische Küche mit Gemüse nicht sehr fantasievoll umgeht, lohnen Abstecher in die Mittelmeer- und fernöstliche Küche. Ein weiterer Trick: Smoothies, bei denen meist Obst, teilweise auch Gemüse im Mixer zu einem dickflüssigen Getränk zerkleinert wird. Ein Entsafter dagegen trennt einen wertvollen Bestandteil, die Ballaststoffe, ab. Immerhin eine Portion darf aber aus Säften stammen – am besten frisch gepresst!

FÜNF AM TAG

So sollte ein gesunder Tag mit fünf Portionen aussehen:

1. **Smoothie oder Müsli zum Frühstück**
2. **Salat zum Mittagessen**
3. **Gemüsebeilage zum Mittagessen**
4. **Nachmittags ein Obstteller oder auch mal Obstgebäck**
5. **Salat – gerne auch aus gegartem Gemüse – zum Abendessen**

Und was ist eine Portion? Nun – eine Handvoll bei kompakten Obst- und Gemüsesorten – und bei Blattsalat beide Hände voll. Bei Saft und Smoothie ein Glas.

2. Getreide „mit"

Die Vollwertpäpste Kollath und Bircher-Benner forderten vor 100 Jahren, die Nahrung ursprünglich zu lassen, um ihren ganzen Wert zu genießen: die Vollwertkost war geboren. Heute wissen wir, dass sie teilweise recht hatten. So hat Vollkornbrot mit seinen Bioaktivstoffen eine positive Wirkung auf den Blutfettspiegel und die Verdauung – es beugt Darmerkrankungen bis hin zu Krebs vor.
Die Sauerteigführung und Hefegärung lassen weitere wertvolle Substanzen entstehen, das Backen verbessert die Verträglichkeit. Wenn Sie Mehl kaufen: Seine Typenzahl entspricht dem Gewicht der Mineralstoffe (mg pro 100 g Trockenmasse). Vollkorn-Weizenmehl der Type 1700 enthält viermal mehr Mineralstoffe als 450er Mehl, Type 1050 immer noch gut doppelt so viel. Kurz: Es lohnt sich, Vollkornbrot zu essen! Sie schlagen so viele Fliegen mit einer Klappe. Zu hart? Muss nicht sein – gute Bäcker bekommen auch ein Vollkornbrot saftig hin. Oder Sie backen es selbst (siehe Seite 58–61). Und Nudeln, Reis, Gebäck? Alles, was Sie häufig und täglich essen, sollte möglichst oft aus Vollkorn bestehen. Probieren Sie parboiled Vollkornreis, Bulgur aus dem ganzen Korn und Pasta integrale – Sie werden sich wundern, wie schnell Sie sich daran gewöhnen!
Doch schütten Sie das Kind nicht mit dem Bade aus: Bei Genussartikeln wie Weihnachtsplätzchen spielt die Typenzahl keine Rolle. Auch das helle Baguette für Gäste oder das Sonntagscroissant sind kein Problem – es geht um das große Ganze.

3. Fett muss fließen

Nach der großen Fettsparhysterie kam die Ernüchterung: Die Herzinfarktrate sank nicht – im Gegenteil. Mittlerweile gibt es die Leitlinie Fett der Deutschen Gesellschaft für Ernährung (DGE). Sie stellt fest: Es geht vor allem um die Art der Fette. Mehrfach ungesättigte Fettsäuren wie Linol- und Lionolensäure sind lebensnotwendig – und sie wirken sich auf den Blutfettspiegel positiv aus. Vorausgesetzt, ihre ungesättigten Bindungen sind an der richtigen Stelle: Das Verhältnis von Omega-6- zu Omega-3-Fettsäuren sollte mindestens 5:1 betragen. Ungesättigte Fette sind flüssig – Speck und Butter oder Kokosfett sind entsprechend fest. In der Küche also so oft wie möglich Öle benutzen. Den höchsten Gehalt an Omega-3-Fettsäuren hat Leinöl, das leider schnell ranzig wird. Dann folgen Rapsöl, Walnuss- und Sojaöl. Olivenöl ist ebenfalls günstig, Sonnenblumenöl weniger. Vor allem das traditionelle Distelöl wird heute nicht mehr empfohlen. Ob kaltgepresst oder raffiniert ist eher eine Geschmackssache und hängt von der Verwendung ab: zum Braten raffinierte Öle nehmen, fur die kalte Küche kaltgepresste. Ob Margarine oder Butter – wer streicht und nicht stapelt, kann das nach Gusto entscheiden.
Die Königsklasse unter den Fetten sind die Omega-3-Fettsäuren in Fisch, darunter die Eicosapentaensäure. Sie verbessert die Fließeigenschaften des Blutes. Wikinger erzählten in ihren historischen Aufzeichnungen, dass verwundete Eskimos unstillbare Blutungen hatten: Da sie fast ausschließlich von Fisch lebten, war ihr Blut buchstäblich dünn. Die besten Lieferanten dieser Fettsäuren sind Lachs, Makrele und Hering – ganz egal in welcher Form. Also ideal auch für eine kalte Mahlzeit.
Aber nicht vergessen: Fett liefert doppelt so viele Kalorien wie die anderen Nährstoffe – deshalb gilt auch hier: Klasse statt Masse!

4. Reichlich Eiweiß gut kombiniert

Eiweiß wird gerne in Diäten als Fatburner bezeichnet. Der Grund: Es hat nicht nur – ähnlich wie Kohlenhydrate – halb so viele Kalorien wie Fett, sondern muss im Stoffwechsel zur Energiegewinnung erst umgebaut werden. Dabei gehen etwa 20 Prozent der Kalorien verloren. Zudem scheint es so zu sein, dass eiweißreiche Lebensmittel besonders gut sättigen. Hauptaufgabe von Eiweiß ist es aber, unsere Zellsubstanz zu erneuern. Das wird mit zunehmendem Alter immer wichtiger. Eine hohe Eiweißzufuhr kann nämlich die Sarkopenie, den altersbedingten Muskelschwund, verlangsamen – vor allem in Kombination mit körperlichem Training. Voraussetzung sind gesunde Nieren, denn beim Eiweiß-Stoffwechsel entstehen Abbauprodukte, die über die Niere ausgeschieden werden müssen. Wenn das nicht mehr richtig funktioniert, ist Eiweiß im Urin nachweisbar. Bluthochdruck und Diabetes können dieses Risiko erhöhen. Es gibt noch eine andere Einschränkung: Eiweiß tierischer Herkunft ist meist verbunden mit einem hohen Gehalt an gesättigten Fettsäuren. Das betrifft Fleisch und Fleischprodukte wie Wurst und Milch mit seinen Produkten. Hier lieber eine niedrige Fettstufe wählen: bei Milch und Joghurts 1,5 % Fett bevorzugen, bei Weichkäse unter 50 % Fett i.Tr. und bei Hartkäse unter 40 % Fett i.Tr., lieber Schmand als Crème fraîche und Aufschnitt mit natürlich niedrigem Fettgehalt unter 20 Prozent wählen. Wichtig: Fett bei Fleisch erst nach der Zubereitung abschneiden, sonst leidet der Geschmack, denn Fett ist ein Aromaträger. Bei Fisch ist das Fett ein Pluspunkt – und bei Nüssen und Kernen ebenfalls. Die übrigen pflanzlichen Eiweißträger: Getreidevollkorn, Kartoffeln, Hülsenfrüchte und Pilze sind fast fettfrei. Wer sie gut mit den tierischen Eiweißträgern kombiniert, deckt seinen Bedarf am besten.

5. Flüssigkeit: Mäßig, aber regelmäßig

Nichts wurde in letzter Zeit so eifrig aufgenommen wie die Empfehlungen zum reichlichen Trinken. Es ist gesellschaftlich akzeptiert, mit einer Wasserflasche herumzulaufen und zu nuckeln. Und tatsächlich gehören Kinder und ältere Menschen zu den Gruppen, die das Trinken oft vergessen. Doch bei den Mengen wird übertrieben. Die DGE empfiehlt etwa 1,5 bis 2 Liter zu trinken. Denn mit der festen Nahrung wird zusätzlich ein knapper Liter konsumiert – wer viel Obst, Gemüse und Suppen isst, erreicht sogar höhere Werte. Dazu kommen knapp 0,25 Liter Wasser, das der Körper in seinem eigenen Stoffwechsel bildet (Oxidationswasser). Wenn also von 2,5 bis 3 Liter Flüssigkeitsbedarf gesprochen wird, dann können Sie getrost einen guten Liter von der reinen Soll-Trinkmenge abziehen. Bei der Trinkmenge dürfen wir sogar neuerdings wieder Kaffee und Tee mitzählen. Alkohol dagegen wirkt entwässernd und sollte in die Bilanz nicht als Flüssigkeit eingehen, vor allem bei harten Getränken. Süße Erfrischungsgetränke haben den Nachteil, dass sie die Energiebilanz mit „leeren“ Kalorien verderben. Achten Sie darauf, über den Tag verteilt zu trinken: Wir sind schließlich keine Kamele, die Flüssigkeit auf Vorrat trinken können.

JUNGBRUNNEN AUS DEM TOPF?

Mit den Jahren geht es immer weniger um Quantität und immer mehr um Qualität. Die Kalorienmenge, die wir brauchen, sinkt. Entscheidend ist also, sie nicht nur besonders köstlich zu verpacken, sondern auch so, dass sie besonders reich an Nährstoffen sind, die uns guttun. Aber gibt es darüber hinaus Wirkstoffe in Lebensmitteln, die den Alterungsprozess hinauszögern? In der Werbung findet man Hinweise auf Vitalstoffe, die die Zellalterung verlangsamen oder die Zellerneuerung unterstützen sollen. Hintergrund ist die Alternstheorie der freien Radikalen (siehe Seite 12). Freie Radikale setzen die Zellen unter oxidativen Stress und schädigen sie. Der Theorie nach ist Altern die Folge dieser Schäden. Um sich davor zu schützen, hat der Körper ein antioxidatives Schutzsystem. Diese körpereigenen Enzyme sowie mit der Nahrung aufgenommene Antioxidanzien fangen die Radikale ab und schützen so die Zellen. Zu diesen Antioxidanzien gehören Enzyme, Vitamine, Mineralstoffe und Bioaktivstoffe. Ihre Wirksamkeit wird auch als antioxidative Kapazität bezeichnet. Je höher die antioxidative Kapazität eines Lebensmittels, desto größer seine Fähigkeit, freie Radikale abzufangen.

ANTIOXIDATIVE VITAMINE

ACE – das sind die Vitamine mit großer antioxidativer Kapazität. Vitamin A beziehungsweise seine Vorstufe Betakarotin gehört zu den fettlöslichen Vitaminen, wird also vom Körper gespeichert. Das hat den Vorteil, dass die Versorgung lange Zeit aus dem Speicher garantiert ist, und den Nachteil, dass es bei einer Überdosierung Vergiftungserscheinungen geben kann. Das ist mit Lebensmitteln normalerweise nicht möglich, wohl aber mit Tabletten.
Eine große Studie an Rauchern musste abgebrochen werden, weil die Sterblichkeit nach hohen Vitamin-A-Gaben stieg. Vitamin A beziehungsweise Betakarotin ist natürlicherweise in Leber, farbintensivem Gemüse und Obst enthalten.
Vitamin E wird meist ausreichend mit der Nahrung aufgenommen – es ist in allen pflanzlichen Fetten, also auch Nüssen und Samen reichlich enthalten. Deshalb ist ein Mangel selten. Eine große amerikanische Studie an 87 000 Krankenschwestern schürte die Hoffnung, Vitamin E könne die Sterblichkeit senken. Das hat sich nicht bestätigt. Wurde die Dosis durch die Gabe von Präparaten um das 10-Fache des Tagesbedarfs erhöht, stieg die Sterblichkeit sogar an.
Vitamin C ist ein wasserlösliches Vitamin. Was der Körper nicht verwendet, scheidet er aus. Eine Vitamin-C-reiche Nahrung senkt nachweislich das Risiko für Herz-Kreislauf-Erkrankungen um bis zu 50 Prozent (Epic Studie)! Präparate hatten diesen Effekt jedoch nicht: Sie erhöhen den Vitamin-C-Spiegel im Blut, senken aber nicht die Sterblichkeit. Unsere Versorgung mit Vitamin C ist bestens, wenn wir ausreichend Obst und Gemüse essen.

Fazit: Diese antioxidativen Vitamine über das Essen zu sich zu nehmen, hat den besten Anti-Aging-Effekt. Insbesondere Monopräparate mit ausgesuchten Wirkstoffen können bei Überdosierung sogar gefährlich werden. Nur bei echtem Mangel können solche Vitaminpillen nach ärztlicher Verordnung sinnvoll sein.

BIOAKTIVSTOFFE

Auch sie sind gesundheitserhaltend und haben teilweise ein enormes antioxidatives Potenzial. Einige senken den Cholesterinspiegel, andere regulieren den Blutzucker und den Blutdruck, wieder andere wirken antibakteriell oder stärken das Immunsystem. Aber was sind Bioaktivstoffe? Wo kommen sie vor? Die meisten werden von Pflanzen gebildet, die sich ihrerseits damit vor UV-Licht, Umwelteinflüssen, aber auch Fraßfeinden schützen. Ein Beispiel dafür ist das scharfe Capsaicin in Chilischoten. Entsprechend ist ihre Konzentration in Schale und Außenblättern von Obst und Gemüse besonders hoch. Bekannte Bioaktivstoffe sind Karotinoide wie das

Lykopin in Tomaten, Phenole in Vollkorn oder Rotwein, Flavonoide in Obst und Tee, Glukosinolate in Radieschen und Senf, Sulfide in Zwiebeln und Phytoöstrogene (siehe unten). Aber auch Ballaststoffe, Pre- und Probiotika gehören zu den Bioaktivstoffen. Sie alle scheinen eine große Rolle für Gesundheit und Wohlergehen zu spielen. Wer sich an die Empfehlung „Fünf am Tag" (siehe Seite 15) hält und reichlich Vollkorn isst, kommt in den vollen Genuss dieser wohltuenden Wirkung.

Phytohormone

Diese Pflanzenhormone – Isoflavone – gehören auch zu den Bioaktivstoffen. Sie haben sowohl östrogene als auch antiöstrogene Wirkung. Konzentriert kommen sie in Hülsenfrüchten, vor allem Sojabohnen, vor, in Vollkorn und Leinsamen, auch in Hopfen und Rotklee und vielen anderen Pflanzen. In Japan steht Soja häufig auf dem Speiseplan – und tatsächlich haben Japanerinnen viel seltener Brustkrebs und Wechseljahrsbeschwerden, Japaner seltener Prostatakrebs. Doch dazu müsste man lebenslang täglich größere Mengen Sojaprodukte verzehren: 20 bis 80 mg Isoflavone pro Tag nehmen Menschen mit traditionell sojareicher Kost zu sich – in Europa sind es nur 1 bis 3 mg, das lässt sich in späteren Jahren nicht nachholen. Vollkorn und Hülsenfrüchte regelmäßig zu essen, ist sicherlich hilfreich. Und nichts gegen Sojaprodukte, wenn sie wirklich schmecken. Doch Jugendwunder lassen sich damit nicht erzeugen.

HORMONERSATZTHERAPIE

Altern wird auch mit der nachlassenden Hormonproduktion in Zusammenhang gebracht. Bisher gibt es aber keine schlüssigen Beweise, dass die Gabe von Östrogen bei Frauen und Testosteron bei Männern tatsächlich das Altern verzögern kann. Nach anfänglicher Euphorie über die positive Wirkung auf Knochendichte, Psyche und Wechseljahrbeschwerden wurde nach mehrjähriger Hormontherapie bei Frauen ein erhöhtes Risiko für Brustkrebs registriert. Seither gelten Östrogene nicht mehr als wirkungsvolle Anti-Aging-Medizin.
Ein anderes, harmloseres Hormon geriet in den Fokus der Forschung: DHEA, eine Vorstufe von Östrogen beziehungsweise Testosteron. Seine Produktion lässt ab dem 40. Lebensjahr nach. Studien zeigten aber, dass es bei gesunden Menschen keine deutlichen positiven Effekte hinsichtlich Wechseljahrbeschwerden gab.

FUNCTIONAL FOOD: ESSEN NACH MASS?

Noch nie war Paracelsus' Devise: „Eure Nahrung soll Eure Medizin sein" so aktuell. Forschung und Lebensmittelindustrie arbeiten gemeinsam an neuartigen Lebensmitteln, die einen gezielten gesundheitlichen Effekt im Auge haben. Das beginnt bei der Anreicherung von Lebensmitteln (wie Salz mit Jod und Folsäure oder Drinks mit Vitaminen und Kalzium), geht über den Austausch bestimmter Substanzen (wie den von Zucker durch Süßstoffe bei Getränken oder Süßigkeiten), den Entzug einzelner Allergene (wie bei laktosefreier Milch oder glutenfreiem Brot) bis zur Herstellung neuartiger Lebensmittel mit Pre- und Probiotika. Was davon ist wirklich sinnvoll?

- Omega-3-Fettsäuren sind buchstäblich in aller Munde: Margarine, Wurst, Brot und Fertigprodukte werden angereichert. Das schadet zumindest nicht – eine Überdosierung ist mit Lebensmitteln nicht möglich. Vor allem wer wenig Fisch isst, sollte Margarine mit Omega-3-Fettsäuren bevorzugen.
- Salz mit Jod, Fluor und Folsäure kann helfen, einem Mangel vorzubeugen. Jod sorgt für eine gesunde Schilddrüse und beugt dem Kropf vor, Fluor hilft den Zahnschmelz zu härten und Folsäure ist wichtig für ein gesundes Herz-Kreislauf-System und die Zellneubildung. Eine Überdosierung ist nicht möglich.
- Prebiotika sind Ballaststoffe wie Inulin und Oligofruktose, die im Dünndarm nicht verdaut werden und im Dickdarm das Wachstum von gesunden Bakterienstämmen anregen. Diese Substanzen kommen natürlich in Gemüse wie Artischocken, Schwarzwurzeln, Topinambur, Chicoree, Sojabohnen, Zwiebeln und Knoblauch vor, in Getreidevollkorn und Muttermilch. Angereichert werden meist Milchprodukte wie Joghurt.

VITAMINE & CO. ALS TABLETTE?

Die Mehrzahl aller Studien zeigen, dass Nährstoffe als Medikament nur dann eine gewisse positive Wirkung haben können, wenn vorher ein Mangel vorlag. Tatsächlich sind ältere Menschen oft schlecht versorgt mit Vitamin A, D, B_{12}, Kalzium und Folsäure.
Doch am häufigsten werden Magnesium, Multivitaminpräparate gefolgt von Kalzium und Vitamin E eingenommen. Mit anderen Worten: Das subjektive Gefühl und das Angebot entscheiden meist, was geschluckt wird. Sinnvoll ist deshalb erst einmal eine Blutuntersuchung, um dann vom Arzt eine entsprechende Empfehlung zu bekommen. Wer gesund ist und sich nach den fünf Regeln (siehe Seite 14) ernährt, wird so eine Mangelsituation kaum erleben.

- Probiotika sind Bakterienstämme, die ähnlich positiv auf die Darmflora wirken wie Prebiotika, aber auch nur, wenn sie regelmäßig verzehrt werden. Meist werden Milchprodukte, manchmal auch Müslis und Wurstwaren damit angereichert. Studien können immer nur den Nachweis für die jeweils getestete Kultur liefern. Die Ergebnisse fallen jedoch in der Regel positiv aus.
- Süßstoffe sind reine Chemie und deswegen nicht ideal bei einer möglichst naturnahen Ernährung. Aber sie süßen kalorienfrei und greifen die Zähne nicht an. Sie sind vor allem gut geeignet zum Süßen von Getränken. Gerade weil mit den Jahren bei vielen Menschen die Vorliebe für süß steigt, können Süßstoffe helfen, das Gewicht zu halten. Wer ohne auskommt – umso besser.
- Zuckeraustauschstoffe sind für Diabetiker entwickelt worden. Sie lassen sich nicht alle über einen Kamm scheren (siehe Seite 225). Die meisten haben zwar halb so viele Kalorien, aber auch nur halb so viel Süßkraft wie Zucker – sind also nicht zum Kaloriensparen geeignet. Aber sie verursachen keine Karies und lassen den Blutzuckerspiegel weitgehend in Ruhe. Doch Achtung: Sie können in größeren Mengen zu einer beschleunigten Verdauung führen – eventuell auch zu Beschwerden. Bei einem träger werdenden Darm kann das unter Umständen positiv wirken. Im Gegensatz zu Süßstoff sind sie fürs Backen geeignet, weil sie Masse haben.

Stevia ist ein Modekraut. Es hat eine starke Süßkraft, aber keine Kalorien – quasi ein natürlicher Süßstoff. Als Lebensmittel ist es in der EU nicht zugelassen, wohl aber als Badezusatz in der Schweiz, Frankreich, Österreich und den USA. Wunder wirken kann es nicht – nur Süßfans etwas zuckerärmer leben lassen.

LEBENSSTIL

Warum werden sardische Bauern oder Bewohner der Insel Okinawa 100 Jahre alt? Was haben alle Hundertjährigen der Welt gemeinsam? Eine bestimmte Ernährung allein ist es nicht. Es geht um die Lebensweise. Der Slogan „Take away my food and let me run“ bringt zwei wichtige Faktoren auf den Punkt, die mit Langlebigkeit verbunden sind: Ernährung und Bewegung. Eine Studie aus Cambridge ergab: Wer sich viel bewegt, Alkohol nur in Maßen trinkt, ausreichend Obst und Gemüse isst, dessen Lebenserwartung verlängert sich um 14 Jahre! Doch welche Rolle spielen der Tag-Nacht-Rhythmus, genügend Schlaf und Ruhephasen? Welche Rolle spielen die psychische Gesundheit, das Netzwerk von Familie und Freunden? Eine US-Studie fand heraus, dass zumindest die Amerikaner mit zunehmendem Alter immer zufriedener werden. Die kritischste Phase ist den Forschern zufolge die Lebensmitte. Grund: Zu viele Verpflichtungen, Zwänge und Druck sorgen für Stress. Wer angemessen darauf reagiert, dem wird es leichter fallen, gut älter zu werden. Flexibilität und Stabilität sind dazu notwendig.

DER WESTLICHE LEBENSSTIL

Der westliche Lebensstil wird verantwortlich gemacht für Zivilisationskrankheiten, wie Übergewicht, Herz-Kreislauf-Probleme, Rückenschmerzen, Allergien, Diabetes und sogar Krebserkrankungen. Was macht diesen Lebensstil so schädlich? In erster Linie ist er gekennzeichnet durch wenig Bewegung: Maschinen nehmen uns die körperliche Arbeit in allen Lebensbereichen ab. Dazu kommt eine kalorienreiche Ernährung mit stark verarbeiteten Lebensmitteln: Weißmehl statt Vollkorn, Zucker statt Obst, süße Getränke statt Wasser und viel Fleisch und Wurstwaren. So stieg bei japanischen Einwanderern in den USA schon nach 20 Jahren die Rate an Dickdarmkrebs auf US-Niveau an, wenn sie amerikanische Ernährung und Lebensweise annahmen. Im Moment lässt sich in Chinas Städten ein enormer Anstieg des Übergewichtes mit zunehmend westlicher Fast-Food-Ernährung beobachten: Seit dem Jahr 2000 ist die Anzahl der Dicken um 22 Prozent gestiegen!

DIE ENTRHYTHMISIERUNG DES ALLTAGS

Eine weitere, ganz entscheidende Komponente unserer westlichen Lebensweise ist der Umgang mit Zeit. Eigentlich orientiert sich unsere innere Uhr am Tag-Nacht-Rhythmus der Sonne und damit auch an den Jahreszeiten. Unser Körper funktioniert über ein ganzes Netzwerk dieser Uhren, das sogenannte zirkadiane System. Seine Impulse bekommt es über Lichtzellen im Auge, die sie in den Hypothalamus weiterleiten. Von dort werden Zeitinformationen an andere Schaltstellen in Körper und Gehirn gesendet. Dadurch werden verschiedenste Prozesse von der Immunabwehr bis zum Tag-Nacht-Rhythmus koordiniert. So sinken nachts unsere Körpertemperatur, Blutdruck, Puls und die Leistung aller Verdauungsorgane: Ruhe und Regeneration ist angesagt. Andererseits läuft die Hormonproduktion auf Hochtouren (siehe Seite 27). Doch die Industrialisierung, die Verstädterung und das elektrische Licht haben uns vom äußeren Tag-Nacht-Rhythmus mehr oder weniger unabhängig gemacht. Dazu kommen die Zwänge und Möglichkeiten der Medien, der elektronischen Kommunikation und des Computers mit dem World Wide Web. Wir können im Internet rund um die Uhr chatten und surfen, Home Offices ermöglichen mehr denn je Arbeit auch außerhalb der normalen Zeiten. Knapp die Hälfte aller Erwerbstätigen arbeitet zumindest teilweise am Wochenende, nachts oder in Wechselschichten. Bei ihnen taucht vermehrt das Jetlag-Phänomen auf: Schlafstörungen, chronische Müdigkeit, Magen-Darm-Probleme, Reizbarkeit, Niedergeschlagenheit. An die Stelle der inneren Uhr ist die elektronische Fessel einer Arm-

WIE MANN UND FRAU IDEAL ALTERN

Das deutsche Zentrum für Alternsforschung in Heidelberg hatte als entscheidenden Faktor für Langlebigkeit die „androgyne Kompetenz“ ausfindig gemacht. Das ist die Fähigkeit, im Laufe eines Lebens die typischen Fähigkeiten des jeweils anderen Geschlechtes in die eigene Persönlichkeit zu integrieren. Als typisch männlich werden zum Beispiel Selbstbezogenheit und aggressive Durchsetzung (Agency) bezeichnet. Typisch Frau ist das Bedürfnis nach Gemeinschaft unter Zurückstellung der eigenen Person (Communion). Frauen müssen lernen, sich nicht nur aufopferungsvoll um die Familie zu kümmern, sondern Außenkontakte zu pflegen, hinaus ins Leben zu gehen und mehr an sich selbst zu denken. Männer dagegen brauchen eine neue Balance zwischen Selbstbezogenheit und Hinwendung zur Familie, müssen lernen, sich zu Hause einzubringen. Je besser das beiden gelingt, desto höher ist die Wahrscheinlichkeit, lang und gesund zu leben, so die Heidelberger Forscher. Ideal, wenn Partner sich gegenseitig für diese Veränderung Raum geben.

banduhr mit Stunden- und Minutenzeiger getreten. Der moderne Mensch lebt und arbeitet in einem Zeitgitter, so der Rechtshistoriker Michael Stolleis. Wer aber nur noch in diesem Raster und gegen seine innere Uhr lebt und arbeitet, der riskiert gravierende Erkrankungen.

Endlich frei?

Beruf, Kinder, Pflichten zwingen uns in ein Korsett, das oft als Belastung empfunden wird. Wenn diese äußeren Zeitgeber nach und nach wegfallen, kann das aber nicht nur zur Erleichterung, sondern auch zu einer Entrhythmisierung führen: Schlafen bis mittags, ständig essen aus dem Kühlschrank, Nachtschicht beim Krimi, schlaflos bis in den Morgen bringt den Körper auf die Dauer aus dem Takt. Die innere Uhr kann sich nicht mehr auf den 24-Stunden-Rhythmus einstellen. Deshalb ist es sinnvoll, sich weiterhin einen Rahmen zu geben und eine gewisse Regelmäßigkeit im Tagesablauf einzuhalten. Die Untersuchungen an langlebigen Gemeinschaften mit vielen Hundertjährigen wie den Adventisten, den sardischen Bauern oder den Bewohnern der Insel Okinawa weisen darauf hin, dass „Regel-Mäßigkeit" ein Schlüssel für Gesundheit und Wohlbefinden ist. Ihr Geheimnis: Sie rauchen nicht, setzen die Familie an die erste Stelle, sind jeden Tag aktiv, suchen die Gesellschaft und essen reichlich Obst, Gemüse und Vollkornprodukte. Das bezieht sich auch auf das Leben mit den Jahreszeiten, den Festen im Jahresablauf und den Wechsel zwischen Alltag und Feiertagen. „Am siebten Tage sollst Du ruhn" hat seinen tieferen Sinn. Antoine de Saint-Exupéry lässt den Fuchs zum kleinen Prinzen sagen: „Es muss feste Bräuche geben. Es ist das, was einen Tag vom andern unterscheidet, eine Stunde von den andern Stunden." In einer Gesellschaft, die immer liberaler wird und immer weniger Strukturen vorgibt, ist zunehmend die Disziplin des Einzelnen gefragt.

WIE VIELE MAHLZEITEN SIND IDEAL?

Für die meisten Menschen reichen drei Mahlzeiten am Tag. Aber nicht jeder kommt damit klar. Bei manchen kann eine zu große Esspause Stress verursachen. In diesem Fall sind zwei Zwischenmahlzeiten sinnvoll. Gleiches gilt für körperlich anstrengende Berufe oder einen bewegten Alltag. Obst, Knabbergemüse, ein kleiner Trinkjoghurt oder ein Milchkaffee als zweites Frühstück sind am günstigsten. Aber Vorsicht, häufiges Snacken birgt die Gefahr, dass unbemerkt zu viele Kalorien über den Tag aufgenommen werden. Die Studie „Ernährungsstile im Alltag" kommt zum Ergebnis, dass Menschen wenige feste Mahlzeiten bevorzugen, wenn sie die Wahl haben. Die oft geschürte Sorge, der Körper würde unterzuckern, ist Humbug. Er hat genügend Reserven, um jederzeit die notwendige Energie bereitzustellen – das hat er in seiner langen Entwicklungsgeschichte schließlich gelernt. Wer ständig isst, bewirkt, dass der Körper den ganzen Tag Insulin bildet. Dieses Hormon reguliert den Blutzuckerspiegel und fördert die Aufnahme von Fett in die Zellen. Die ständige Überproduktion kann langfristig zu einer gestörten Insulinbildung führen und letzten Endes zu Diabetes.

DIE LEISTUNGSFÄHIGKEIT IM TAGESVERLAUF

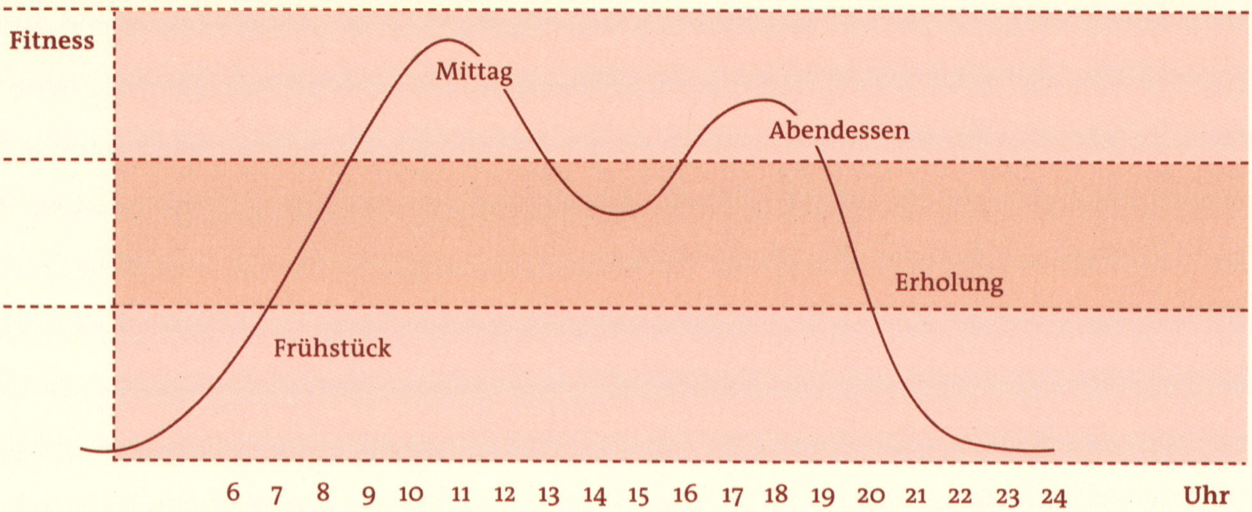

Der richtige Zeitpunkt

Für Menschen, die sich ihren Tag selbst einteilen können, ist die ideale Zeit für das Frühstück nach der Nachtruhe. Bei Frühaufstehern liegt der Zeitpunkt früher, bei Nachtmenschen etwas später. Die Mittagsmahlzeit sollte zwischen 12 und 14 Uhr gegessen werden. Danach erleben wir in der Regel ein Tief: der ideale Zeitpunkt für einen Mittagsschlaf. Für abends gilt: Am besten nicht später als 20 Uhr und mindestens zwei Stunden vor dem Zubettgehen essen. Spätes und zudem reichhaltiges Abendessen liegt schwer im Magen, weil die innere Uhr die Verdauungsorgane auch ruhen lässt, und sorgt bei vielen Menschen für unruhigen Schlaf. Zwischenmahlzeiten sind jenseits von 50 Jahren nur für Untergewichtige oder körperlich arbeitende Menschen notwendig. Wer gar nicht ohne auskommt, sollte Obst, Gemüse, ein paar Nüsse oder einen Joghurt essen.

Studien zeigen, dass es neben der Anzahl der Mahlzeiten auch auf die Regelmäßigkeit des Essens ankommt. Außerdem helfen regelmäßige Mahlzeiten, den ganzen Tag über geistig und körperlich leistungsfähig zu sein.

Fazit: Wer regelmäßig isst, braucht weniger Nahrung und hat nach der Mahlzeit einen höheren Kalorienverbrauch als unregelmäßige Esser.

DIE ROLLE DER RUHEPHASEN

Aktivität verbraucht Kalorien. Trotzdem sind Menschen, die wenig schlafen und also länger aktiv sind, eher übergewichtig. Schuld daran sind vor allem Hormone. Denn im Schlaf läuft die Hormonproduktion auf Hochtouren, ausgelöst und gesteuert vom Gehirn. Bei Schlafentzug steigt der Spiegel des Stresshormons Kortisol an, die Immunabwehr leidet, die Fähigkeit des Körpers, den Blutzucker auszugleichen, sinkt und gleichzeitig geraten die Hormone Leptin und Ghrelin aus dem Takt. Leptin wird vor allem nachts gebildet und gilt als Sättigungsmelder. Der Gegenspieler Ghrelin regt den Appetit an und steigt bei wenig Schlaf an, während der Leptinspiegel sinkt. Folge: Der Appetit nimmt zu, es wird mehr gegessen. Diese Wirkung wurde schon bei einer Schlafdauer von unter acht Stunden gemessen. Auch das Wachstumshormon DHEA wird im Schlaf gebildet. Es ist nicht nur in den Phasen des körperlichen Wachstums wichtig, sondern sorgt später für Muskelaufbau, Knochendichte, Beweglichkeit und psychisches Wohlbefinden. Versuche, dieses Hormon als Medikament zu geben, waren nicht so erfolgreich: Die Funktion des Schlafs lässt sich also nicht so einfach ersetzen.

Schlaf als Jungbrunnen?

Mit zunehmendem Alter verändert sich unser Schlafverhalten. Die Wissenschaft unterscheidet zwei unterschiedliche Phasen: den REM-(Rapid-Eye-Movement-)Schlaf und den NREM-(Non-Rapid-Eye-Movement-)Schlaf. In der NREM-Phase findet auch der Tiefschlaf statt. Bei einem jungen Menschen gibt es vor allem in der ersten Nachthälfte zwischen Mitternacht und etwa 2 Uhr Tiefschlafphasen und kein Aufwachen. Bei älteren Menschen wird der Schlaf leichter und unruhiger. Sie wachen häufiger auf und haben vor allem viel seltenere und kürzere Tiefschlafphasen. Der prozentuale Anteil des Tiefschlafs sinkt im Laufe des Lebens von 13 bis 23 Prozent bei einem 24-Jährigen auf 5 bis 15 Prozent bei einem 65-Jährigen. Ebenfalls sinkt auch der Anteil des REM-Schlafes um 40 Prozent. Stattdessen nimmt der flache Schlaf zu. Das ist fatal, denn gerade der Tiefschlafphase wird die größte Regenerationskraft zugeschrieben: In dieser Zeit wird eine Vielzahl von Hormonen gebildet, die für die Vitalität entscheidend sind. Außerdem spielt der Schlaf eine wichtige Rolle in Lern- und Gedächtnisvorgängen. Das ist in einer Lebensphase des nachlassenden Gedächtnisses wahrscheinlich besonders wichtig. Verstärkt wird der fehlende Tiefschlaf durch Erkrankungen wie Apnoe, den Atemstillstand während der Nachtruhe, oder durch chronische Bronchitis. Solche Krankheiten zu behandeln ist also enorm wichtig. Was kann man noch für eine gute Erholung tun? Am besten gegen 23 Uhr zu Bett gehen, für ausreichende Müdigkeit sorgen durch körperliche Aktivität und anregende Substanzen wie Koffein, Nikotin und anregende alkoholische Getränke am Abend meiden.

Rettungsanker Mittagsschlaf

Die chronobiologische Forschung findet zwischen 13 und 14 Uhr eine erhöhte Schlafbereitschaft. Die hängt nicht von der Üppigkeit des Mittagessens ab, sondern von unserer inneren Uhr. Diese Schläfrigkeit ist unabhängig von Länge und Qualität der vorhergehenden Nachtruhe. Mit anderen Worten: Sie brauchen keine Sorge zu haben, Ihr Mittagsschlaf gehe auf Kosten der nächtlichen Ruhephase. Im Gegenteil: Mittags sinkt man besonders schnell in die Tiefschlafphase. Der Erholungswert ist entsprechend enorm und dadurch lässt sich vielleicht ein Teil der abnehmenden nächtlichen Schlaftiefe ausgleichen. Wer es sich beruflich einrichten kann, der sollte diese Chance nutzen. Und zwar am besten in einem abgedunkelten, ruhigen Raum – lang ausgestreckt. Dann ist der Erholungswert am größten. Viele Menschen finden nach einer längeren Siesta aber nur schwer wieder zu Aktivitäten zurück. Schlafforscher raten: Wer regelmäßig mittags ruht, sich danach einige Minuten Zeit gibt, wieder in Gang zu kommen, der ist weniger schlaftrunken. Der Mittagsschlaf als Anti-Aging-Ritus.

BEWEGUNG – WICHTIGER DENN JE

Mit steigendem Alter richtet der Körper seine Leistung nicht mehr auf Wachstum aus. Die aktive Muskel- und Knochenmasse geht allmählich zurück, während gleichzeitig der Körperfettanteil zunimmt. Der Energiebedarf sinkt. Unser Körper braucht weniger Energie als früher, um seine lebenswichtigen Funktionen aufrechtzuerhalten. Hinzu kommt ein meist ruhigerer Lebensstil, verstärkt durch geringere Beanspruchung durch die mittlerweile größeren Kinder. Auch wer im Beruf kürzer tritt, benötigt weniger Energie. Jetzt ist es umso wichtiger, sich zusätzlich ausreichend zu bewegen!

Bewegung verlängert das Leben

Wer sich in dieser Lebensphase sprichwörtlich zur Ruhe setzt, schadet seinem Körper. Bei wenig täglicher Bewegung baut dieser Muskelmasse ab, dadurch sinkt der Energiebedarf noch weiter. Außerdem verringert sich die Knochenmasse schneller. Die Hale-Studie (siehe Seite 13, 30) zeigte, dass regelmäßige körperliche Aktivität die Lebenserwartung deutlich erhöhen kann – auch wenn man erst spät damit beginnt. Bei Studienteilnehmern zwischen 70 und 90 Jahren, die täglich 30 Minuten Sport betrieben, sank die Gesamtsterblichkeit (also der Anteil der Teilnehmer eines Jahrgangs, die starben) um 37 Prozent.

Sport ist gut für Körper und Seele

Körperlich aktiv sein, egal in welcher Form, wirkt vorbeugend gegen Erkrankungen wie Arteriosklerose, Diabetes mellitus, Bluthochdruck, Übergewicht und Herzrhythmusstörungen. Altersgemäßer Sport stärkt das Herz, das kommt dem gesamten Stoffwechsel zugute. Gymnastik und leichtes Krafttraining erhöhen den Mineralgehalt der Knochen – ideal zur Osteoporosevorbeugung. Auch wird der Bewegungsapparat im Ganzen gestärkt – gut für die Körperhaltung. Aktivitäten wie regelmäßiges Wan-

WIE ALTER, GESCHLECHT UND KÖRPERLICHE AKTIVITÄT DEN ENERGIEBEDARF VERÄNDERN

Energiebedarf in kcal	25 – 50 J Männer	25 – 50 J Frauen	51 – 64 J Männer	51 – 64 J Frauen	65 + Männer	65 + Frauen
Grundumsatz	1 820	1 390	1 580	1 270	1 410	1 170
PAL 1,2	2 185	1 668	1 896	1 524	1 692	1 404
PAL 1,5	2 730	2 085	2 370	1 905	2 115	1 755
PAL 2	3 640	2 780	3 160	2 540	2 820	2 340

Quelle: DACH Referenzwerte für die Nährstoffzufuhr 2000

PAL bedeutet: Physical Activity Level, also das Maß der körperlichen Aktivität. 1,2 steht für liegende, sitzende Lebensweise ohne große Aktivität. 1,5 wird bei mittlerer körperlicher Aktivität gegeben: körperlich wenig anstrengende Tätigkeiten und nur sehr mäßige Bewegung in der Freizeit. 2 bekommt, wer täglich über 1 Stunde intensiv trainiert oder einen körperlich anstrengenden Beruf hat.

dern erhalten außerdem die Koordinations- und Reaktionsfähigkeit. Nicht zu vergessen: Die Freude an der Bewegung tut der Seele gut. Dafür sorgen Glückshormone (Endorphine), die während des Sports ausgeschüttet werden. Wahrscheinlich hat das schon jeder nach anstrengender Gartenarbeit oder einer langen Wanderung oder Radtour erlebt.

Bewegung fördert die grauen Zellen

Damit unser Gehirn gut funktioniert, muss es ausreichend durchblutet werden. Ein täglicher Spaziergang wirkt dabei wahre Wunder – er steigert die Gehirndurchblutung um 14 Prozent. Körperliche Bewegung verbessert auch die Synapsenbildung. Synapsen sind Schaltstellen zwischen den Nerven, die dafür sorgen, dass Informationen besser aufgenommen und verarbeitet werden. Außerdem konnte nachgewiesen werden, dass nicht nur geistiges, sondern auch körperliches Training die (seltene) Neubildung von Nervenzellen fördert. Das scheint dabei zu helfen, Gehirnschädigungen durch Demenzerkrankungen wie die Alzheimerkrankheit etwas vorzubeugen. Und: Je früher man mit regelmäßiger Bewegung beginnt, desto besser sind die Effekte.

Es gibt keine Altersgrenze

Es lohnt sich in jedem Alter, mit dem Sport zu beginnen. Denn er verlangsamt den Alterungsprozess und kann helfen, bereits verlorene Kräfte wiederzuerlangen. Auch wer untrainiert ist, kann noch mit 60 Jahren mit einem dreimonatigen leichten Training die Ausdauerleistung eines untrainierten 40-Jährigen erreichen. Krafttraining verbessert die Geschicklichkeit im Alltag. Wichtig: Versuchen Sie keine Rekorde aufzustellen. Den stärksten gesundheitsfördernden Effekt hat moderates Ausdauertraining und leichtes, gezieltes Krafttraining. Wer Wettkämpfe liebt, nur zu – aber nicht mit erheblich Jüngeren konkurrieren. Trainingspläne für Joggen, Schwimmen, Walking, Nordic Walking und Radfahren finden Sie beim Deutschen Olympischen Sport-Bund (www.richtigfitab50.de).

Was bringt am meisten?

Ein wahrer Glaubenskrieg tobt um die Fettverbrennung. Für kurze, schnelle Anstrengungen wie der Sprint zur Straßenbahn wird Energie vor allem aus Kohlenhydraten gewonnen. Die sind nämlich für den Körper schneller verfügbar, allerdings sind die Reserven in Form von Glykogen begrenzt. Unsere Fettreserven sind selbst bei schlanken Menschen mehr als doppelt so hoch und dazu doppelt ergiebig wie die Glykogenreserven. Zur Erinnerung: Fett enthält doppelt so viel Energie wie Kohlenhydrate und Eiweiß. Diese Reserven zapft der Körper erst nach einiger Zeit an. Vor allem, wenn er dauerhaft bei eher mäßiger Belastung gefordert ist. Zur Fettverbrennung ist also stramm spazieren gehen, leicht joggen und radeln ideal – aber dann mindestens 30 bis 45 Minuten! Trotzdem spielt natürlich auch die Intensität eine Rolle: Wenn wir so richtig ins Schwitzen geraten, erhöht sich unser Kalorienverbrauch stärker als beim Wohlfühltempo. Doch für Muskelbildung und Stärkung der Knochen ist Krafttraining effizienter. Das können isometrische Übungen sein, Hanteltraining, aber auch Gymnastik, intensiv ausgeführtes Yoga oder Pilates. Diese Übungen können auch die Beweglichkeit und den Gleichgewichtssinn erhalten und verbessern. Ideal wären also 3- bis 4-mal pro Woche ein langer Spaziergang, joggen oder walken und zusätzlich 2- bis 3-mal in der Woche Gymnastik.

Wenn Sie unsicher sind, was zu Ihnen passt, dann hilft ein Schnupperabo in einem Fitnessstudio – fragen Sie bei Ihrer Krankenkasse nach. Lassen Sie sich im Studio beraten und probieren Sie die unterschiedlichen Methoden in Ruhe aus.

RISIKEN: ALKOHOL, FETT, ZUCKER, NIKOTIN UND FAULHEIT!

Die auf zehn Jahre angelegte Hale-Studie wies im Alter besonders dem Verzicht auf Rauchen, einer mediterranen Ernährung (reich an ungesättigten Fettsäuren) und einem mäßigen Alkoholkonsum positive Wirkungen auf die Lebenserwartung zu. Wer alle drei Punkte berücksichtigt und sich noch regelmäßig bewegt, kann seine Lebenserwartung erheblich steigern.

Alkohol – nur in Maßen

Übermäßiger Alkoholkonsum kann im mittleren und höheren Alter Krebserkrankungen im Darm-, Rachen-, Mundhöhlen- und Brustbereich fördern. Außerdem werden Leber und Nervensystem geschädigt. Alkohol erhöht den Bedarf an Vitaminen, weil er deren Verstoffwechselung beeinträchtigt: Folsäure, Vitamin C, B_1 und B_6 sind davon betroffen. Gleichzeitig liefert er fast ebenso viele Kalorien wie Fett und deckt in Deutschland durchschnittlich zwischen 1 und 3 Prozent der täglichen Kalorienzufuhr. Doch Alkohol hat auch überraschend positive Wirkungen auf das Herz-Kreislauf-System und beugt Herzinfarkt vor. Sogenannte Polyphenole im Wein, vor allem das Resveratrol in Rotwein, schützen zudem die Gefäße und senken das Arteriosklerose-risiko.

Mit steigendem Alter ist das Risiko, an alkoholbedingten Erkrankungen zu sterben, zwar geringer als bei jungen Menschen. Dennoch ist ein übermäßiger Konsum nicht zu empfehlen. Bei zu häufigem Alkoholgenuss überwiegen die negativen Wirkungen den positiven Effekt. Wer gichtanfällig ist, sollte besonders vorsichtig sein. Alkohol (besonders Bier und Schnaps) erhöht die Harnsäureproduktion und steigert das Gichtrisiko. Wein hat dagegen keinen Effekt darauf.

Dass aber nichts gegen ein Gläschen Wein oder ein Glas Bier am Abend spricht, zeigen ebenfalls die Ergebnisse der Hale-Studie – eher im Gegenteil. Bei einem mäßigen Alkoholkonsum nahm die Gesamtsterblichkeit um 22 Prozent gegenüber abstinent lebenden Zeitgenossen ab. Mäßig bedeutet für Frauen 10 Gramm pro Tag, bei Männern 20 Gramm. Die „One Million Women Study“ wiederum ergab, dass schon diese geringe Menge Alkohol bei Frauen eine Zunahme der Krebserkrankungen zur Folge hatte: Jedes Glas mehr pro Tag ergab bei 1000 Frauen einen Zuwachs von jeweils 15 Krebsfällen.

Zu viel Fett – ungesund für Herz und Kreislauf

Reichlich gesättigte Fette in der Ernährung sind die Hauptursache für Übergewicht. Dieses hat häufig Herz-Kreislauf-Erkrankungen, Diabetes mellitus, Bluthochdruck, Gicht oder Bandscheiben- und Gelenkschäden zur Folge. Ab einem Alter von 50 Jahren sollten Sie maximal 30 Prozent der täglichen Nahrungsenergie über Fette aufnehmen. Da Fett sehr viele Kalorien liefert (9 kcal/g), sollten Sie bei Lebensmitteln wie Milch und Milchprodukten sowie Wurst und Fleisch fettarme Varianten bevorzugen (siehe auch Seiten 228 und 232). Greifen Sie zudem eher zu pflanzlichen Ölen und Fetten – sie enthalten gesunde Fettsäuren (siehe Seite 16). Mit der Nahrung aufgenommenes Cholesterin hat nur geringen Einfluss auf die Cholesterinkonzentration im Blut. Es kann aber die negative Wirkung von gesättigten Fettsäuren auf den Cholesterinspiegel erhöhen – das Risiko für Herz-Kreislauf-Erkrankungen steigt. Deshalb gilt: am besten nur 300 mg Nahrungscholesterin pro Tag. Beispiele: Ein Ei der Klasse M enthält 205 mg, Geflügel ca. 75 mg/100 g, Lachs 45 mg/100 g, Käse (40 % Fett i. Tr.) 90 mg/100 g. Was viele nicht wissen: Margarine ist zwar fast cholesterinfrei und reich an ungesättigten Fettsäuren, enthält aber genauso viel Fett wie Butter.

TRANSFETTSÄUREN

Transfettsäuren erhöhen den Cholesterinspiegel und dabei vor allem die ungünstige LDL-Fraktion. Längerfristig begünstigen sie so das Entstehen von Herz-Kreislauf-Erkrankungen.
Transfettsäuren entstehen bei der Härtung von pflanzlichen Fetten einerseits, andererseits ganz natürlich durch Bakterien im Pansen von Wiederkäuern. So findet man sie in tierischen Fetten wie Talg und Butter und in geringem Maße auch in Milch und Milchprodukten. Diese „natürlichen" Transfettsäuren scheinen aber vom Körper entschärft zu werden. Jedenfalls kein Grund, den Verzehr von Milch und Milchprodukten einzuschränken.
Anders bei den Transfettsäuren, die bei der Härtung von flüssigen Pflanzenfetten entstehen oder bei dem hohen Erhitzen von Ölen und Fetten, also bei der Herstellung von Margarine, Chips, Pommes, Backwaren, Frühstücksflocken mit Fettanteil, Süßwaren und Snacks. Auch Margarine kann Transfettsäuren enthalten, hier vor allem reine Sonnenblumenmargarine. Diätmargarine dagegen muss frei von Transfettsäuren sein. Mittlerweile haben viele Hersteller auch schonende Verfahren entwickelt.
Deklariert werden Transfettsäuren nicht – gehärtete Fette dagegen wohl. Auf der Zutatenliste deutet „Pflanzenfett, teilweise gehärtet" darauf hin, dass Transfettsäuren enthalten sind. Wer auf Nummer sicher gehen will, sollte solche Produkte meiden.

ZUM AUFHÖREN IST ES NIE ZU SPÄT!

In der Hale-Studie sank bei den zwischen 70 und 90 Jahre alten Teilnehmern, die mit dem Rauchen aufhörten, die Gesamtsterblichkeit um 35 Prozent. Bewiesen ist ebenfalls: Mit jedem Jahr als Nichtraucher nimmt das Risiko, eine Lungen-, Herz- oder Gefäßerkrankung zu bekommen, erheblich ab. Auch das Krebsrisiko sinkt. Das Lungenvolumen und die Leistungsfähigkeit steigen, die Immunabwehr funktioniert besser. Übrigens: Wer mit dem Rauchen aufhört, kann auch wieder besser schmecken und riechen.

DIE VORTEILE KURZ IM ÜBERBLICK

Exraucher sparen nicht nur Geld, sondern erreichen gesundheitlich viel – und das sogar schnell:

- Nach 20 Minuten: Normaler Herzschlag.
- Nach 8 Stunden: Es ist wieder mehr Sauerstoff im Blut enthalten.
- Nach 24 Stunden: Herzinfarktrisiko sinkt.
- Nach 2 Wochen: Die Lungenfunktion verbessert sich um bis zu 30 Prozent.
- Nach 1 bis 9 Monaten: Weniger Hustenanfälle, weniger Kurzatmigkeit.
- Nach 1 Jahr: Verringerte Herzrisiken.
- Nach 5 Jahren: Das Risiko für einen Schlaganfall sinkt.
- Nach 10 Jahren: Das Risiko für Mund-, Luft- und Speiseröhrenkreb ist wesentlich geringer.
- Nach 15 Jahren: Status wie Nichtraucher.

Nikotin verkürzt das Leben

Rauchen begünstigt die Entstehung zahlreicher Krankheiten. Erkrankungen des Herz-Kreislauf-Systems und der Lunge stehen dabei an oberster Stelle. Das Risiko, an Lungenkrebs zu erkranken, ist bei Rauchern ein Zwanzigfaches größer als bei Nichtrauchern. Schon bei einem Konsum von drei bis vier Zigaretten täglich erhöht sich das Risiko für Herz-Kreislauf-Erkrankungen um das Dreifache und das Lungenkrebsrisiko steigt für Männer um das Dreifache, für Frauen um das Fünffache. Dies zeigte eine norwegische Studie, an der 43 000 Raucherinnen und Raucher teilnahmen. Verantwortlich sind auch hier freie Radikale (siehe Seite 12). Sie werden durch das Rauchen vermehrt im Körper gebildet. Diese Substanzen sind sehr reaktionsfreudig und schädigen die Zellen. So können aus guten Zellen böse entstehen: Krebs. Weitere Folgen sind schnelle Hautalterung – Raucher bekommen schneller Falten – und entzündliche Prozesse wie Arteriosklerose. Viele Raucher haben Sorge, zuzunehmen, wenn sie mit dem Rauchen aufhören. Dafür gibt es gute Gründe: Nikotin regt nämlich den Stoffwechsel an und erhöht den Kalorienverbrauch um bis zu 20 Prozent. Außerdem wirkt es appetithemmend. Viele Exraucher trösten sich zudem mit einer Extraportion Essen – laut einer Studie aßen Exraucher rund 285 Kalorien pro Tag mehr als vorher. Das heißt, wer aufhört zu rauchen, der muss anders leben als zuvor: Mehr Bewegung und weniger Kalorien sind angesagt. Das fällt in einer Phase der allgemeinen Veränderung eher leicht. Nur Mut: Automatisch nimmt kein Exraucher zu!

Zucker

Zucker ist nicht tabu, aber Sie sollten wissen, dass isolierte Zucker sowie raffinierte oder modifizierte Stärken (zum Beispiel Maltodextrine) keine essenziellen Nährstoffe enthalten. Je mehr Zucker, desto geringer die Nährstoffdichte, desto weniger lebensnotwendige und gesundheitserhaltende Nährstoffe. Schauen Sie vor allem bei Getränken auf den Zuckergehalt. Limonaden und selbst Fruchtsäfte enthalten viel Zucker und sind kalorienreich. Verdünnen Sie den Saft mit zwei Dritteln Mineralwasser. Statt zu Limonade lieber zu Wasser greifen.
Ein weiteres Argument für Zurückhaltung beim Zucker ist die mit dem Alter zunehmende Insulinresistenz. Das bedeutet: Die Körperzellen reagieren nicht mehr so effizient auf das Insulin, der Blutzuckerspiegel steigt an. Heute leidet bereits jeder Dritte über 55 Jahren an diesem Prä-Diabetes – die meisten bemerken das aber gar nicht. Schon in diesem Diabetes-Stadium ist das Risiko für Herz-Kreislauf-Erkrankungen erhöht. Hinweise über das Vorliegen eines Prä-Diabetes geben ein erhöhter Blutdruck (136/79) und hohe Blutglukosewerte (Nüchternglukose zwischen 110 mg/dl und 126 mg/dl, Plasmaglukose nach zwei Stunden zwischen 140 mg/dl und 200 mg/dl). Gehen Sie deshalb zum Arzt und lassen Sie Ihre Werte sicherheitshalber überprüfen (siehe auch Seite 238). Sind Sie betroffen, heißt das: isolierte Kohlenhydrate meiden, komplexe Kohlenhydrate in Vollkorn, Gemüse und Obst bevorzugen. Wer auf Süßes nicht verzichten kann, sollte zu Süßstoff und eventuell Zuckeraustauschstoffen greifen.

Nicht auf der Couch versauern!

Medienkonsum macht passiv und senkt die geistige und körperliche Beweglichkeit. Umso bedenklicher, dass die TV-Dauer mit dem Alter zunimmt. Der Alzheimerforscher Konrad Beyreuther vermutet, dass gerade die Verbindung von geistiger Tätigkeit und körperlicher Koordination helfen kann, dem Ausbruch von Alzheimer vorzubeugen. Weitere Studien kommen zu dem Schluss, dass die Neigung zu depressiven Verstimmungen und Pessimismus mit Dauer des Fernsehkonsums steigt. Erwiesen ist außerdem der Zusammenhang von Übergewicht und Fernsehen. Fernsehen einschränken und stattdessen lesen, gemeinsam spielen, spazieren gehen und leichten Sport treiben – das hat einen sicheren Anti-Aging-Effekt.

GESUND GENIESSEN

Das Institut für Genussforschung in Nürnberg hat den Zusammenhang von Genuss und Lebensqualität untersucht. Überraschendes Ergebnis: Menschen, die genießen können, kümmern sich auch um ihre Gesundheit. Sie konsumieren nicht mehr Genussmittel als Nicht-Genießer, aber sie kennen und verwenden in viel höherem Maße Kräuter und Gewürze. Mit zunehmendem Lebensalter wird die Genussfähigkeit sogar vielfältiger und intensiver – man verfügt über eine breite Palette von sinnlicher Erfahrung und Kennerschaft. Die kleinen Alltagsfreuden werden bewusster wahrgenommen. Voraussetzung ist eine positive Einstellung zum Leben und zum eigenen Körper. Die Möglichkeiten zum kulinarischen und gesunden Genuss sind in unserer westlichen Welt größer als je zuvor – wir müssen sie nur suchen, wahrnehmen und entwickeln.

HELLO ERLEBNISKÜCHE!

Wenn täglich drei, vier, fünf oder sogar sechs Menschen satt und zufrieden vom Tisch aufstehen sollen, dann leidet manchmal die Raffinesse der Küche. Wer putzt, wäscht, hackt schon gerne ein oder auch zwei Kilo Spinat und lässt sie mit klein gehackten Schalotten in zwei Pfannen zusammenfallen? Ehrlich – mit Rahmspinat aus dem Eis klappt es in der Regel besser. Wer Kinder großzieht, wird auch kaum Nudelteig kneten und rollen oder gar Maultaschen daraus zaubern. Jedes Ding hat seine Zeit – und jetzt ist die feine, kleine Küche dran! Einerseits ist es schade um die große Runde – andererseits ist es doch wunderbar, endlich mal etwas Neues auszuprobieren ohne Meckerei und Stress. Vor allem: Jetzt ist der richtige Zeitpunkt, etwas zu ändern. Denn wer möchte wie „Muttern" enden, die immer noch für fünfe kocht, auch wenn nur noch zwei bei Tisch sitzen? Das macht letzten Endes dick. Fangen Sie also neu an – besser gesagt: Bauen Sie auf Ihren Kenntnissen auf, probieren Sie nicht nur neue Gewürze, Kräuter, Gemüsesorten aus, sondern bereiten Sie sie auch einmal anders zu als bisher. Es gibt einige raffinierte und gleichzeitig schonende Garmethoden, die sich besonders für kleinere Mengen eignen. Wer eine Familie zu versorgen hatte, wird sie bisher wenig eingesetzt haben. Probieren Sie sie aus!

Knackig garen im Wok

Der Wok kommt aus der chinesischen Küche, hat einen relativ kleinen Boden und einen hohen, gewölbten Rand. Das Gargut wird darin unter Rühren mit wenig Öl gegart. Dazu muss es allerdings kleingeschnitten sein. Vorteil: Es zieht kein Wasser, bleibt schön knackig und ist in wenigen Minuten fertig. Statt Salz am besten ganz zum Schluss mit Sojasauce oder süß-saurer Sauce würzen. Wer einen Elektroherd hat, sollte auf einen schweren, glatten Boden achten, der gut aufliegt, und auf gut wärmeleitendes Material. Bei Gas spielt das keine so große Rolle – auf dem Rost stehen auch Original-Chinawoks, die selbst unten abgerundet sind. Eine Antihaftbeschichtung ist sehr wichtig, weil sonst zu viel Fett zum Braten benötigt wird. Die Beschichtung ist empfindlich, Kratzer vermeiden Sie, wenn Sie mit Holzspatel oder Silikonlöffel rühren. Wichtig: Den Wok nicht leer hoch erhitzen – dann ist er schnell ruiniert. Gesundheitsschädlich sind abgelöste Partikel nicht: Sie werden unverändert ausgeschieden. Als Material ist Aluguss praktisch, weil es nicht so schwer ist und schnell heiß wird. Wärmeisolierte Griffe sind unverzichtbar, weil der Wok beim Garen ständig angefasst wird. Ein dicht schließender Deckel ist auch für den Wok wichtig. Dann lassen sich darin nämlich wunderbar Eintöpfe wie Paella und Chili con Carne oder sogar Suppen garen.

DAS MASS ALLER DINGE: DIE HAND

Portionen lassen sich am besten mit der Hand abmessen. Schließlich haben große Menschen auch große Hände und kleine – kleine. Folgende Portionsgrößen sind ideal:

2 Hände voll:	Blattsalate
1 Handvoll:	Gemüse, Obst, Kartoffeln, gekochte Nudeln und Reis
1 Handfläche:	dünne Scheibe Fleisch, Wurst, Käse, Fischfilet oder Brot
1 Handteller:	Frikadelle, dicke Scheiben Fleisch, Käse oder Fisch
Faust:	Rouladen, Röllchen, Brötchen
Daumen:	Streichfett
Halber Daumen:	Schokolade
1 EL:	Öl
1 Glas (200 ml):	Saft, Milch, Joghurt etc.

Pro Tag ideal sind:

3 Portionen Gemüse, 2 Portionen Obst
2 Portionen Fleisch oder Fisch oder Ei
2 Portionen Milchprodukte
4 Portionen Brot oder Kartoffeln oder Pasta oder Reis oder Müsli
2 Portionen Fett
1 Portion Süßes

Und in g/ml pro Person für die Gerichte (Beilage – Hauptgericht):

250 – 300 g	Gemüse und Kartoffeln
80 – 100 g	rohe Nudeln, Reis, Couscous, Bulgur etc.
100 – 200 g	Fisch und Fleisch
125 – 200 ml	Sauce
250 – 300 ml	Suppe

Natürlich garen im Dämpfer

Früher hatte jeder Haushalt einen Kartoffeldämpfer: ein Doppeltopf, in dem täglich die Kartoffeln im gelochten Aufsatz über dem kochenden Wasser garten. Solche Töpfe gibt es immer noch, aber die kleinen Elektrodämpfer haben viele Vorteile:

- Die Geräte haben eine Zeitschaltuhr – ich kann mich also völlig unbeschwert um die übrige Kocherei kümmern und brauche nicht zu fürchten, dass irgendetwas anbrennt oder zerkocht.
- Ich habe alle Kochstellen frei für Sauce, Steak, Suppe – was ich so brauche. Das ist besonders praktisch bei Gästen.
- Das aufgefangene Dämpfwasser ist nicht verwässert mit dem Garwasser wie beim Dämpftopf, sondern enthält konzentriert das Aroma und die Mineralstoffe des Garguts – ideal für Saucen, Dressings und Suppen.
- Es lassen sich in zwei oder drei Etagen verschiedene Zutaten getrennt garen.

Es gibt auch große Dämpfer als Standgeräte und zum Einbau in die Küchenzeile. Sie sind aber eher für Dampfkoch-Profis geeignet, die ständig große Mengen verarbeiten – und sie sind mindestens 10-mal teurer als die kleinen. Im Test schnitten Kleingeräte ebenso gut ab wie die großen. Ideal sind die Dämpfer vor allem für Gemüse: Spargel bleibt wunderbar knackig und laugt nicht aus, ebenso Blumenkohl, Brokkoli, Kohlrabi und Fenchel. Bereiten Sie einfach die doppelte Menge zu und marinieren Sie die zweite Portion für einen Abendsalat unter Verwendung des aromatischen Tropfwassers. Es reicht, hinterher zu würzen, weil das Gemüse sehr intensiv schmeckt. Die Garzeiten sind etwas länger als im Topf – am besten ausprobieren und lieber ein paar Minuten nachgaren. Übrigens: Auch Reis lässt sich in einem geschlossenen Extraeinsatz wunderbar zubereiten.

Auf den Punkt in der Mikrowelle

Sie wurde erst hoch gelobt, dann verdammt. Beides zu Unrecht. Garen mit der Mikrowelle ist kein Hexenwerk und birgt auch keine Gefahren für das Gargut. Es ist wahrscheinlich die ungewohnte Situation, die Misstrauen hervorruft: keine deutlich sichtbare Hitzequelle, ein völlig anderes Garverfahren, das sich unseren bisherigen Erfahrungen entzieht. Denn die Wellen bringen die Moleküle in Schwingungen. Die dadurch entstehende Energie wird direkt im Lebensmittel in Wärme umgewandelt. Die Mikrowelle ist ideal für kleine Portionen – dann entfaltet sich ihr Vorteil, in kurzer Zeit schonend zu garen. Man braucht dazu kein Fett, kaum zusätzliche Flüssigkeit, aber ein sehr genaues Zeitmaß.
Wichtig: das Gargut abdecken, sonst trocknet es aus. Außerdem zwischendurch einmal umrühren und kurz rasten lassen, damit sich die Temperatur verteilen kann. Besonders zart garen Fisch in Sauce, Geflügel- und Schweinefilet sowie Gemüse (siehe Rezepte, Seite 110). Alles sollte in mundgerechte Portionen geteilt sein, um gleichmäßig und schnell fertig zu sein.

DIE RENAISSANCE DER VOLLWERTKÜCHE

Schon in den 1920er-Jahren entwickelten Bircher-Benner und Kollath ihre Lehre von der Ursprünglichkeit der Lebensmittel. Krieg und danach die Fresswelle ließen diese Ideen vergessen. Bis vor etwa 20 Jahren die Vollwertkost wiederentdeckt wurde: Viel Vollkorn und Gemüse, mäßig Milchprodukte und Fisch, wenig Fleisch, kein Zucker und Weißmehl war die Devise. Professor Claus Leitzmann, der sie propagierte, wollte mehrere Probleme angehen. Die westliche Ernährung sollte gesünder und ökologisch verträglicher werden. Was Leitzmann propagierte, stimmt in weiten Teilen mit den Diäten überein, die den glykämischen Index (Glyx) in den Mittelpunkt stellen. Der unterscheidet zwischen schnell resorbierten Kohlenhydraten wie Zucker und Weißmehl und denen in Vollkorn, Gemüse, Nüssen und Samen. Außerdem häuften sich die Erkenntnisse Leitzmanns zu „Bioaktivstoffen" und ihrer vielfältigen gesundheitsfördernden Wirkung im Körper. Das Lebensmittelangebot wurde kulinarischer, auch Genießer entdeckten mehr und mehr den Reiz von Vollkornbrot und Vollkorn-Basmati. Heute sind Vollkorn und Genuss keine Gegensätze mehr und Bioangebote boomen.

Schale, Keim und Silberhäutchen

Schon lange wissen wir, dass in den äußeren Schichten von Pflanzen der Anteil an Mineralstoffen und Vitaminen besonders hoch ist. Andererseits konzentrieren sich auch Umweltgifte in dieser äußeren Hülle: Pestizide und Insektizide, teilweise auch Schwermetalle aus der Luft oder im Falle der Außenblätter von Salat das Nitrat. Die Deutsche Gesellschaft für Ernährung (DGE) empfiehlt dennoch ausdrücklich, Schale beziehungsweise Keim mitzuessen, wo immer möglich: Die Vorteile überwiegen, vor allem bei Bioprodukten (siehe Seite 43), bei Weitem eventuelle Belastungen. Das Hauptargument für mehr Schale sind neben dem Gehalt an Ballaststoffen, Vitaminen und Mineralstoffen aber die Bioaktivstoffe. Eine Vielzahl von unterschiedlichen Gruppen wirken antioxidativ, senken den Cholesterinspiegel, beugen Ablagerungen in den Gefäßen vor, regulieren den Blutzuckerspiegel, verbessern die Immunabwehr, beugen Osteoporose vor oder wirken antibakteriell. Mithilfe der Bioaktivstoffe schützt sich die Pflanze zum Beispiel vor UV-Schäden, aber auch vor Fressfeinden.

Obst und Gemüse

Am Beispiel von Quercetin, einem Bioaktivstoff aus der Gruppe der Polyphenole mit einem sehr hohen antioxidativen Potenzial, lässt sich gut nachweisen, wie gehaltvoll die Schale bei Obst und Gemüse ist: In der Apfelschale stecken beispielsweise 140 mg/kg Quercetin, im übrigen Gewebe sind es weniger als 2 mg/kg, bei Paprika sind es 63 mg/kg in der Schale und weniger als 1 mg/kg im Rest. Auch beim Kopfsalat steckt mehr Quercetin in den Außenblättern (60 mg/kg) als in den inneren (3,4 mg/kg).

SEKUNDÄRE PFLANZENSTOFFE (BIOAKTIVSTOFFE)

PFLANZENSTOFFE	Z. B. ENTHALTEN IN …	IHRE BEDEUTUNG FÜR DIE PFLANZE
Karotinoide	Möhre, Tomate, Paprika, grünem Gemüse (Spinat, Grünkohl), Grapefruit, Aprikose, Melonen, Kürbis	Farbstoffe (gelb, orange, rot)
Flavonoide	Äpfeln, Birnen, Trauben, Kirschen, Pflaumen, Beerenobst, Zwiebeln, Grünkohl, Auberginen, schwarzem und grünem Tee u. v. m.	Farbstoffe (gelb, blau, violett)
Glucosinolate	allen Kohlarten, Rettich, Radieschen, Kresse, Senf	scharfer Geruch und Geschmack; Abwehrstoff gegen Feinde
Phenolsäuren	Kaffee, Tee, Vollkornprodukten, Grünkohl, Weißkohl, Radieschen	Abwehrstoffe gegen Feinde
Phytosterine	Nüssen und Pflanzensamen (Sonnenblumenkerne, Sesam, Soja), Hülsenfrüchten	Membranbaustoff, Pflanzenhormone, die ähnlich wie Cholesterin aufgebaut sind
Phytoöstrogene	Getreide und Hülsenfrüchten (z. B. Sojabohnen), Leinsamen	Pflanzenhormone, die ähnlich wiedas weibliche Sexualhormon Östrogen aufgebaut sind
Sulfide	Zwiebeln, Lauch, Knoblauch, Schnittlauch	Duft- und Aromastoffe

Quelle: Deutsche Gesellschaft für Ernährung

MÖGLICHER GESUNDHEITSEFFEKT

- senken das Risiko für bestimmte Krebserkrankungen
- wirken als Antioxidans
- beeinflussen das Immunsystem
- senken das Risiko für bestimmte Augenerkrankungen
- reduzieren das Risiko von Herz-Kreislauf-Erkrankungen

- senken das Risiko für bestimmte Krebserkrankungen
- wirken als Antioxidans
- beeinflussen das Immunsystem
- können das Wachstum von Bakterien, Pilzen, Viren unterdrücken
- können die Blutgerinnung hemmen
- reduzieren das Risiko von Herz-Kreislauf-Erkrankungen

- senken das Risiko für bestimmte Krebserkrankungen

- senken das Risiko für bestimmte Krebserkrankungen

- senken den Cholesterinspiegel

- senken das Risiko für bestimmte Krebserkrankungen
- wirken als Antioxidans
- beeinflussen das Immunsystem
- festigen möglicherweise die Knochen

- reduzieren das Risiko von Herz-Kreislauf-Erkrankungen
- können das Wachstum von Bakterien, Pilzen, Viren unterdrücken
- können die Blutgerinnung beeinflussen
- senken das Risiko für bestimmte Krebserkrankungen

Getreide

Ähnlich sieht es beim Getreide aus: Es enthält unter anderem Phytinsäure, die ursprünglich als schädlich angesehen wurde. Grund: Sie bindet Mineralstoffe wie Kalium, Magnesium, Zink und Eisen, die dadurch dem Körper nicht mehr zur Verfügung stehen. Trotzdem gilt heute Phytinsäure gesundheitlich als Joker, vorausgesetzt, es besteht kein Mineralstoffmangel. Phytinsäure senkt nämlich den Cholesterinspiegel, wobei es das gute HDL erhöht und das gefährliche LDL reduziert. Außerdem hält die Phytinsäure den Blutzuckerspiegel niedrig. Beides ist ideal zur Vorbeugung eines Metabolischen Syndroms (siehe Seite 240). Neben Getreide enthalten auch Hülsenfrüchte und Samen Phytinsäure. Hier zum Vergleich einige Gehalte in mg pro 100 g:

Weizenkorn:	620 – 1 350
Weizen-Vollkornbrot:	330 – 560
Weizen-Weißbrot:	20 – 30
Weizenkleie:	3 610
Weizenkeime:	1 470
Sesamsamen:	4 710

KONSEQUENT VOLLWERT?

Wir sind mit Lebensmitteln gut versorgt. Mangel ist selten. Trotzdem ist es wichtig, auch unsere Versorgung zu verbessern – gerade mit den Jahren gewinnen wertvolle Nährstoffe eine größere Bedeutung. Es geht ums Alltägliche: Das sollte aus möglichst vollwertigen Lebensmitteln bestehen. Aber aus bester Qualität: Nur bei knackfrischem Salat schmecken die gesunden Außenblätter, nur frisches Vollkornmehl schmeckt nussig angenehm und nicht bitter oder ranzig, nur frisches kaltgepresstes Öl entfaltet sein Aroma ohne störende Nebentöne. Lassen Sie sich nicht mit minderer Qualität abspeisen nach dem Motto: Hauptsache gesund! Im Gegenteil: Was gesund ist, muss auch schmecken.

QUALITÄT – WAS IST DAS?

Umweltskandale, Tiererkrankungen, gentechnisch behandelte Lebensmittel oder gesundheitsschädliche Rückstände rückten in den letzten Jahren die Qualität von Lebensmitteln stark in das öffentliche Interesse. Folglich gab es einen regelrechten Boom an Gütesiegeln, Logos und Claims, die den jeweiligen Lebensmitteln eine gute Qualität bestätigen sollen. Statt Klarheit schafft diese Vielzahl aber eher Verwirrung – zudem halten nicht alle Siegel, was sie versprechen.

Biosiegel

Die Begriffe „Bio" und „Öko" sind durch die EG-Öko-Verordnung geschützt. Produkte, die diese Bezeichnung tragen, werden nach den Richtlinien der Verordnung erzeugt, verarbeitet und kontrolliert. Außerdem stammen deren Zutaten landwirtschaftlichen Ursprungs zu mindestens 95 Prozent aus dem ökologischen Landbau. Die Produkte stammen aus kontrolliert-biologischer Produktion, das heißt von artgerecht gehaltenen Tieren und Pflanzen. Gekennzeichnet sind sie mit dem Bio-Siegel und einer vorgeschriebenen Kontrollstellennummer (in Deutschland sieht diese Angabe folgendermaßen aus: DE-oXX-Öko-Kontrollstelle). Vorsicht bei schwammigen Begriffen wie „alternative Haltung", „naturnah", „integrierter oder kontrollierter Anbau", sie täuschen Bioqualität oft nur vor. Denn nur wo „Bio" oder „Öko" draufsteht, ist auch „Bio" oder „Öko" drin (www.bio-siegel.de).

EU-Herkunftssiegel

Herkunftssiegel auf europäischer Ebene bezeichnen Produkte, die nur aus einer bestimmten Region unter bestimmten Bedingungen hergestellt werden wie Lübecker Marzipan, Schwarzwälder Schinken, Spreewälder Gurken. Alle Produkte, die im Register der EU eingetragen sind, sind damit vor Nachahmung geschützt (www.geo-schutz.de).

Marine Stewardship Council (MSC)

Der Marine Stewardship Council hat es sich zur Aufgabe gemacht, Fischbestände weltweit zu sichern. Er belohnt umweltgerechtes Fischereimanagement mit dem blauen Ökolabel. Das Logo gibt dem Verbraucher die Gewissheit, dass das entsprechende Erzeugnis aus einer verantwortlich geführten Fischerei stammt und nicht zum Problem des Überfischens beiträgt (www.msc.org).

QS-Siegel

Das QS-Siegel wurde 2001 ins Leben gerufen. Es steht für Qualitätssicherung, und zwar über alle Produktionsstufen in der Lebensmittelkette vom Tierfutter über Zucht-, Mast- und Schlachtbetriebe bis hin zum Handel. Angeschlossene Betriebe unterwerfen sich freiwillig einer externen Kontrolle (www.q-s.info).

WORAN ERKENNEN SIE NOCH GUTE QUALITÄT?

Mit Zusatzstoffen wie Aromen und Geschmacksverstärkern werden viele Fertigprodukte aufgepeppt. Zusatzstoffe sollen beispielsweise konservieren, färben oder dicken, Aromastoffe und Geschmacksverstärker sorgen für intensiven Geschmack. Viele Experten stehen dieser Praxis kritisch gegenüber. Obwohl alle Zusatzstoffe ein Zulassungsverfahren durchlaufen müssen, stellt sich doch immer wieder mal heraus, dass die Wirkung teilweise unzureichend erforscht ist. Einige können für Allergiker zur Gefahr werden und stehen in Verdacht, selbst zu einer vermehrten Allergieentwicklung beizutragen. Die E-Nummern sind EU-weite Kurzbezeichnungen für Zusatzstoffe. Die Verteilung folgt einer Systematik: ab Nr. 100 Farbstoffe, ab Nr. 200 Konservierungsstoffe, ab Nr. 300 Antioxidationsmittel, ab Nr. 400 Verdickungsmittel, ab Nr. 500 Säuerungsmittel, -regulatoren, ab Nr. 600 Geschmacksverstärker, ab Nr. 901 Trenn- und Überzugsmittel, Süßstoffe. Bedenklich sind vor allem künstliche Farbstoffe, Konservierungsstoffe und die Antioxidationsmittel E 320 und 321 (Butylhydroxyanisol BHA, Butylhydroxytoluol BHT). Sie können Allergien auslösen. Insgesamt gilt: Je weniger „E"s, desto besser.

IST BIO GESÜNDER?

Tatsächlich kommt das Ökomonitoring Stuttgart zum Schluss, dass konventionell erzeugtes Obst und Gemüse von 2002 bis 2006 im Mittel 0,4 mg Pestizide pro kg enthielt. Bioware schnitt mit 0,002 bis 0,003 mg erheblich besser ab – was zu erwarten war.
Riskant für die Gesundheit ist keiner dieser Werte. Vor allem, wenn Sie sich vielseitig ernähren und sich nicht nur auf eine Gemüse- oder Obstsorte stürzen. Weil jede Obst- und Gemüseart ihre ganz speziellen Plus- und Minuspunkte hat, sollten Sie ohnehin bunt mischen: Gemüse, das oberhalb der Erde wächst, mit dem, was in der Erde wächst. Obst, das an Sträuchern erdnah gedeiht, mit dem, was an Bäumen hängt. Vor allem sollten Sie sich bemühen, Produkte aus der Region und der Saison zu bevorzugen, sofern das möglich ist. Im Winter wird das nicht immer klappen – da dürfen es dann auch die Ananas von der Elfenbeinküste, die Orangen aus Marokko und die Melone aus Israel sein. Tiefgefrorene Produkte sind ebenfalls eine gute Alternative. Letzten Endes ist die Entscheidung für Bio sinnvoll, um eine nachhaltige Landwirtschaft in der Region zu fördern.

DAS BESTE AUS DEN KÜCHEN DER WELT

Neben vollwertigen und regionalen Produkten können exotische Zutaten und Zubereitung unsere Art zu kochen bereichern. Probieren Sie aus, was Sie mögen und was Ihnen gut bekommt!

Indien – scharf muss es sein

Typisch für die indische Küche sind vor allem Safran und Curry. Wegen ihrer Heilwirkung sind auch Ingwer (antibakteriell, gegen Übelkeit), Pfeffer (entzündungshemmend) und Kurkuma als Bestandteil von Curry (soll die Merkfähigkeit fördern) beliebt. Forscher aus Singapur fanden im Rahmen einer Studie heraus, dass Asiaten, die regelmäßig Curry verwenden, ein besseres Gedächtnis haben. Inder essen wenig Fleisch. Vorteil: Sie haben nur selten Übergewicht und leiden weniger an Herz-Kreislauf-Erkrankungen. Studien bestätigen der vegetarischen Ernährungsweise sogar Anti-Aging-Effekte. Grund sind die Antioxidanzien, die in Obst und Gemüse in großer Menge enthalten sind. Um auch fleischlos ausreichend Eiweiß aufzunehmen, essen Inder viele Hülsenfrüchte. Diese liefern besonders hochwertiges Eiweiß, das lange satt macht, und Phytoöstrogene (siehe Seite 19).

Japan – das Auge isst mit

Die japanische Küche stellt die Struktur und Farbe der Lebensmittel stark in den Vordergrund – die Ästhetik der Speisen ist sehr wichtig. Ein Hauptbestandteil der Küche ist Soja. Es ist als Tofu, Misopaste, Würzsauce, rohe Sprossen oder als gerösteter Snack auf dem Speiseplan zu finden. Die Inhaltsstoffe des Soja helfen Krebs vorzubeugen, so die Studienergebnisse Wiener Mediziner. Bei Frauen soll besonders das Brustkrebsrisiko sinken. Mindestens genauso gern wie Soja essen Japaner Fisch (in Japan liegt der Fischverzehr fünfmal höher als in Deutschland), sie essen selten Fleisch und Milchprodukte. Dadurch ist ihr Fettverzehr niedrig und die Fettzusammensetzung ideal. Kein Wunder, dass die Menschen sehr alt werden. Die Frauen haben die höchste Lebenserwartung weltweit. Mitverantwortlich ist dafür auch die große Lebensmittelvielfalt der Japaner. Während in Deutschland in einem Durchschnittshaushalt wöchentlich 30 verschiedene Lebensmittel verarbeitet werden und auf den Tisch kommen, kommen sie auf 100. Durch diese abwechslungsreiche Ernährung sind Japaner ausreichend mit allen wichtigen Nährstoffen versorgt. Außerdem beinhaltet die japanische Küche viel Gemüse. Und nicht zu vergessen: Japaner trinken viel grünen Tee. Seine Inhaltsstoffe regen die Verdauung an, verbessern die Blutfette und stärken Herz und Kreislauf. Last, not least: Desserts und Torten mit viel Fett und Zucker existieren in der traditionellen japanischen Küche nicht.

Mittelmeer – viel Obst und Gemüse

Reichlich Obst, Gemüse, Getreideprodukte sowie pflanzliche Öle mit mehrfach ungesättigten Fettsäuren (Olivenöl) und reichlich Fisch, das sind die Kennzeichen der Mittelmeerernährung. Milchprodukte gibt es nur in Maßen. Wein hat einen festen Platz im täglichen Speiseplan, bevorzugt Rotwein (siehe Seite 12/13). Gesundheitsplus: Durch die enorme Vielfalt, besonders bei Gemüse, sind die Mittelmeerbewohner gut mit wichtigen Nährstoffen versorgt. Das Olivenöl, das zu jeder Mahlzeit dazugehört, ist reich an einfach ungesättigten Fettsäuren und schützt Herz und Kreislauf. Ebenfalls gut für die Gefäße sind der häufig verwendete Knoblauch und die berühmten Mittelmeerkräuter Rosmarin, Thymian, Salbei und Oregano. Süßes gibt es allenfalls als Eis, Saft oder Frucht.

Es ist nie zu spät, auf diese Ernährung umzustellen. Wissenschaftler der Hochschule Athen kamen nach der Auswertung der Ernährungsdaten von 74 000 Menschen aus neun Ländern zu dem Ergebnis: Männer, die sich ab dem Alter von 60 Jahren regelmäßig an die Mittelmeerernährung halten, gewinnen im Schnitt ein Lebensjahr dazu.

FRÜHSTÜCK MAL ANDERS – UND GESUND!

In Mexiko gibt es zum Frühstück Mais-Tortilla mit Gemüse, Hähnchenbrust und Guacamole, dazu Kakao. Der hohe Ballaststoff- und Eiweißanteil macht lange satt, während Gemüse, Avocado und Kakao Vitamine und Mineralstoffe beisteuern.
In **Japan** stehen sauer eingelegte Pflaumen (umeboshi), Reis und Misosuppe auf dem Speiseplan. Umeboshi weckt die Lebensgeister, Reis sorgt für schnelle Energie und liefert B-Vitamine. Perfekte Kombination für starke Nerven.
In **Indien** steht man wegen der großen Hitze zeitig auf und snackt nur leicht: Chai (Tee) mit vielerlei Obst. Das zweite Frühstück ist reichhaltiger, mit viel Gemüse und Hülsenfrüchten.

Thailand – essen für die Seele

Die thailändische Küche punktet ebenfalls durch ihre Frische und Vielseitigkeit. Sie besteht hauptsächlich aus Obst und Gemüse und natürlich Reis. Da Thailänder mit dem Wok schnell und knapp garen, bleiben Geschmacksstoffe, Mineralstoffe und Vitamine erhalten und das Essen ist zudem knackig und hat Biss.
Thailands Klima lässt ganzjährig zahlreiche Obst- und Gemüsesorten wachsen. Diese sind vor allem auch reich an sekundären Pflanzenstoffen (Bioaktivstoffe). Sie haben zahlreiche positive Wirkungen auf den Körper. Unter anderem stärken sie das Immunsystem und schützen die Gefäße. Die Statistik zeigt, in Thailand sterben nur halb so viele Menschen an den Folgen einer Herz-Kreislauf-Erkrankung wie in Deutschland. Unterstützt wird dies durch den hohen Fischverzehr. Ein weiterer Pluspunkt der thailändischen Ernährungsweise sind die Gewürze und Kräuter. Ingwer enthält ätherische Öle und Bitterstoffe, die die Verdauung unterstützen. Zum Frühstück essen Thailänder Reis oder Nudeln – gern scharf! Gesundheitsplus: Das Capsaicin (Paprika, Chili) kurbelt den Stoffwechsel an – das macht munter, fördert die Durchblutung und setzt „Glückshormone" frei. Für den kleinen Hunger gibt es nur kalorienarme Snacks wie rohes Gemüse, wie Paprika, Karotten oder Gurken mit Dip. Süßigkeiten sind so gut wie unbekannt.

FRÜHSTÜCK

Die Kinder müssen morgens nicht mehr versorgt werden. Neue Zeiten brechen an: Es darf in Ruhe gefrühstückt werden! Wer ganz darauf verzichtet, tut seinem Körper nichts Gutes. Aber wer das Frühstück täglich als deftigen Brunch zelebriert, tut des Guten zu viel – es sei denn, er joggt danach eine Stunde und verzichtet aufs Mittagessen!

Nach der Nachtruhe braucht der Körper vor allem Kohlenhydrate – er hat seine Reserven in der Nacht aufgebraucht. Gut, wenn diese bis zum Mittagessen satt machen. Die Kombination von Vollkorn, frischem Obst und Milchprodukten ist dafür ideal. Wer es lieber pikant mag, ist mit Vollkornbrot und frischen, mageren Aufstrichen bestens gerüstet für den Tag.

In diesem Kapitel finden Sie raffinierte, leichte Ideen für das Blitz-, aber auch das Sonntagsfrühstück. Von schnellen Mixgetränken über Obstdelikatessen, Müsli, selbst gebackenem Brot, süßen und pikanten Aufstrichen bis hin zum Orient-Omelett reicht das Angebot. Und statt Nuss-Nougat-Creme gibt es eine traumhafte Chili-Schoko-Creme ...

MORGENSTUND' HAT GOLD IM MUND?

Es gibt sie wirklich, die Frühaufsteher und die Morgenmuffel. Das haben langjährige Studien des Max-Planck-Instituts ergeben. Doch für beide gilt: Ausreichend Schlaf ist wichtig. Wenn Partner zu unterschiedlichen Typen gehören, fällt das morgens besonders ins Gewicht. Ein Kompromiss: Der Frühaufsteher trinkt seinen Tee oder Kaffee und macht das Frühstück – auch für den Morgenmuffel, um gemeinsam etwas später zu frühstücken. Der Morgenmuffel sollte nicht aufs Frühstück verzichten. Notfalls einen Saft trinken oder einen Milchkaffee und das Frühstücksbrot mitnehmen.

Richtig frühstücken – gibt es das?

Ja! Es ist nicht „wurscht", was wir essen: Ham & Eggs-Liebhaber und Frühstücks-Abstinenzler sind eher übergewichtig als die Fans von Müsli und Brot, sagen auch amerikanische Wissenschaftler des Centers for Disease Control and Prevention (CDC). Regelmäßiges Frühstücken hilft, das Gewicht zu halten. Der erste Appetit des Tages wird befriedigt und lässt sich später besser im Zaum halten. Das verhindert Heißhungerattacken. Morgens ist die Welt noch in Ordnung – sammeln Sie Pluspunkte für den Tag: Greifen Sie zu Vollkornprodukten in Kombination mit frischem Obst, denn Fleischprodukte und Eiergerichte sind meist wahre Fettnäpfchen.

Das Frühstück beeinflusst den weiteren Tagesablauf. Es füllt die über Nacht aufgebrauchten Energievorräte in der Leber wieder auf und kurbelt den Stoffwechsel an. Für alle, die morgens einfach keinen Bissen herunterbekommen, gilt: Trinken Sie wenigstens etwas! Frühsportler sollten das ausgiebige Frühstück auf später verschieben und lediglich ein Glas Apfelschorle, Mineralwasser oder eine halbe Banane vor dem Sport zu sich nehmen. Dann ist der Stoffwechsel optimal auf Fettverbrennung eingestellt und Sie machen zwischendurch nicht schlapp.

Kick durch den Wake-up-Drink?

Es gibt unzählige Meter Literatur darüber, was man direkt nach dem Aufstehen trinken soll: Apfelessig, Aloe vera, heißes Wasser, den Saft von eingeweichten Trockenpflaumen. Belege über die Wirkung existieren nicht – was ihm guttut, sollte jeder für sich selber herausfinden. Es scheint aber so zu sein, dass Trinken nach dem Aufstehen die Verdauung anregt.

Auf die Menge kommt es an

Es kommt nicht nur darauf an, was man isst, sondern auch, wie viel. Für das Frühstück sind höchstens 30 Prozent der Tageskalorien einzuplanen. Von einem Tagesbedarf von 1800 bis 2000 Kalorien für Frauen und etwa 400 Kalorien mehr für Männer ausgehend, sollte das Frühstück etwa 400 bis 600 Kalorien enthalten – für Männer noch etwas mehr. Das entspricht etwa 1 bis 2 Scheiben Vollkornbrot so groß wie die eigene Hand mit Aufstrich und einem Joghurt oder zwei Milchkaffees und Obst – oder eine Handvoll Flocken-Müsli mit einem Joghurt und Obst. Wer so frühstückt, der ist bis mittags satt. Wenn Sie genau wissen wollen, was Sie idealerweise frühstücken sollten, wiegen Sie es einmal ab und rechnen es aus mithilfe einer Kalorientabelle oder einem Rechner im Internet (www.naehrwertrechner.de).

Ist ein zweites Frühstück nötig?

Für einen erwachsenen, körperlich nicht hart arbeitenden Menschen eigentlich nicht. Nur wer morgens außer einem Milchkaffee oder einem Tee nichts zu sich genommen hat, sollte einfach später frühstücken. Völlig überflüssig jedenfalls ist das süße Teilchen, unterwegs gekauft, der Riegel, die Kekse zum Kaffee im Büro. Das macht letzten Endes hungrig, weil der Blutzucker dadurch steigt, schnell wieder sinkt und der Hunger kommt.
Übrigens: Eine Latte Macchiato zählt auch als kleiner Snack, treibt den Blutzuckerspiegel aber nicht so hoch. Ein nicht gezuckertes Getränk am Vormittag – egal ob heiß oder kalt – ist dagegen wohltuend und hilft, auf die nötige Flüssigkeitsmenge zu kommen.

STIMMT DAS?

Es gibt jede Menge Frühstücksmythen. Hier können Sie lesen, ob was dran ist:

Zu viel Obst übersäuert!
Es gibt säure- und basenbildende Lebensmittel. Obst und Gemüse sind Basenbildner und übersäuern nicht – auch wenn sie sauer schmecken! Allerdings kann es bei empfindlichen Personen zu einer Übersäuerung des Magens führen. Dagegen helfen milde Getreidegrützen mit Milch gekocht. Besonders säurearm sind Birne, Melone, Feige und Banane.

Milch am Morgen verschleimt!
Diesen Mythos hat bisher keine Studie belegt. Textur und Viskosität der Milch verursachen nur subjektiv ein Gefühl von Verschleimung.

Wer nicht frühstückt, ist unterzuckert!
Glukose (Traubenzucker) als wichtigster Energielieferant für Gehirn und Körperzellen muss immer im Blut vorhanden sein. Der Körper speichert Glukose als Glykogen in Leber und Muskulatur, dort kann es zu Glukose abgebaut werden. Sind die Speicher morgens leer, sinkt der Blutzuckerspiegel mit der Folge, dass sich Glukose aus Fettreserven und Eiweiß löst. Das belastet den Stoffwechsel, aber für Gesunde ist das kein Problem.

Kalte Getränke schaden!
Kalte Getränke werden in Mund und Speiseröhre während des Schluckvorgangs auf Körpertemperatur erwärmt. Sie schaden also nicht. Nur wer zu Sodbrennen neigt, sollte sehr kalte Lebensmittel meiden.

WAS IST GESÜNDER: KAFFEE ODER TEE?

Da scheiden sich die Geister. Es gibt also keine klare Antwort auf diese Frage. Kaffee und schwarzer oder grüner Tee haben zweierlei gemeinsam: Koffein und Flüssigkeit! Und diese können Sie zu Ihrer Tagesbilanz an Flüssigkeit dazuzählen. Kaffee und Tee entwässern nämlich nicht, wie immer noch oft behauptet wird. Vielmehr scheint klar: Die Aufgüsse von pflanzlichen Substanzen haben eine wohltuende Wirkung – egal ob Kaffee oder Tee. Den Tag damit zu beginnen, regt den Kreislauf an, versorgt den Körper mit Flüssigkeit und mit schützenden Substanzen.

WAS HAT WIE VIEL KOFFEIN?

Koffein ist in Kaffee, Kakao und schwarzem oder grünem Tee enthalten. Die Unterschiede im Koffeingehalt sind – auch durch die Art des Brühens – erheblich:

Kaffeesorte	Koffeingehalt
1 Espresso (50 ml)	50 mg
1 Tasse Filterkaffee (125 ml):	80 – 120 mg
1 Tasse ungefilterter Kaffee (125 ml):	130 mg
1 Glas Cola (200 ml):	20 – 50 mg
1 Tasse schwarzer Tee (125 ml):	30 – 60 mg
1 Tasse grüner Tee (125 ml):	30 – 60 mg
1 Tasse Kakao (125 ml):	2 – 5 mg
1 Tasse entkoffeinierter Kaffee (125 ml):	1 – 4 mg
100 g Milchschokolade:	20 mg
100 g Bitterschokolade:	90 mg

Die Rolle des Koffeins

Koffein regt das Herz zu stärkerer Pumpleistung an, die Atmung wird beschleunigt und der gesamte Stoffwechsel angekurbelt. Die Blutgefäße werden erweitert, die Durchblutung aller Organe verbessert. Die Gefäße des Gehirns ziehen sich leicht zusammen und der Blutdruck wird vorübergehend leicht erhöht. Eine Studie an der Universität von Bordeaux ergab, dass eine Tasse Kaffee müde Fahrer ebenso munter macht wie eine halbstündige Schlafpause. Wie stark Koffein auf den Körper wirkt, ist vor allem abhängig von der Menge, aber auch eine Typsache: Manche Menschen vertragen Koffein besser als andere.

Bisher wurde Menschen mit hohem Blutdruck geraten, entkoffeinierten Kaffee zu trinken. Schweizer Wissenschaftler untersuchten die Wirkung von Kaffee mit und ohne Koffein. Die Hälfte der Teilnehmer der Studie trank regelmäßig Kaffee, die anderen selten oder nie. Bei den regelmäßigen Kaffeetrinkern erhöhte sich der Blutdruck nach Kaffeekonsum kaum. Dies ist durch einen Gewöhnungseffekt zu erklären. Bei den Nicht-Kaffeetrinkern erhöhte sich der Blutdruck sowohl bei normalem als auch bei entkoffeiniertem Kaffee. Ergebnis: Nicht das Koffein erhöht den Blutdruck.

WELCHES GETRÄNK AM MORGEN?

GETRÄNK	INHALT UND WIRKUNG	TIPP	KALORIEN/100 ML
Kaffee *Ideal bei Startschwierigkeiten & niedrigem Blutdruck*	Koffein bringt den Kreislauf in Schwung, verbessert die Durchblutung und erhöht die Konzentrationsfähigkeit.	Milch macht Kaffee magenverträglicher. Alternativen sind milde oder entkoffeinierte Sorten oder Ersatzkaffee.	1 geh. TL Zucker: 30 1 TL Kaffeesahne: 5
Cappuccino **Latte Macchiato** **Espresso** *Ideal für Morgenmuffel, die nichts essen mögen*	Das Koffein wirkt langsamer, aber stetiger und die Wirkung hält länger an. Espresso ist magenverträglicher.	Instantpulver enthalten viel Zucker. Lieber für Cappuccino und Latte Macchiato den Espresso mit 1,5 %iger Milch selber mixen.	Milch (1,5 %): 48 Instant Cappuccino: 35
Schwarzer Tee **Grüner Tee** *Gut für alle, die früh wach sind und gut frühstücken*	Polyphenole und Fluoride vermindern das Kariesrisiko. Phenole stärken das Immunsystem und beugen Herz-Kreislauf-Erkrankungen und sogar Krebs vor. Koffein (halb so viel wie in Kaffee) macht munter.	Lieber ohne Milch trinken: Nach Erkenntnissen der Berliner Charité wird die gefäßschützende Wirkung der Teecatechine durch die Kaseine der Milch aufgehoben.	Tee: 0 1 TL Honig: 33
Kräutertee **Früchtetee** **Rotbuschtee** *Ideal für alle, die Koffein nicht vertragen*	Pfefferminztee wirkt verdauungsfördernd und gegen Übelkeit. Fencheltee beruhigt Magen und Darm. Rotbusch enthält wertvolle Antioxidanzien.	Nehmen Sie zum Süßen am besten Honig oder Fruchtsaft.	Tee: 1 1 EL Fruchtsaft: 7
Milch **gesüßte Trink-Milchprodukte** *Ideal für alle, die nicht frühstücken möchten und sofort hellwach sind*	Enthalten hochwertiges Eiweiß für den Muskelaufbau und sind gute Kalziumquellen. Kakao enthält Flavonoide, die vor Herz-Kreislauf-Erkrankungen schützen.	Bevorzugen Sie Milch mit 1,5 % Fett. Fertige Produkte enthalten oft viel Zucker und Aromastoffe. Besser selber machen! Für Kakao statt zuckerhaltigem Instantpulver entöltes Kakaopulver nehmen.	Kakao: ca. 80 Joghurt-Drink: ca. 90 Fruchtbuttermilch: ca. 65

MORGENGRUSS

Orangensaft liefert reichlich Vitamin C, Granatapfel Polyphenole, Aloe vera Saponine, Möhrensaft Beta-Karotin. All diese Stoffe stärken das Immunsystem. Der ideale Winterdrink!

FÜR 2 PORTIONEN

1 reifer Granatapfel (oder 100 ml Granatapfelsaft)
2 unbehandelte Saftorangen
200 ml Möhrensaft
2 EL Aloe-vera-Saft
evtl. flüssiger Honig

1. Den Granatapfel mit Druck auf der Arbeitsfläche rollen, dann anbohren und den Saft aus der Frucht drücken. Oder die Kerne aus der Frucht lösen und in einem Sieb zerdrücken. Das geht am besten bei ganz reifen Früchten. Wer sich diese Arbeit sparen möchte, kann auch fertigen Granatapfelsaft nehmen.
2. Orangen heiß abwaschen, trocken reiben und die Schale fein abraspeln. Dann die Früchte halbieren und auspressen.
3. Orangenschale und alle Säfte miteinander mischen. Nach Geschmack mit etwas Honig süßen.

5 Min.
Pro Portion 356 kcal, 0,5 g F, 78 g Kh, 7 g E

Einkauf: Reinen Granatapfelsaft gibt es in türkischen oder orientalischen Läden sowie im Reformhaus oder Bioladen. Mischungen sind nicht so wirkungsvoll, aber milder. Bei Möhrensaft die ungesüßte Version bevorzugen. Aloe-vera-Saft gibt es ebenfalls im Reformhaus oder Bioladen.

VARIANTEN

Preiswerter: Aloe vera weglassen, dafür die Möhren im Entsafter frisch pressen – das ist ebenso gesund.
Saison: Im Sommer statt Orangen 1 Zitrone nehmen und statt Granatapfelsaft Cranberry-Nektar oder frisch gepressten Beerensaft.

BEERENKICK

Sanfte Süße: Joghurt erhöht bei regelmäßigem Genuss die Immunabwehr. Sesam im Tahin ist reich an Eiweiß und Mineralstoffen.

FÜR 2 PORTIONEN

4 Datteln
100 g Beeren (frisch oder TK)
2 EL Tahin
1 Prise Vanillepulver
150 g Naturjoghurt (1,5 % Fett, oder 250 ml Buttermilch)
Wasser

1. Datteln entsteinen. Beeren verlesen oder aus dem Tiefkühlfach nehmen.
2. Mit den übrigen Zutaten in einer hohen Rührschüssel mit dem Pürierstab fein pürieren. Mit Wasser auf Trinkstärke verdünnen.

5 Min.
Pro Portion 204 kcal, 5 g F, 32 g Kh, 6 g E

Info: Tahin oder auch Tahini ist eine Paste aus feingemahlenen Sesamsamen. Besonders gesund, aber auch herb ist dunkler Tahin aus ungeschälten Sesamsamen. Heller Tahin wird aus geschälten Samen hergestellt und enthält weniger wertvolle Nährstoffe.

VARIANTEN

Verdauungsanregend: Mit etwas Milchzucker süßen und zusätzlich 1 EL gelbe Leinsamen untermischen.
Milder: Mit Mango oder Melone statt Beeren.
Sättigender: Mit Hafer- oder Hirseflocken wird der Drink zum sättigenden Müsli.

MOLKE-DRINK

Milde Erfrischung am Morgen: Trockenpflaumen und Milchzucker aus der Molke regen die Verdauung an. Weizenkeime sind reich an ungesättigten Fettsäuren und Vitamin E. Das schützt die Körperzellen.

FÜR 2 PORTIONEN

4 Trockenpflaumen (40 g, oder getrocknete Feigen)
3 EL Orangen- oder Apfelsaft
200 g weiches Obst (z. B. Pfirsich, Nektarine, Melone, Mango, Birne)
250 ml Naturmolke
2 TL Weizenkeime
etwas Zimtpulver

1. Trockenpflaumen klein schneiden und über Nacht im Fruchtsaft einweichen und kühl stellen.
2. Am nächsten Morgen das frische Obst waschen, putzen und in grobe Stücke schneiden.
3. Eingeweichte Pflaumen mit Molke, Obst und Weizenkeimen in einen hohen Rührbecher oder einen Mixer geben und mit dem Pürierstab oder im Mixer fein pürieren. Mit etwas Zimt abschmecken und sofort servieren.

10 Min. + Einweichzeit über Nacht
Pro Portion 165 kcal, 0,9 g F, 34 g Kh, 4 g E

VARIANTEN

Schneller: Statt eingeweichter Trockenpflaumen einen Schuss Pflaumensaft (aus Drogerie oder Reformhaus) unter den Drink mixen.
Bananen-Hafer-Drink: Gut gegen Sodbrennen. Statt Trockenpflaumen 1 reife Banane und statt Weizenkeimen Haferflocken verwenden.
Gute-Laune-Drink: Statt Zimt eine Messerspitze Vanillepulver (Seite 246) zugeben und statt Weizenkeime gemahlene Mandeln (mit Haut).
Muntermacher-Drink: Statt Trockenpflaumen 1 reife Banane und statt Zimt 1 TL Kakaopulver und 1 TL Instantkaffee verwenden.
Zellschutz-ACE-Drink: Die Hälfte der Molke durch ungesüßten Möhrensaft ersetzen.

INGWER-APFEL MIT HONIG-SESAM

Vor allem die Apfelschale enthält Quercetin, einen Bioaktivstoff mit hoher zellschützender Wirkung. Deshalb die Schale mitessen – aber zuvor waschen und gut trocken reiben. Das entfernt Schadstoffe am besten.

FÜR 2 PORTIONEN

2 Äpfel
1 Stück Ingwer (1–2 cm)
30 g ungeschälte Sesamsamen
3 EL flüssiger Honig

---

1. Äpfel waschen und trocken reiben. In Viertel schneiden und das Kerngehäuse entfernen. Spalten in dünne Scheiben hobeln.
2. Ingwer schälen und klein schneiden.
3. Sesam in einer beschichteten Pfanne ohne Öl rösten, bis er duftet. Den Honig zugeben. Dann den Ingwer hineingeben und einmal aufschäumen lassen. Über die Apfelspalten verteilen und servieren.

10 Min.
Pro Portion 127 kcal, 5 g F, 19 g Kh, 2 g E

Info: Die zellschützende Wirksamkeit ist in der Schale 2- bis 6-mal höher als im Fruchtfleisch.
Und: Mehr als die Hälfte des Vitamin C sitzt dort. 100 g Apfel mit Schale enthält zellschützendes Potenzial, das 1 500 mg Vitamin C entspricht. Der tatsächliche Gehalt an Vitamin C ist ca. 6–20 mg und nach Sorten sehr unterschiedlich.

VARIANTEN

Gehaltvoller: Mit einem Klecks Sahnequark.
Warm: Apfelhobel mit Honig, Sesam und Ingwer beträufelt unter den Backofengrill schieben und karamellisieren lassen. Ein wärmendes Frühstück – mit einer Kugel Vanilleeis ein raffiniert einfaches Dessert.

OBST-KNUSPERQUARK

Magerquark hat fast kein Fett und liefert hochwertiges Eiweiß für den Zellaufbau. Die Kohlensäure aus dem Mineralwasser macht ihn schön cremig.

FÜR 2 PORTIONEN

1 unbehandelte Zitrone
250 g Magerquark
1 Schuss Mineralwasser mit Kohlensäure
1 EL Vollrohrzucker (oder braunen Zucker)
2 EL gehackte Walnüsse (oder andere Nüsse)
2 Orangen oder 1 Tasse Beeren
2 Scheiben Vollkorn-Knäckebrot

---

1. Zitrone heiß abwaschen, trocken reiben und die Schale fein abreiben. Saft der Zitrone auspressen.
2. Quark mit einem guten Schuss Mineralwasser, Zucker, Zitronenschale und -saft glatt rühren.
3. Walnüsse in einer Pfanne ohne Fett rösten, bis sie duften. Orange schälen und klein schneiden. Alternativ Beeren waschen und je nach Art putzen und klein schneiden.
4. Quark mit Walnüssen und Obst anrichten und servieren. Knäckebrot in einer Plastiktüte zerkrümeln und darüberstreuen.

15 Min.
Pro Portion 296 kcal, 7 g F, 35 g Kh, 21 g E

Info: Vollrohrzucker ist getrockneter, nicht raffinierter Zuckerrohrsaft. Er enthält noch die Mineralstoffe des Zuckerrohrs und hat einen karamellartigen Geschmack. Viel gesünder als weißer Zucker ist er allerdings nicht.

VARIANTEN

Auch lecker: Statt Vollrohrzucker passen auch der neutrale Agavendicksaft und der etwas karamellartige Ahornsirup. Beide lösen sich leichter im Quark als Honig.
Milder: Schmeckt auch mit Orangensaft und -schale statt Zitrone.

MOHN-MÜSLI

Gegart ist Getreide leichter verdaulich – und Dinkel ist besonders gut verträglich. Mohn beruhigt den Magen. Trauben und Banane enthalten wenig Fruchtsäure. Auch ideal als Aufbaukost nach Krankheiten.

FÜR 2 PORTIONEN

200 g Weintrauben (oder Melone, Kaki, Birne, Datteln)
20 g Blaumohn
1 Vanilleschote
400 ml Milch (1,5 % Fett)
80 g Dinkelschrot (6 EL)
1 kleine, reife Banane

1. Weintrauben von der Rispe zupfen, warm waschen und halbieren.
2. Mohn mahlen – im Blitzhacker oder in einer alten Kaffeemühle. Mit der Vanilleschote in 300 ml Milch zum Kochen bringen, den Schrot zugeben und zugedeckt etwa 5 – 7 Min. leicht kochen.
3. Die Banane mit der restlichen Milch pürieren.
4. Grütze auf 2 Schalen verteilen, Bananenmilch darunterziehen und mit den Trauben krönen.

15 Min.
Pro Portion 391 kcal, 9 g F, 62 g Kh, 15 g E

Tipp: Wer morgens Anlaufschwierigkeiten hat, bekommt mit diesem Müsli einen Kick. Sie können es auch kalt essen. Wenn Sie nur 1 Portion brauchen, die Bananenmilch unterziehen und das Müsli ohne Trauben im Kühlschrank aufbewahren.
Info: Es gibt kräftigen Blau-, zarten Grau- und nussigen Weißmohn. Mohn enthält etwa 50 Prozent Fett, davon 80 Prozent Linolsäure. Deshalb am besten immer frisch mahlen – er wird schnell ranzig. Speisemohn ist völlig unbedenklich, kann sogar auf den Magen beruhigend wirken. Mohn ist reich an Mineralstoffen, vor allem Kalzium und Eisen.

VORRATS-MÜSLI-MIX

Buchweizen schmeckt geröstet herrlich nussig und punktet ebenso wie Hirse durch viel Kieselsäure: gut für Haut und Haar.

FÜR 15 PORTIONEN

100 g Buchweizen, 200 g Hirseflocken
100 g Haferfleks mit Kleie, 2 EL Kakaopulver
50 g getrocknete Cranberries (oder Berberitzen)

1. Buchweizen in einer Pfanne ohne Fett rösten, bis er duftet. Sofort aus der Pfanne nehmen und abkühlen lassen.
2. Hirseflocken, Haferkleiefleks, Buchweizen zusammen mit dem Kakaopulver in eine Schüssel geben und gut mischen.
3. Cranberries grob hacken, unter den Müsli-Mix mischen und alles in ein Vorratsglas geben.
4. Pro Portion 3 EL Müsli-Mix mit 150 g Joghurt oder 150 ml Milch und 1 Tasse Obststücke (z. B. Apfel, Beeren, Pfirsich oder Mango) mischen.

5 Min.
Pro Portion ohne Beilage 105 kcal, 1 g F, 20 g Kh, 3 g E

Info: Hirse hat von allen Getreidearten den höchsten Eisengehalt – das ist wichtig für die Sauerstoffversorgung des Körpers und macht munter. Buchweizen schmeckt geröstet wie Nüsse und enthält ähnlich viel hochwertiges Eiweiß, liefert aber im Gegensatz zu diesen wenig Fett.

VARIANTEN

Exotisch: Statt Haferkleiefleks Cornflakes verwenden, statt Kakao geröstete Kokosraspel und statt Cranberries oder Berberitzen Rosinen, getrocknete Mango- oder Ananasstücke.
Warm: Dazu 3 EL Müsli-Mix mit 150 ml fettarmer Milch und 1 Prise Salz aufkochen. Vom Herd ziehen und zugedeckt ca. 15 Min. quellen lassen. Anschließend 1 Schuss Orangensaft und 1 Tasse Obst zugeben. Mit Zimt abschmecken.

HONIG-MÜSLI

Honig und Propolis (Bienenharz) enthalten konzentriert die Bioaktivstoffe von Blüten. Ingwer regt die Durchblutung an.

FÜR 1 PORTION

100 ml Orangensaft (frisch gepresst)
2 TL flüssiger Honig
1 Orange oder ½ Mango
1 Stück Ingwer (2 cm)
1 TL Propolis
4 EL zarte Haferflocken
1 EL gelbe Leinsamen
3 EL Naturjoghurt

1. Den Orangensaft mit Honig verrühren.
2. Die Orange schälen, in Viertel teilen und dann quer in Scheiben schneiden. Ingwer schälen und klein schneiden oder durch die Knoblauchpresse in den Orangensaft drücken.
3. Haferflocken und Leinsamen mit dem Saft begießen, Propolis, Joghurt und die Orangenstückchen zugeben.

5 Min.
Insgesamt 392 kcal, 9 g F, 62 g Kh, 12 g E

Info: Propolis enthält zahlreiche Flavonoide, die unsere Zellen vor Oxidation durch freie Radikale schützen, außerdem hemmt es Entzündungen. Sie können es beim Imker oder im Bioladen kaufen. **Übrigens:** Auch beim Honig sind es unter anderem Bioaktivstoffe, die für eine zellschützende Wirkung verantwortlich gemacht werden.

VARIANTEN

Preiswerter: Statt Propolis ungespritzte Rosenblätter oder Kräuterblüten (Lavendel, Rosmarin, Borretsch, Kapuzinerkresse) aus dem eigenen Garten verwenden.
Saison: Prima schmecken auch reife Nektarinen, Pfirsiche oder Aprikosen anstelle der Orange.

BIOAKTIVBROT

Dank Buttermilch und Kichererbsen enthält das Brot viel Eiweiß. Möhren, Äpfel, Erbsen, Kleie und Getreide liefern Ballaststoffe, die kalorienarm satt machen und die Verdauung anregen. Fenchel macht es gut verträglich, Hagebutten würzen, liefern Vitamin C und halten das Brot feucht.

FÜR 1 KASTENFORM (30 cm), ergibt ca. 21 Scheiben

50 g Kichererbsen
500 ml Buttermilch (oder Naturmolke)
20 g getrocknete Hagebutten (z. B. aus einem Teebeutel)
500 g Dinkel-Vollkornmehl
1 Päckchen Trockenhefe
50 g Haferkleie
50 g Leinsamen
200 g Möhren
2 kleine Bioäpfel
2 TL Salz
2 TL Fenchelsamen

1. Die Kichererbsen über Nacht einweichen. Am nächsten Tag durchspülen und in einem Weckglas auf der Fensterbank keimen lassen. Täglich einmal durchspülen. Wenn die Keime nach etwa 2 Tagen durchbrechen, kann es weitergehen.
2. Den Backofen auf 50 Grad anheizen. Die Buttermilch erwärmen und die Hagebutten darin einweichen, in den Ofen stellen. Das Mehl mit Trockenhefe, Haferkleie und Leinsamen vermischen, ebenfalls im Ofen vorwärmen.
3. Möhren und Äpfel gründlich waschen, das Kerngehäuse der Äpfel entfernen. Beides im Blitzhacker fein raspeln.
4. Fenchel in einer Pfanne anrösten. Mit Salz unters Mehl ziehen, dann die Hagebuttenmilch untermengen und am Ende Apfel- und Möhrenraspel sowie die Kichererbsen einarbeiten. Am besten in der Küchenmaschine durchkneten, bis der Teig nicht mehr klebt – evtl. etwas Mehl zugeben.
5. Teig ca. 2 Std. gehen lassen, bis er sichtbar aufgeht. Nochmals durchkneten und in die gefettete Form füllen. 1 weitere Std. gehen lassen.
6. Den Backofen auf 200 Grad vorheizen. Eine Schale mit Wasser auf den Ofenboden stellen. Das Brot auf der mittleren Schiene 50 Min. backen. Wird die Kruste oben zu dunkel, ein Stück Alufolie auflegen.
7. Ist das Brot fertig, kurz rasten lassen, dann aus der Form nehmen und ausdampfen lassen.

48 Std. Keimen (Kichererbsen), 3 Std. Gehzeit,
30 Min. Zubereitung, 50 Min. Backen
Pro Scheibe 106 kcal, 2 g F, 18 g Kh, 5 g E

Tipp: Besonders feinporig wird das Brot, wenn es im Kühlen über Nacht geht. Dann weder Mehl noch Buttermilch vorwärmen, sondern den Teig kühl verarbeiten.
Info: Dieses Brot hält den Blutzuckerspiegel niedrig: Vollkorn, Getreide, Gemüse und Hülsenfrüchte liefern viele Ballaststoffe. Die füllen den Magen und zögern die Verdauung hinaus. Das macht satt.

VARIANTEN

Auch lecker: Statt Möhren und Äpfel können Sie Kartoffeln, Kürbis oder Sellerie verwenden, statt gekeimter Kichererbsen andere Hülsenfruchtkeime wie Mungbohnen oder Linsen. Statt Buttermilch funktioniert auch Wasser oder Apfelsaft oder Wein.

Schneller: Kichererbsen aus der Dose nehmen (ca. 150 g), das erspart das Einweichen und Keimen. Sie sind allerdings gesalzen. Deshalb die Salzmenge evtl. etwas reduzieren. Oder getrocknete Kichererbsen in größerer Menge keimen lassen und dann portionsweise einfrieren. Fixer geht es auch mit 2 Päckchen Trockenhefe statt einem: Die Gehzeit halbiert sich – das Brot wird aber nicht so feinporig.

Anders würzen: Die Fenchelsamen können Sie durch Kümmel oder Koriander oder getrocknete Kräuter der Provence ersetzen.

Brötchen: Aus dem Teig lassen sich auch Brötchen machen. Dafür die Kichererbsen weglassen und die Hefemenge verdoppeln. Der Brötchenteig sollte formbar, nicht fließend sein – eventuell noch etwas Mehl einarbeiten. Brötchen bei 200 Grad im Backofen etwa 15 Min. backen.

KLEINE HEFEKUNDE

Doppelt so viel Hefe geht fixer auf – das Gebäck wird aber auch etwas grobporiger. Wärme und leicht verfügbare Kohlenhydrate (Zucker, Honig, Saft) fördern das Wachstum der Hefe, Kälte, Zugluft, Salz und Fett dämpfen es. Hefeteig tut somit Handwärme gut. Für schwere Teige, die viel Fett und stückige Zutaten enthalten, einen Vorteig ansetzen, der nur aus Hefe, etwas warmer Flüssigkeit, etwas Mehl und Zucker besteht. Ist er schaumig, wird er mit dem Rest verarbeitet.

BRÖTCHEN-VARIANTEN

Süß: 1 EL Zucker zufügen und das Wasser durch Milch oder Buttermilch ersetzen. 2 – 3 EL Rosinen oder Schokotröpfchen oder Berberitzen oder gehackte Walnüsse zugeben. Evtl. Mehl der Type 550 verwenden.
Mit Körnern: Die Brötchen mit Wasser bestreichen und mit Mohn, Lein- oder Sesamsamen, Kürbis- oder Sonnenblumenkernen bestreuen.

MITTELMEER-BROT

Kartoffeln machen das Brot saftig und knusprig. Das typische Pizzamehl Type 1050 ist hell und aromatisch, enthält aber viele Ballast- und Mineralstoffe des vollen Korns. Ein Kompromiss für Körnermuffel.

FÜR 1 KASTENFORM (30 cm), ergibt ca. 21 Scheiben

750 g Weizenmehl Type 1050
2 Päckchen Trockenhefe
1 TL Zucker, 3 TL Salz
200 ml lauwarmer Tomatensaft
100 g Kartoffeln (mehlig- oder festkochend)
100 g getrocknete Tomaten (ohne Öl)
2 Zwiebeln, 2 EL Olivenöl
1 EL getr. Kräuter der Provence
100 g gerösteter Sesam

1. Mehl, Hefe, Zucker und Salz mischen. Mit dem Tomatensaft und 200 – 250 ml lauwarmem Wasser 10 Min. kräftig durchkneten. Teig zur Kugel formen und zugedeckt in einer bemehlten Schüssel an einem warmen Ort 1 Std. gehen lassen.
2. Kartoffeln mit Schale gar kochen. Die getrockneten Tomaten klein würfeln. Die Zwiebeln schälen, ebenfalls würfeln und in dem Olivenöl glasig dünsten. Die Kartoffeln kalt abschrecken und pellen, durch ein Sieb drücken. Mit den Tomaten, den Zwiebeln, den Kräutern und dem Sesam unter den Teig kneten.
3. Die Form fetten und mit Mehl ausstreuen. Den Teig hineinsetzen, mit Mehl bestäuben und zugedeckt an einem warmen Ort 1 Std. gehen lassen.
4. Den Backofen auf 200 Grad vorheizen. Eine Schüssel mit Wasser auf den Boden des Ofens stellen und das Brot für ca. 50 Min. backen.

40 Min. + 3 Std. Gehzeit + 50 Min. Backen
Pro Scheibe 169 kcal, 5 g F, 26 g Kh, 5 g E

Auch lecker: Tomatensaft weglassen und insgesamt etwa 400 – 450 ml Wasser nehmen, den Teig zu drei flachen Laiben formen und bei 220 Grad in 30 Min. zu Ciabatta backen.

SONNTAGSBRÖTCHEN

Dunkle Brötchen nach Hausmacherart: Sie sind durch Haferflocken bestens verträglich.

FÜR 10 BRÖTCHEN

200 g Weizenmehl Type 1050
60 g zarte Haferflocken
10 g frische Hefe (oder 5 g getrocknete)
1 TL Salz

1. Mehl mit 50 g Haferflocken mischen. Die Hefe in 200 ml Wasser auflösen, mit dem Mehlmix und dem Salz zu einem Teig verarbeiten – am besten mit der Küchenmaschine, weil der Teig noch klebt.
2. Den Teig in eine Plastikbox geben, die das dreifache Volumen hat, und über Nacht an einen kühlen Platz stellen.
3. Am nächsten Tag den Backofen auf 220 Grad vorheizen. Eine Schale mit Wasser auf den Ofenboden stellen.
4. Den Teig auf der bemehlten Arbeitsfläche durchkneten, eine lange Rolle formen und in 10 Portionen teilen. Aus jeder Portion 1 Brötchen formen, in die übrigen Haferflocken drücken und auf ein mit Backpapier ausgelegtes Blech setzen. Etwa 15 Min. in der Küche gehen lassen.
5. Dann oben einschneiden und im heißen Backofen etwa 15 Min. knusprig braun backen.

12 Std., davon 20 Min. Zubereitung
Pro Brötchen 29 kcal, 0,5 g F, 5g Kh, 1 g E

Vorrat: Wenn Sie einen Teil der Brötchen einfrieren möchten, 5 Min. vor Ende der Backzeit herausnehmen, in einem TK-Beutel dicht verpacken und nach dem Abkühlen einfrieren. Aus dem Eis in 8 – 10 Min. bei 220 Grad aufbacken.
Info: Kälte verlangsamt die Aktivität der Hefebakterien – deshalb kann der Teig die ganze Nacht gehen. Hat sich morgens nichts getan, nochmals dieselbe Menge Hefe in 2 – 3 EL warmem Wasser lösen, Teig im Wasserbad oder im Ofen bei 50 Grad anwärmen, einarbeiten und ½ Std. gehen lassen.

ZIEGENFRISCHKÄSE A L'ORANGE

Einfach, aber wirkungsvoll: Die Kombination von Ziegenfrischkäse und Orange setzt südliche Akzente auf dem Frühstückstisch.

FÜR 300 ML

1 unbehandelte Orange
20 g ungeschälte Sesamsamen
2 EL flüssiger Honig
200 g Ziegenfrischkäse

1. Die Orange heiß abwaschen, abtrocknen und mit einer feinen Reibe die Schale abraspeln. Die Orange bis aufs Fruchtfleisch abschälen, Orange in Spalten trennen, dann quer in Scheiben schneiden, Saft auffangen.
2. Sesamsamen in einer Pfanne anrösten, bis er duftet. Honig zugeben und dann vom Herd nehmen. Die Orangenschale samt -saft ebenfalls zugeben.
3. Ziegenfrischkäse im Wechsel mit Orangenstückchen und Sesam-Mix in ein Glas schichten.

15 Min.
Pro Portion (ca. 20 g) 64 kcal, 5 g F, 3 g Kh, 2 g E

VARIANTEN

Schneller: Vom Ziegenfrischkäse mit einem nassen Teelöffel Nockerln abstechen, zwischen Orangenscheiben setzen. Mit einem Zestenreißer Orangenschale anreißen und über den Käse geben. Mit Sesamsamen bestreuen.
Pikant: Ziegenfrischkäse lässt sich mit aromatischen Zutaten einschichten: gehackte Pistazien und Bärlauch, gehackte Walnüsse und Thymian, geröstete Pinienkerne und Basilikum – beides gehackt oder zum Pesto püriert.
Süß: Auch köstlich ist Ziegenkäse mit etwas Honig und Berberitzen angerührt.

GEMÜSE-FETA-AUFSTRICH

Würziger Feta mit frischem Gemüse und Mittelmeerflair. In Tomaten steckt viel Lykopin, ein Karotinoid, das die Zellen schützt.

FÜR 300 ML

1 reife Tomate
50 g Salatgurke
150 g Feta
2 EL Naturjoghurt
1 Messerspitze Chili, gemahlen
2 getrocknete Tomaten in Öl
Salz

1. Die Tomate waschen. Den grünen Strunk und die Kerne herausschneiden, sodass lediglich das feste Tomatenfleisch übrig bleibt. Grob würfeln. Die Gurke ebenfalls waschen, der Länge nach halbieren und mithilfe eines Teelöffels die Kerne herauslösen. Grob zerkleinern.
2. Das Gemüse mit dem zerbröckelten Feta, dem Joghurt und Chili in einen Mixer füllen und zu einer Paste verarbeiten.
3. Getrocknete Tomaten abtropfen lassen, fein hacken und unterziehen, wenn nötig mit Salz nachwürzen.
4. Aufstrich in ein sauberes Schraubglas füllen. Im Kühlschrank bleibt er mind. 3 Tage haltbar.

10 Min.
Pro Portion (ca. 20 g) 27 kcal, 2 g F, 0,4 g Kh, 2 g E

Tipp: Fettreduzierter Salzlakenkäse hat meist 30 % Fett i. Tr. und ist leicht bröckelig – für den Aufstrich daher nicht so gut geeignet.
Auch lecker: Statt der getrockneten Tomaten gehackte Oliven unterziehen und mit Kräutern der Provence abschmecken. Oder statt Tomaten und Oliven mit Frühlingszwiebeln und 1 gehackten Knoblauchzehe vermischen. Ebenfalls pikant: 3 EL gehackter Bärlauch.

IM TREND: MILCHPRODUKTE VON SCHAF & ZIEGE

Seit Oktober 2007 darf nur noch in Griechenland produzierter und in Salzlake eingelegter Schafs- und/oder Ziegenkäse **Feta** heißen. Alle anderen Salzlaken-Käse aus Kuhmilch tragen daher andere Namen: z. B. Balkankäse Feta-Art, Schipka-Käse, weißer Käse. Original Feta hat etwa 45 – 50 % Fett i. Tr. und ist sehr cremig. **Ziegenmilch** hat eine etwas andere Zusammensetzung des Kaseins als Kuhmilch – seine Fette sind außerdem feiner verteilt. Ziegenfrischkäse schmecken sehr aromatisch. Dank moderner Standards sind sie meilenweit vom „Ziegenmuff“ früherer Jahre entfernt!

BEERENAUFSTRICH

Vitamin-, mineralstoffreich und außerdem figurfreundlich: Ein leckerer kalorienarmer Aufstrich aus Beeren, gesüßt mit Isomalt und gebunden mit Bindobin.

FÜR 400 ML

300 g gemischte Beeren (frisch oder TK)
2 Messlöffel Bindobin (2 g)
150 g Isomalt

1. Frische Beeren waschen, gut abtropfen lassen und putzen. Tiefgekühlte Beeren auftauen lassen, Saft abgießen und am besten frisch trinken.
2. Beeren, Bindobin und Isomalt in einen hohen Rührbecher oder Mixer geben und mit dem Pürierstab oder im Mixer fein pürieren.
3. Fruchtaufstrich in ein sauberes Schraubglas füllen. Gut verschlossen im Kühlschrank ist er ca. 1 Woche haltbar.

15 Min.
Pro Portion (20 g) 41 kcal, 1 g F, 10 g Kh, 0,1 g E

Info: Isomalt gehört zu den Zuckeraustauschstoffen, hat weniger Kalorien als Zucker, süßt aber auch nicht so stark. Entscheidender Pluspunkt: Isomalt wird langsamer aufgespalten, lässt also den Blutzuckerspiegel kaum steigen, macht länger satt und ist deshalb besser für die Figur.
Einkauf: Bindobin gibt es im Reformhaus, Isomalt in der Apotheke oder Drogerie.

VARIANTEN

Auch lecker: Der Fruchtaufstrich eignet sich auch als fruchtige Beigabe für Joghurt oder Quark, als Füllung für Pfannkuchen oder Biskuitböden.
Anderes Obst: Statt Beeren können Sie auch weiche Obstsorten verwenden: Nektarinen, Pfirsiche, Aprikosen oder Mangos.
Mit Gewürzen: Mit Vanille, Zimt, Ingwer, Chili oder geriebener Zitronen- oder Orangenschale lässt sich der Geschmack variieren.

CHILI-SCHOKO-CREME

Eine wunderbare Möglichkeit, schon beim Frühstück den Schokohunger zu befriedigen und mit Schwung in den Tag zu starten. Kakao enthält neben anregendem Koffein Phenole, die ausgleichend auf den Cholesterinspiegel wirken.

FÜR 300 ML

40 g Bitterschokolade (mind. 50 %)
250 g Mascarpone
1 TL Kakaopulver
1 Messerspitze Vanillemark
Cayennepfeffer
1 TL Kaffeepulver
40 g brauner Zucker

1. Bitterschokolade bei kleiner Hitze im Wasserbad auflösen.
2. Mit Mascarpone, Kakaopulver, Vanillemark, Cayennepfeffer, Kaffeepulver und Zucker verrühren, bis sich der Zucker gelöst hat.
3. In ein Schraubglas füllen und im Kühlschrank lagern. Der Aufstrich ist gut verschlossen im Kühlschrank etwa 5 Tage haltbar.

15 Min.
Pro Portion (ca. 20 g) 85 kcal, 7 g F, 4 g Kh, 2 g E

VARIANTEN

Leichter: Verwenden Sie Mascarpone light (statt 41,5 g insgesamt 29 g Fett pro 100 g) – und lassen Sie die Butter darunter weg.
Banana-Schoko-Brot: 1 Scheibe Vollkornbrot mit 1 EL Schokocreme bestreichen und mit einer halben, in Scheiben geschnittenen Banane belegen.
Winterlich: 1 TL Zimt oder Lebkuchengewürz zugeben.
Knusprig: 50 g geröstete, gehackte Walnüsse unter die Creme ziehen.

APFELCREME

Das Aroma der Vanille sorgt schon beim Frühstück für gute Laune. Getrocknete Äpfel, Vollkorngrieß und Mandeln mit Haut liefern jede Menge Ballaststoffe. Das macht lange satt!

FÜR 350 ML

½ Vanilleschote
40 g getrocknete Apfelringe
250 ml Apfelsaft, 25 g Vollkorngrieß
25 g gemahlene Mandeln (mit Haut)

1. Vanilleschote aufschlitzen und das Mark auskratzen. Apfelringe kleinschneiden. Mit Apfelsaft, Vanilleschote und -mark aufkochen.
2. Vanilleschote aus dem Topf nehmen. Grieß mit einem Schneebesen in die kochende Flüssigkeit rühren und ca. 1 Min. unter Rühren kochen lassen.
3. Topf vom Herd nehmen. Mandeln zur Grießmasse geben und unterrühren. Creme in saubere Schraubgläser füllen und abkühlen lassen. Jetzt erst den Deckel schließen. Gut verschlossen im Kühlschrank hält sich die Apfelcreme ca. 5 Tage.

15 Min.
Pro Portion (ca. 20 g) 27 kcal, 1 g F, 4 g Kh, 1 g E

Info: Mandeln punkten mit hochwertigem Eiweiß und gesundem Fett.
Vorrat: Sie können auch die doppelte Menge herstellen und die Hälfte einfrieren.

VARIANTEN

Knuspriger: Wer es mit Stückchen mag, nimmt statt der gemahlenen Mandeln grob gehackte Mandeln (mit Haut) oder geröstete Pinienkerne.
Auch lecker: Geröstete Sesamsamen.
Preiswerter: Statt der Vanilleschote können Sie auch 1 Päckchen (5 g) Vanillezucker verwenden.
Warm: Noch warm schmeckt die Apfelcreme auch als Dessert. 5 EL davon mit 1 Klacks Vanillejoghurt (1,5 % Fett) und etwas Zimt bestäubt servieren.

HÜHNERPASTE MIT BASILIKUM

Herzhaftes mit viel magerem Eiweiß: Viel aromatischer, gesünder und fettärmer als jede Streichwurst.

FÜR 300 ML
150 ml Hühnerbrühe (Instant)
200 g Hähnchenbrustfilet
1 EL Pinienkerne, 2–3 EL Zitronensaft
1 Bund Basilikum
1 EL Olivenöl, Salz, Pfeffer

1. In einem kleinen Topf die Hühnerbrühe aufkochen. Das Hähnchenbrustfilet in die Brühe legen – bei geringer Hitze mit Deckel 10 – 12 Min. sanft garen. Die Hähnchenbrust aus der Brühe heben, abkühlen lassen und klein schneiden.
2. Inzwischen die Pinienkerne in einer Pfanne ohne Fett leicht rösten. Basilikum waschen, trocken schütteln und die Blätter abzupfen.
3. Beides zusammen mit dem Fleisch, 5 EL von der Hühnerbrühe und den restlichen Zutaten pürieren, mit Salz und Pfeffer abschmecken.

15 Min.
Pro Portion (ca. 20 g) 48 kcal, 3 g F, 1 g Kh, 5 g E

TOMATEN-TOFU

Ganz ohne tierisches Fett kommt dieser pikante Aufstrich aus! Der Räuchergeschmack und die Tomaten geben ein kräftig-würziges Aroma.

FÜR 200 ML
60 g getrocknete Tomaten (in Öl)
150 g Räuchertofu
½ TL getrockneter Oregano
20 g Tomatenmark
1–2 EL Öl der Tomaten
Salz, Cayennepfeffer

1. Tomaten abtropfen lassen, Tofu grob würfeln.
2. Beides zusammen mit Oregano, Tomatenmark und Öl im Mixer zu einer gleichmäßigen Masse pürieren. Mit Salz und Pfeffer abschmecken.

15 Min.
Pro Portion (ca. 20 g) 48 kcal, 4 g F, 1 g Kh, 3 g E

Auch lecker: Räuchertofu mit etwas Zitronensaft, abgeriebener Zitronenschale, gehackter Petersilie und Kapern mischen.

KARTOFFELSPECK

Würzig und durch Buttermilch und Kartoffeln fettarm und eiweißreich: Ideal für Wurstfans, die gern mal was Neues auf dem Frühstückstisch probieren.

FÜR 400 ML

50 g Frühstücksspeck/Bacon
200 g Kartoffeln (mehlig- oder festkochend)
120 ml Buttermilch
1 Bund Schnittlauch
1 Schalotte
Salz, Pfeffer
1 TL Paprikapulver

1. Frühstücksspeck für etwa 10 Min. ins Gefrierfach legen, dann lässt er sich anschließend gut schneiden. Kartoffeln mit einer Bürste unter Wasser abwaschen, zur Hälfte mit Salzwasser bedeckt in einem geschlossenen Topf in etwa 20 Min. gar kochen und dann pellen. Anschließend Kartoffeln durch eine Presse drücken oder zerstampfen und auskühlen lassen.
2. Frühstücksspeck würfeln, ebenso die geschälte Schalotte. Speck in einer Pfanne bei mäßiger Hitze brutzeln lassen, um das Fett auszulassen. Kurz bevor er knusprig ist, die Schalottenwürfel zugeben und mitbraten. Anschließend Speck und Schalotten aus der Pfanne nehmen und auf Küchenpapier legen, damit das Fett abtropfen kann.
3. Schnittlauch waschen, trocken schütteln und in feine Röllchen schneiden. Buttermilch, Speckmix und Schnittlauch unter die Kartoffeln mischen und mit Salz, Pfeffer und Paprikapulver würzen.

50 Min.
Pro Portion (ca. 20 g) 17 kcal, 1 g F, 2 g Kh, 1 g E

Tipp: Den Speck nicht zu scharf braten: Wenn er zu dunkel wird, bilden sich Benzpyrene, die krebserregend wirken können.

SO BLEIBEN BROTAUFSTRICHE FRISCH

Am besten in gründlich gesäuberte und mit heißem Wasser ausgespülte Gläser füllen und im Kühlschrank lagern. Die Hühnerpaste ist mindestens 3 Tage haltbar, Tomaten-Tofu und Kartoffelspeck halten sich etwa 5 Tage.
Den Aufstrich mit einem Extralöffel entnehmen, damit nicht zu viele Keime im Glas landen – er könnte sonst schimmeln. Für längere Haltbarkeit empfiehlt es sich, kleine Portionen einzufrieren und zum Auftauen in den Kühlschrank zu stellen.

OMELETTE SURPRISE

Wenig Ei, viel Geschmack: Omelett bietet jede Menge Möglichkeiten zur köstlich-gesunden Kombination mit Gewürzen, Kräutern und Gemüse.

FÜR 2 PORTIONEN
50 g Kirschtomaten
1 Frühlingszwiebel
1 TL Olivenöl
1 Prise brauner Zucker
Salz, Pul Biber
2 kleine Eier
1 Schuss Mineralwasser mit Kohlensäure
2 EL körniger Frischkäse
1 TL Schwarzkümmel

1. Tomaten – je nach Größe – halbieren. Frühlingszwiebel mit Grün in schmale Ringe schneiden.
2. Öl in einer kleinen, beschichteten Pfanne erhitzen und Zwiebelringe und Tomatenhälften anschmoren. Mit Zucker, Salz und Pul Biber bestreuen, 2 – 3 Min. schmurgeln lassen.
3. Inzwischen das Ei mit dem Wasser und Salz im Schüttelbecher mixen. Frischkäse zugeben und über das Gemüse in der Pfanne gießen. Mit Schwarzkümmel bestreuen und stocken lassen. Auftischen.

15 Min.
Pro Portion 140 kcal, 9 g F, 4 g Kh, 10 g E

VARIANTEN

Mit Pilzen: Tomaten durch Champignons, Shiitake oder Seitlinge ersetzen.
Anderer Käse: Statt Frischkäse schmeckt auch Feta oder geriebener Hartkäse.
Anders gewürzt: Schwarzkümmel kann durch Sesamsamen ersetzt werden.

EIER-HÄCKERLE

Eine feine Verwertungsmöglichkeit für hart gekochte Eier. Killt jeden Kater.

FÜR 2 PORTIONEN
1 Ei
50 g Schmand
50 g Naturjoghurt
1 TL mittelscharfer Senf
1 TL Kapern (Glas)
1 kleine Zwiebel
4 Cornichons
1 Bund Schnittlauch
Salz, Pfeffer

1. Das Ei hart kochen, abschrecken und abkühlen lassen.
2. Den Schmand mit Joghurt und Senf verrühren. Die Kapern abtropfen lassen und grob hacken. Die Zwiebel schälen, mit den Cornichons klein würfeln. Den Schnittlauch in feine Röllchen schneiden. Das Ei pellen und ebenfalls zerkleinern.
3. Alles unter die Schmand-Mischung rühren. Mit Salz und Pfeffer abschmecken.

15 Min.
Pro Portion 139 kcal, 11 g F, 4 g Kh, 6 g E

VARIANTEN

Für Kapernmuffel: Statt Kapern 1 Sardelle feinhacken und unterziehen.
Mediterran: Das Ei mit 50 g Schmand, 50 g scharfem Ajvar, 1 TL Tomatenmark, 2 kleingehackten getrockneten Tomaten in Öl, der Zwiebel und einem Bund Basilikum mischen, salzen und pfeffern.

JEDEN TAG EIN EI?

Eier enthalten zwar viel Cholesterin. Aber das ist nur ein Problem, wenn der Fettstoffwechsel nicht in Ordnung ist (Seite 240). Sonst können Sie Ihr Frühstücksei ruhigen Gewissens genießen. Es ist sogar gesund: Neben hochwertigem Eiweiß enthält der Dotter Vitamin D für die Kalziumaufnahme, Vitamin B_{12} für Zellaufbau und Blutbildung sowie Biotin für einen funktionierenden Stoffwechsel, Eisen und den Zellschützer Selen. Doch wer auf Cholesterin reagiert, sollte höchstens ein- bis zweimal die Woche Ei essen. Entweder nur ein halbes Ei oder S-Eier.

MITTAGESSEN

---

4 bis 5 Stunden nach dem Frühstück stellt sich Hunger ein, gleichzeitig sinkt die Leistungsfähigkeit – der ideale Zeitpunkt für eine Pause. Wer beruflich eingespannt ist, nimmt vorlieb mit Kantine oder Restaurant. Doch wer seine Zeit frei einteilen kann, sollte sich ein frisch gekochtes Mittagessen gönnen. Selbst wenn Sie keine Kinder mehr versorgen müssen, vielleicht sogar alleine sind:
es lohnt sich! Denn was Sie jetzt genießen, liegt nachts nicht schwer im Magen. Der richtige Mix aus viel Gemüse mit komplexen Kohlenhydraten, einer guten Portion Eiweiß aus Fisch und Fleisch, aber auch mal aus Nüssen, Ei und Käse, sowie einer mäßigen Portion Nudeln, Reis, Getreide oder Kartoffeln sorgt dafür, dass die Nährwertdichte stimmt. Sie werden wunderbar satt, aber nicht dick. Unsere Rezepte sind neu interpretiert, unkompliziert und überraschend. Für zwei muss das auch nicht lange dauern – moderne Garmethoden wie Wok oder Mikrowelle ermöglichen schnelle Raffinesse. Die richtigen Gewürze schmecken köstlich und helfen, die Delikatessen bestens zu vertragen.
Viel Spaß beim Probieren und Genießen!

OHNE MITTAGESSEN GEHT ES NICHT!

Gerade, wenn das „Muss" weg ist – die Kinder nicht mehr mittags hungrig die Küche stürmen –, ist die Versuchung groß, das Mittagessen ausfallen zu lassen und sich über den kleinen Hunger hinwegzusnacken. Fatal, denn viele kleine Häppchen führen schnell zu vielen Kilos mehr. Das belegte eine Studie der Sahlgrenska University in Göteborg mit etwa 200 Frauen. Es macht also Sinn, weiterhin mittags richtig zu essen – schließlich ist ein regelmäßiger Essrhythmus gut für Fitness und Leistungsfähigkeit (siehe Seite 26).
Der Haken an der Sache: selbst Kochen kostet Zeit. Wer sie hat, der sollte sie unbedingt dafür einsetzen. Doch nicht, um alleine zu essen und abends Aufgewärmtes zu servieren. Das wäre schade. Mittags frisch zu kochen ist sinnvoll für Singles oder für Paare, die gemeinsam essen können. Wer sich erst abends trifft, der sollte mittags entweder auswärts essen oder etwas Schnelles mitnehmen. Ein üppiger Salat ist ideal, eine Suppe – Anregungen finden Sie bei den Rezepten fürs Abendessen.

Wie wichtig ist eigentlich was Warmes?

Das warme Mittagessen ist ein deutsches Phänomen. Nördlicher isst man abends warm, südlicher mittags und abends. Doch wie wichtig ist warmes Essen wirklich? Es gibt starke Argumente für eine warme Mahlzeit beziehungsweise fürs Kochen:

- Die meisten Lebensmittel sind gegart leichter verdaulich als roh: Eiweiß denaturiert, Ballaststoffe quellen, Fette emulgieren, verteilen sich also feiner. Der Magen muss nicht so schwer arbeiten, die Verweildauer der Lebensmittel sinkt, das Verdauungssystem ist entlastet. Das ist besonders wichtig, wenn mit den Jahren Stress und Ärger Magenprobleme zur Folge haben.
- Manche Lebensmittel sind nur gegart essbar: Kartoffeln, trockene Hülsenfrüchte und Getreide (abgesehen von Haferflocken). Wir essen also vielfältiger, wenn wir nicht nur rohe Lebensmittel zu uns nehmen.
- Viele wichtige Nährstoffe sind gegart für den Körper besser zu verwerten. Beispiel: Karotinoide.
- Viele Lebensmittel schmecken gegart einfach besser – die Gerichte sind raffinierter.
- Die Energiedichte, also die Kalorien pro Gramm, sinkt bei fettarmer Zubereitung. Denn Gekochtes enthält mehr Flüssigkeit als eine klassische kalte Brotzeit. Spitzenreiter dabei ist natürlich die Suppe, gefolgt vom Eintopf und saftigen, saucenreichen Gerichten. Vorausgesetzt, sie schwimmen nicht in Fett. Ganz nebenbei verbessern Suppen und Saucen auch die Flüssigkeitsbilanz.

Fazit: Eine warme Mahlzeit am Tag ist wichtig. Sie kann je nach Lebensstil mittags oder abends eingenommen werden.

Aber bitte vorher Salat

Die Franzosen machen es uns vor: Den Salat sollte man nicht als Beilage essen, sondern als Vorspeise. Eine Studie der Peninsula University ergab, dass kalorienarme Salate als Vorspeise den Energiegehalt der ganzen Mahlzeit reduzierten. Außerdem regt Salat mit seinen Bitterstoffen die Verdauung an, fast wie ein Aperitif. Ideal ist ein Mix aus rohem Gemüse und Blattsalat. Beide ergänzen sich optimal in ihrem Nährstoffgehalt, am besten angemacht mit einer Vinaigrette aus kaltgepresstem Öl. Wenn der Salat eine Hauptmahlzeit sein soll, gehören noch eiweißreiche Zutaten wie Ei, Käse, Fisch oder Fleisch dazu. Und gesunde Sattmacher wie Hülsenfrüchte, Kartoffeln, Vollkorn.

Auswärts essen: Ohne „Sättigungsbeilage"

Wer berufstätig ist, muss mit Kantine oder Gastronomie vorliebnehmen, wobei die Qualität sehr unterschiedlich sein kann. Wichtig ist die Auswahl: Jede Menge Nudeln, Kartoffeln und Reis mit einem Riesenschwapps Sauce machen Teenies fit. Wenn sich der Hormonhaushalt ab 40 umstellt, macht das aber leider besonders leicht dick. Und das vor allem, wenn der Reis geschält ist, die Nudeln aus Weißmehl oder die Kartoffelprodukte in Fett gebraten sind. Lieber die doppelte Portion Gemüse nehmen, Pellkartoffeln oder Vollkornprodukte und eine Portion eiweißreiches, aber mageres Fleisch, Fisch, Ei, Quark oder Käse. Das ist wichtig zur Muskelbildung. Aufläufe und Eintöpfe, Panierung und dicke Saucen sind in Restaurants meist fett und kalorienreich. Suppen dagegen sind häufig leicht, ebenso wie Gegrilltes oder asiatische Spezialitäten, allen voran Sushi. Pizza und Lasagne hingegen haben wenig mit gesunder Mittelmeerküche zu tun: Halten Sie sich an Fischgerichte, Pasta ohne Sahne und an mariniertes Gemüse.

MITTAGSSCHLAF ODER SPAZIERGANG?

Sowohl Mittagsschlaf als auch Spaziergang – wenn das möglich ist. Wer früh auf den Beinen ist, dem tut mittags eine Ruhepause gut – er lässt sich sozusagen ins Leistungstief fallen. Das Blut konzentriert sich im Bauchraum, das unterstützt die Verdauung. Während der Ruhe findet eine „postprandiale Thermogenese"statt, also eine Wärmeentwicklung nach dem Essen. Die verbrennt Kalorien – schlank im Schlaf hat so gesehen seine Berechtigung.
Ein Spaziergang erhöht zusätzlich den Energieverbrauch, versorgt den Körper mit Sauerstoff und regt die Durchblutung an. Eine Studie der Loughborough University ergab, dass leichte körperliche Aktivität einen Anstieg des Blutfettspiegels nach der Mahlzeit verhindert. Das senkt das Risiko für Herzinfarkt und Schlaganfall.

GURKENKALTSCHALE

Gurken und Buttermilch machen diese Suppe erfrischend und leicht. Die Kresse punktet mit reichlich Vitamin C und Bioaktivstoffen.

FÜR 2 PORTIONEN
1 Salatgurke
1 Kästchen Kresse
125 ml Buttermilch
½ TL Senf
Salz, Pfeffer, 1 Prise Zucker
50 g Feta

1. Die Gurke schälen, halbieren und mit einem Löffel die Kerne herauskratzen. Das Fruchtfleisch grob würfeln und in einen hohen Mixbecher geben. Die Kresse abschneiden und die Hälfte davon zur Gurke geben. Ebenso Buttermilch, Senf und Salz, Pfeffer sowie Zucker.
2. Mit dem Pürierstab alles zu einer glatten Suppe mixen. Den Feta zerbröckeln und mit der restlichen Kresse auf der Suppe verteilen.

10 Min.
Pro Portion 103 kcal, 6 g F, 5 g Kh, 8 g E

PASTASUPPE MIT ERBSEN

Erbsen sind das eiweißreichste Gartengemüse und reich an Vitamin B_1, Ballast- und Mineralstoffen.

FÜR 2 PORTIONEN
80 g Gabelspaghetti
Salz, 2 Eier
150 g frische Palerbsen
1 Stange junger Lauch (150 g, oder Frühlingszwiebeln)
100 g Zuckerschoten, 1 EL Kürbiskernöl
500 ml Gemüsebrühe (Instant)
2 TL Pesto, Pfeffer

1. Spaghetti in Salzwasser bissfest und Eier in ca. 6 Min. wachsweich kochen.
2. Erbsen aus der Schale pulen. Gemüse waschen. Lauch in Streifen schneiden. Schoten schräg halbieren, dabei Fäden abziehen.
3. Gemüse im Öl andünsten. Brühe angießen. 10 Min. köcheln lassen. Spaghetti und Pesto zur Suppe geben, pfeffern und salzen. Pro Teller ein Ei aufschneiden und mit Suppe überschöpfen.

25 Min.
Pro Portion 446 kcal, 18 g F, 49 g Kh, 22 g E

TOMATEN-APRIKOSEN-SUPPE

Aprikosen liefern reichlich Betakarotin, Tomaten Lykopin. Beides wirkt zellschützend.

FÜR 2 PORTIONEN

1 kleine Zwiebel
75 g getrocknete Aprikosen
1 Zweig Rosmarin
1 EL Olivenöl
50 ml Madeira oder Portwein
400 g reife Tomaten
Salz, Pfeffer
Worcestersauce
2 TL Kürbiskernöl

1. Die Zwiebel schälen und in kleine Würfel schneiden. Aprikosen ebenfalls klein würfeln. Beides zusammen mit dem Rosmarin und dem Öl in einem Topf kurz andünsten. Den Madeira angießen. Alles 5 Min. zugedeckt dünsten, evtl. etwas Wasser zugeben. Dann offen abkühlen lassen, Rosmarin entfernen.
2. In der Zwischenzeit die Tomaten waschen, den Stielansatz entfernen, vierteln und mit einem Pürierstab fein pürieren.
3. Zwiebel-Aprikosen-Mix zu den pürierten Tomaten geben, mit etwa 150 ml Wasser verdünnen, mit Salz, Pfeffer und Worcestersauce würzen.
4. Die Suppe auf zwei Teller verteilen und je 1 TL Kürbiskernöl kreisförmig durchziehen.

30 Min.
Pro Portion 249 kcal, 9 g F, 28 g Kh, 4 g E

Tipp: Wenn Sie die Suppe heiß servieren möchten, sollten Sie sie nur erhitzen, nicht aufkochen, sonst leidet das Aroma.

MÖHRENCREMESUPPE MIT ERDNUSSBUTTER

Erdnüsse harmonieren prima mit den Möhren, liefern viel Eiweiß und ungesättigte Fettsäuren – das macht lange satt.

FÜR 2 PORTIONEN

1 Zwiebel
1 säuerlicher Apfel (z. B. Boskoop)
500 g junge Möhren, 1 EL Rapsöl
2–3 EL Erdnussbutter
Salz, Pfeffer, Muskatnuss
1 Stück Ingwer (1–2 cm)
1 Schuss Apfelsaft
50 ml Sahne
2 EL Naturjoghurt

1. Zwiebel schälen und fein würfeln. Apfel und Möhren waschen, Apfel kleinschneiden – Kerngehäuse entfernen, Möhren ebenfalls zerkleinern.
2. Öl in einem Topf erhitzen, Zwiebeln und Apfelstückchen glasig dünsten. Möhren zugeben. 250 ml Wasser angießen, Erdnussbutter zugeben und würzen, Ingwer schälen und durch die Knoblauchpresse dazudrücken. Alles ca. 20 Min. schmoren lassen, bis die Möhren weich sind.
3. Die Suppe mit einem Pürierstab fein pürieren, mit Wasser und etwas Apfelsaft verdünnen. Sahne steifschlagen, Joghurt am Ende unter die Sahne schlagen; auf der Suppe anrichten.

40 Min.
Pro Portion 301 kcal, 21 g F, 19 g Kh, 8 g E

Tipp: Dazu passen Croûtons. Dafür altes Brot in Würfel schneiden, in Rapsöl mit Kräutern der Provence oder Zitronenthymian rösten.

VARIANTEN

Herzgesund: Statt Sahne etwas Kürbis- oder Traubenkernöl über die Suppe im Teller träufeln.
Auch lecker: Statt Möhren Rote Bete nehmen (mit Meerrettich würzen) oder Süßkartoffeln (mit Tahin und Orange mit Schale abschmecken).

KRÄUTERSUPPE MIT LACHS

Lachs ist eine Topquelle für die wertvollen Omega-3-Fettsäuren. Sie wirken entzündungshemmend und sind günstig für die Blutfettwerte.

FÜR 2 PORTIONEN

1 Zwiebel
1 Kartoffel (mittelgroß, 80 g)
1 EL Rapsöl
100 ml Weißwein
500 ml Gemüsebrühe (Instant)
2 Bund Basilikum
1 Bund Petersilie
1 TL Wasabi
100 g geräucherter Lachs
3 EL Schmand
Salz, Pfeffer

1. Die Zwiebel pellen und klein würfeln. Die Kartoffel schälen und ebenfalls würfeln. In einem großen Topf das Öl erhitzen. Die Zwiebel darin glasig dünsten. Dann die Kartoffel dazugeben, kurz mit andünsten und schließlich mit Weißwein und Gemüsebrühe ablöschen. 15 Min. köcheln lassen.
2. In der Zwischenzeit Basilikum und Petersilie waschen, trocken schütteln und klein schneiden. Zusammen mit dem Schmand zur Suppe geben und mit dem Mixstab fein pürieren. Mit Salz und Pfeffer abschmecken.
3. Den Lachs in Streifen schneiden. Jeweils die Hälfte der Streifen auf einen tiefen Teller geben. Mit der heißen Suppe begießen.

30 Min.
Pro Portion 253 kcal, 24 g F, 12 g Kh, 14 g E

Auch lecker: Statt der Kartoffel etwa 80 g altbackenes Brot/Brötchen (kein Roggensauerteigbrot, denn das wird schlierig) entrinden und mitkochen – das lässt das Aroma noch stärker herauskommen.

MITTELMEERFISCH

Ein leichter mediterraner Eintopf. Fisch und Tomaten sind gut fürs Herz.

FÜR 2 PORTIONEN

1 Fenchelknolle (ca. 400 g)
300 g Kartoffeln, 1 Zwiebel
1 unbehandelte Orange
300 g Rotbarschfilet oder Pangasius
2 EL Olivenöl
1 TL Fenchelsamen
300 ml Gemüsebrühe (oder Wasser)
30 g grüne Oliven
1 kleine Dose Tomaten (400 g)
Salz, Pfeffer, 1 TL getr. Thymian

1. Kartoffeln schälen, halbieren und in ca. 1 cm dicke Scheiben schneiden, Fenchel waschen, putzen, halbieren, den Strunk entfernen und in 1 cm breite Streifen schneiden. Zwiebel schälen und würfeln. Orange waschen, Schale abreiben und den Saft auspressen. Fischfilet in walnussgroße Würfel schneiden, mit dem Orangensaft einlegen. Oliven entsteinen, hacken.
2. Olivenöl in einem Topf erhitzen, Zwiebelwürfel darin glasig dünsten, Fenchelstreifen und Fenchelsamen mitbraten. Mit Brühe ablöschen, Kartoffeln zugeben und etwa 20 Min. zugedeckt köcheln lassen, Tomaten zugeben und aufkochen.
3. Den Eintopf mit Salz, Pfeffer, Orangenschale und Thymian abschmecken, Fischfilet samt Saft hinzugeben, in der Suppe ohne zu kochen heiß werden lassen – es gart dabei.
4. Mit Oliven bestreut servieren.

25 Min.
Pro Portion 477 kcal, 19 g F, 37 g Kh, 38 g E

Vorrat: Der Eintopf ist ideal zum Vorkochen – dann aber den Fisch erst nach dem Aufwärmen hineingeben: Eintopf erhitzen, eventuell noch etwas Wasser zugeben und dann den rohen Fisch zugeben und heiß werden lassen.

TOMATENBROT IM TOPF

Aus Brotresten lässt sich mit viel Gemüse eine köstliche Mahlzeit zaubern.

FÜR 2 PORTIONEN

150 g Ciabatta oder ähnliches Brot vom Vortag
1–2 Knoblauchzehen
3 EL Olivenöl
150 g Mozzarella
2 Bund Basilikum
500 g Tomaten
Pul Biber, Salz
100 ml trockener Weißwein
400 ml Fleischbrühe (Instant)

1. Brot in fingerdicke Scheiben schneiden, mit der aufgeschnittenen Knoblauchzehe abreiben, mit Olivenöl einpinseln. Mozzarella in kleine Würfel schneiden. Basilikum waschen, einige Blätter beiseitelegen, übrige abzupfen und in feine Streifen schneiden. Tomaten waschen, halbieren und Hälften in Scheiben schneiden.
2. In einem Topf mit kleinem Durchmesser 1 TL Öl verteilen. Dann je eine Lage Brot, Basilikum, Tomaten und Mozzarella einschichten, bis alle Zutaten verbraucht sind. Tomaten immer salzen und mit Pul Biber bestreuen.
3. Weißwein und Brühe aufkochen. In den Topf gießen und bei kleiner Hitze etwa 10 Min. leicht kochen lassen, dann mit Basilikum bestreut zu Tisch geben.

25 Min.
Pro Portion 673 kcal, 37 g F, 48 g Kh, 35 g E

Tipp: Klappt am besten mit locker gebackenem Weizen-, Dinkel- oder Mischbrot.
Auch lecker: Statt Weißwein 2 EL Balsamico zur Brühe geben. Oder Mozzarella durch gehobelten Parmesan, Raclettekäse oder andere gut schmelzende Käsereste ersetzen. Tomaten durch gegrillte Paprika, Zucchini oder Auberginen ersetzen.

KOHLRABIGEMÜSE MIT SOUFFLÉHAUBE

Gemüse in der Hauptrolle macht auf leichte Art satt.

FÜR 2 PORTIONEN

500 g Kohlrabi mit Grün
2 Frühlingszwiebeln
40 g Kürbiskerne
2 EL Kürbiskernöl
Salz, Pfeffer
3 Eier
100 g Ziegenfrischkäse
3 EL feine Haferflocken
Pul Biber, 1 TL flüssiger Honig
100 ml milder Weißwein

1. Gemüse waschen. Schöne Kohlrabiblätter beiseitelegen. Die Kohlrabiknollen nur an holzigen Stellen schälen, dann in 1 cm große Würfel schneiden oder grob raspeln. Frühlingszwiebeln in Ringe schneiden.
2. Kürbiskerne rösten, bis sie duften. Dann Hitze reduzieren, Öl, Kohlrabi und Zwiebelringe zugeben, würzen und zugedeckt 5 Min. dünsten – bei Raspelkohlrabi nur 2 Min.
3. Backofen auf 180 Grad vorheizen. Die Eier trennen, Eiweiß steif schlagen. Eigelb mit Käse, Haferflocken, Pul Biber und Honig cremig rühren. Kohlrabiblätter fein hacken, untermischen und den Eischnee unterziehen.
4. Kohlrabi abschmecken, Weißwein zugeben und alles in eine kleine, hohe Auflaufform geben, mit Schaum krönen und etwa 15 Min. im heißen Ofen überbacken. Mit Brot zu Tisch geben.

45 Min.
Pro Portion ohne Beilage 585 kcal, 30 g F, 48 g Kh, 21 g E

Auch lecker: Mit Rübchen, Möhren oder Roten Beten anstelle von Kohlrabi – dann etwas säuerlich mit Zitrone oder Apfeldicksaft abschmecken. Statt Ziegenfrischkäse ist auch Doppelrahmfrischkäse geeignet – am besten mit Kräutern.

HIMMEL-UND-ERDE-GRATIN

Sellerie, Fenchel und Senf passen aromatisch gut zusammen und beruhigen den Magen.

FÜR 2 PORTIONEN

1–2 EL Olivenöl
300 g Kartoffeln
350 g Knollensellerie
1 Apfel
350 ml Milch (1,5 % Fett)
Salz, Pfeffer
geriebene Muskatnuss
60 g Edelpilzkäse
2 Minutensteaks à 100 g
1 EL süßer Senf
½ TL Fenchelsamen

1. Backofen auf 180 Grad vorheizen. Eine flache Auflaufform mit Olivenöl ausfetten. Kartoffeln und Sellerie waschen, schälen, mit der Küchenmaschine in dünne Scheiben hobeln. Apfel waschen, vierteln und entkernen, in schmale Spalten schneiden.
2. Abwechselnd Kartoffel-, Apfel- und Selleriescheiben dachziegelartig überlappend in die Form schichten, flachdrücken. Milch mit Salz, Pfeffer und Muskatnuss würzen, über das Gemüse gießen und in den Ofen stellen. Etwa 40 Min. backen, bis die Kartoffeln fast gar sind.
3. Kurz vor Ende der Garzeit Edelpilzkäse darüberkrümeln und schmelzen lassen.
4. Die Steaks mit Senf bestreichen, salzen und mit Fenchelsamen bestreuen. In 1 EL Olivenöl von jeder Seite 3 – 4 Min. braten. Zum Gratin servieren.

55 Min.
Pro Portion 591 kcal, 28 g F, 43 g Kh, 40 g E

Info: Besonders kräftig wird das Gratin mit Roquefort, milder mit Gorgonzola oder Raclettekäse.
Vegetarisch: Statt Steak passt auch Spiegelei in Körnersenf (Rotisseursenf) gebraten.

WOKFISCH MIT GEMÜSEREIS

Fisch, Gemüse und Vollkornreis: Kalorienarm, aber ballaststoff- und vitaminreich – zum Beispiel ist im Fisch viel Vitamin D, das die Knochen stärkt.

FÜR 2 PORTIONEN

150 g Basmati-Vollkornreis
Salz
1 Stück Ingwer (1–2 cm)
1 Bund Frühlingszwiebeln
3–4 Möhren (ca. 350 g)
250 g festes Fischfilet (z. B. Pangasius, Rotbarsch)
etwas Zitronensaft
Pfeffer
1 EL Mehl
1 TL mildes Currypulver
1–2 EL Rapsöl
2 EL süß-saure Asia-Sauce

1. Basmati-Reis nach Packungsanweisung in Salzwasser gar quellen lassen.
2. Inzwischen Ingwer schälen und klein schneiden. Frühlingszwiebeln waschen, putzen und schräg in ca. 3 cm lange Stücke schneiden. Möhren waschen, schälen und schräg in breitere Scheiben schneiden.
3. Fischfilets waschen, trocken tupfen und mit Zitronensaft beträufeln. Mit Salz und Pfeffer würzen. Mehl und Currypulver mischen, Fisch darin rundherum wälzen. 1 EL Öl im Wok erhitzen und den Fisch darin von jeder Seite 3 – 4 Min. braten. Herausnehmen, auf Küchenpapier abtropfen lassen und warm stellen.
4. Etwas Öl in den Wok geben, Ingwer, Frühlingszwiebeln und Möhren darin unter Wenden etwa 5 Min. braten. Zum Schluss Reis und Asia-Sauce unterziehen. Zum Fisch servieren.

25 Min.
Pro Portion 573 kcal, 17 g F, 72 g Kh, 32 g E

ORIENTKRAUT

Mit aparten Zutaten wird Kohl hier zur exotischen Spezialität, leichter verdaulich und enthält noch mehr Bioaktivstoffe.

FÜR 2 PORTIONEN

1 Zwiebel
300 g Weißkohl (ca. ⅓ Kohlkopf)
1 rote Paprikaschote
1 Apfel
100 ml Apfelsaft
120 g Bulgur
20 g Berberitzen (3 EL)
½ TL Salz, 2 EL Rapsöl
150 g Rinderhack
Pfeffer, Kreuzkümmel, Sojasauce

1. Zwiebel schälen, würfeln. Weißkohl putzen und hobeln. Paprika waschen, putzen und in Streifen schneiden. Apfel waschen, entkernen, sechsteln und in Scheiben schneiden.
2. Berberitzen in einem Topf mit dem Apfelsaft und 150 ml Wasser aufkochen, Bulgur und ½ TL Salz zugeben, 10 – 15 Min. bei kleiner Hitze zugedeckt quellen lassen.
3. Öl im Wok erhitzen, Zwiebeln glasig dünsten, Hackfleisch zugeben, mit Salz, Pfeffer und 1 Prise Kreuzkümmel würzen und braten, bis es krümelig und braun ist. Dann Gemüse zugeben und ca. 10 Min. unter Rühren weiterbraten. In den letzten 5 Min. die Apfelstücke zugeben.
4. Wokgemüse mit Sojasauce abschmecken und mit dem Bulgur servieren.

25 Min.
Pro Portion 543 kcal, 22 g F, 62 g Kh, 24 g E

Tipp: Wer keinen Wok besitzt, kann auch eine Pfanne mit hohem Rand verwenden.
Auch lecker: Statt Berberitzen passen auch Rosinen – dann den Apfelsaft durch Wasser ersetzen und unbehandelte Zitronenschale mitkochen.

ORIENTALISCHE BRATKARTOFFELN

Von wegen schwer: Kartoffeln, Vitamin-C-reiche rote Paprika, Zwiebeln und Minze bringen die Verdauung in Schwung und stärken die Abwehrkräfte.

FÜR 2 PORTIONEN

400 g festkochende Kartoffeln
1 EL Rapsöl
2 rote Spitzpaprika (à ca. 100 g)
1 Bund Frühlingszwiebeln
1 TL Salz
1 TL gemahlener Kreuzkümmel (Cumin)
1 TL Pul Biber
1 Prise Zimt, Pfeffer
1 Bund frische Minze

1. Kartoffeln gründlich waschen und ungeschält in sehr dünne Scheiben schneiden. Scheiben mit Küchenpapier trocken tupfen. Öl in einer großen beschichteten Pfanne erhitzen. Kartoffelscheiben hineingeben und zunächst zugedeckt ca. 15 Min. braten.
2. Inzwischen Paprika putzen, waschen und in kleine Würfel schneiden. Frühlingszwiebeln waschen, putzen und in schmale Ringe schneiden. 1 TL Salz mit 1 TL Kreuzkümmel, Pul Biber und etwas Zimt und Pfeffer mischen.
3. Bratkartoffeln ohne Deckel weitere 10 Min. knusprig braten, dabei nicht zu oft wenden. Paprika, Frühlingszwiebeln und Gewürzmischung unterrühren und alles 5 – 10 Min. fertigbraten.
4. Minze waschen, trocken schütteln, die Blätter hacken und auf die Kartoffeln streuen.
5. Dazu passen Joghurt-Aioli (siehe Seite 193), Orangen-Creme (siehe Seite 177) oder Merguez-Würstchen.

30 Min.
Pro Portion ohne Beilage 234 kcal, 6 g F, 39 g Kh, 5 g E

RATATOUILLE-KARTOFFELN

Tomaten dürfen jeden Tag auf den Tisch. Sie enthalten Lykopin, das wichtig für die Abwehrkräfte ist.

FÜR 2 PORTIONEN

500 g Kartoffeln
3 EL Olivenöl
Salz, Pfeffer
2 Zwiebeln
1 Knoblauchzehe
1 Zucchini (200 g)
1 Zweig Rosmarin
1 kleine Dose Tomaten (400 g)
150 g Feta

1. Backofen auf 180 Grad vorheizen. Kartoffeln unter Wasser abbürsten, achteln und mit 1 EL Olivenöl, Salz und Pfeffer mischen. In einer feuerfesten Auflaufform ca. 15 – 20 Min. im Ofen vorbacken.
2. Zwiebeln und Knoblauch schälen und hacken. Zucchini waschen, putzen, vierteln und in fingerdicke Scheiben schneiden. Rosmarin hacken. Feta würfeln.
3. Zwiebeln in Olivenöl anbraten, mit geschälten Tomaten auffüllen, Rosmarin, Zucchini und Knoblauch zugeben, aufkochen, salzen und pfeffern. Dann das Gemüse über die Kartoffeln in die Form geben und etwa 20 Min. backen.
4. Kurz vor Ende der Garzeit Feta auf dem Gemüse verteilen und überbacken.

50 Min.
Pro Portion 545 kcal, 30 g F, 45 g Kh, 22 g E

Leichter: Halbieren Sie die Kartoffelmenge und erhöhen Sie stattdessen die Zucchinimenge auf 500 g. Statt Feta körnigen Frischkäse über die Ratatouille krümeln.

GNOCCHI MIT RUCOLABUTTER

Es lohnt sich, Gnocchi selbst zu machen! Sie sind eine gesunde Delikatesse. Das Eiweiß von Kartoffeln, Kürbiskernen und Vollkorn ergänzt sich ideal.

FÜR 2 PORTIONEN

500 g mehligkochende Kartoffeln
100 g Rucola
40 g Kürbiskerne
200 g Dinkelmehl (evtl. Vollkorn)
1 knapper TL Salz
1 EL Butter
1–2 EL Kürbiskern- oder Rapsöl
Pfeffer, Muskat aus der Mühle

---

1. Die Kartoffeln mit Schale in Salzwasser gar kochen.
2. Rucola waschen und grob hacken. Kürbiskerne ebenfalls hacken.
3. Kartoffeln noch warm pellen und durch eine Presse drücken, mit dem Salz und so viel Mehl verkneten, bis der Teig nicht mehr klebt. Den Teig zu ca. 2 cm dicken Rollen formen und diese alle 3 cm teilen. Jedes Stück mit einer Gabel flach drücken.
4. Salzwasser aufkochen lassen. Die Gnocchi hineingeben und ca. 2 Min. ziehen lassen. Vorsicht: Das Wasser darf nicht mehr kochen! Die Gnocchi mit einer Schöpfkelle herausholen, sobald sie oben schwimmen.
5. Kürbiskerne in einer Pfanne rösten, bis sie duften, Butter und Öl zugeben, Rucola zugeben, zusammenfallen lassen und die Gnocchi darin schwenken. Mit Muskatnuss und Pfeffer übermahlen.

55 Min.
Pro Portion 711 kcal, 21 g F, 107 g Kh, 22 g E

Tipp: Die Gnocchi eignen sich pur prima als Beilage zu Gulasch oder Geschnetzeltem.
Auch lecker: Gnocchi mit dem Rucola, ein paar getrockneten Tomaten und 1 EL Tomatenöl in einer Pfanne schwenken.

RÖSTI-PIZZA

Eine Schweizer Idee italienisch serviert: Das Eiweiß in Kartoffeln, Pilzen und Käse ergänzt sich optimal.

FÜR 2 PORTIONEN

500 g Kartoffeln
125 g Champignons
2 Tomaten
Salz, Pfeffer
1 TL getr. ital. Kräuter
2–3 EL Rapsöl
75 g Raclettekäse

---

1. Kartoffeln waschen und in Salzwasser ca. 15 Min. halbgar kochen. Abkühlen lassen. Inzwischen Champignons putzen. Tomaten waschen und in Scheiben schneiden. Kartoffeln pellen und mit den Pilzen in der Küchenmaschine grob raspeln.
2. Kartoffel-Pilz-Mix würzen. 1 EL Öl in einer Pfanne erhitzen, die Hälfte der Röstimasse zugeben und flach drücken. Bei mittlerer Hitze mit Deckel ca. 10 Min. backen. Rösti auf einen Deckel rutschen lassen. Etwas Öl in die Pfanne geben und Rösti zurück in die Pfanne stürzen. Mit der Hälfte der Tomaten und Käse belegen, zugedeckt 5 Min. backen, bis der Käse schmilzt. Dann die zweite Rösti backen.

30 Min.
Pro Portion 430 kcal, 24 g F, 37 g Kh, 15 g E

Tipp: Rösti ohne Garnitur vorbacken. Erst vor dem Essen belegen und im Backofen bei 200 Grad 8 Min. überbacken. Prima, wenn es vor dem Essen schnell gehen soll oder Sie mehr als zwei Personen bekochen.

VARIANTEN

Leichter: Mit fettarmem Käse, z. B. Feta light.
Rösti spinaci: 1 Zwiebel mitraspeln und 2 EL Sesamsamen zugeben. Statt Tomaten blanchierten Blattspinat nehmen und mit Edelpilzkäse oder Mozzarella überbacken.

STAMPFKARTOFFELN

Eine wandlungsfähige, einfache Beilage zu Kurzgebratenem, Ei, Ofenkäse oder Fisch, die Sauce überflüssig macht.

FÜR 2 PORTIONEN
500 g Kartoffeln
150 ml Buttermilch
1–2 EL Olivenöl
Salz, Pfeffer,
ger. Muskatnuss

1. Kartoffeln waschen und in ca. 15 – 20 Min. mit Schale gar kochen.
2. Die Buttermilch erwärmen. Kartoffeln abgießen, pellen und mit dem Kartoffelstampfer grob zerstampfen (keinesfalls pürieren), dabei die Buttermilch, Öl und Gewürze zugeben.

30 Min.
Pro Portion ohne Beilage 286 kcal, 11 g F, 39 g Kh, 7 g E

Tipp: Je mehliger die Kartoffeln, desto besser. Wenn die folgenden Varianten auch die Gemüsebeilage ersetzen, die Portion verdoppeln, alles zusammen sollte also ungeputzt etwa 1 kg wiegen.

… MIT KRÄFTIGER WÜRZE

Die Stampfkartoffeln mit Pesto oder gehackten Tomaten in Öl oder gehackten Oliven, Kapern, Sardellen oder Ajvar krönen. Besonders gut geeignet: Gemüse-Feta (Seite 62) oder selbst gemixtes Pesto aus gerösteten Kürbiskernen und Babyspinat, Rucola, Basilikum oder Bärlauch. Dann das Öl nicht direkt in die Kartoffeln geben, sondern mit dem Pesto mischen. Toll mit Kürbiskernöl.

… MIT WURZELN UND KNOLLEN

Bis zu ein Drittel der Kartoffeln durch Wurzel- und Knollengemüse ersetzen. Das Gemüse waschen, schälen, klein schneiden und vordünsten. Sie können dann die Kartoffeln schälen, klein schneiden und gleich mitgaren. Nur wenig Wasser verwenden und salzen! Eventuell wird dann etwas weniger Buttermilch gebraucht. Gut geeignet sind Kürbis, Kohlrabi, Karotten, Pastinaken, Sellerie und Fenchel.

... MIT BLATTGEMÜSE

Etwa 300 g Spinat, Mangold, Chinakohl oder Radicchio und nur knapp 350 g Kartoffeln nehmen. Das Gemüse waschen, putzen, klein schneiden und in einer Pfanne in wenig Fett zusammenfallen lassen, dabei würzen, eventuell auch Zwiebelwürfel und Knoblauch mitdünsten. Nochmals etwas feiner hacken und dann unter die fertigen Stampfkartoffeln mischen.

... MIT MITTELMEERAROMA

1 kleine Aubergine (200 g) im Backofen bei 250 Grad etwa 30 Min. backen, bis die Schale dunkel wird. Halbieren und das Fruchtfleisch herauskratzen. Mit 1 – 2 klein gehackten rohen Schalotten, 1 zerdrückten Knoblauchzehe und 3 – 4 EL Olivenöl mit den Kartoffeln stampfen. Je nach Geschmack mit gehacktem Basilikum oder Rosmarin würzen. Auch apart: ein Schuss Balsamico-Essig. Schmeckt auch mit gegrillten Paprikaschoten oder Zucchini.

PASTINAKEN

Pastinaken sind Wurzelrüben, ähnlich süß wie Möhren, aber würziger. Sie sind von November bis Mai erhältlich, vor allem in Bioläden oder auf Wochenmärkten, und liefern reichlich Vitamine, Ballast- und Mineralstoffe. Ihre ätherischen Öle wirken wohltuend auf Magen und Darm.

SÜSSKARTOFFELN

Süßkartoffeln finden Sie in gut sortierten Gemüsegeschäften, Bioläden oder in asiatischen oder orientalischen Lebensmittelgeschäften. Es gibt sie in unterschiedlichen Formen, Farben und Größen. Am aromatischsten sind orange-fleischige Sorten mit rötlicher Schale. Sie enthalten ähnlich viel Eiweiß wie Kartoffeln.

GLASIERTE PASTINAKEN MIT ENTENBRUST

Die süßlichen Pastinaken passen wunderbar zur Ente.

FÜR 2 PORTIONEN

1 Barbarie-Entenbrust (ca. 300 g)
Salz, Pfeffer, 2–3 EL Ahornsirup
500 g Pastinaken (oder Möhren)
1 EL Butter, 2 EL frisch gehackte Petersilie
100 ml Rotwein
2 EL angedickte Preiselbeeren (Glas)

1. Backofen auf 120 Grad vorheizen. Entenbrust waschen, trocken tupfen. Fettschicht rautenförmig einschneiden, in einer ofenfesten Pfanne ca. 4 Min. anbraten, bis sie knusprig ist. Mit Salz und Pfeffer würzen, wenden, weitere 2 Min. braten, herausnehmen, Fett aus der Pfanne gießen und auffangen. Entenbrust mit der Fettseite nach oben wieder in die Pfanne setzen, dünn mit Ahornsirup einpinseln und im Ofen 20 Min. garen.
2. Pastinaken waschen, schälen und schräg in ca. 1 cm dicke Stücke schneiden. Knapp bedeckt mit leicht gesalzenem Wasser 6 – 8 Min. gar kochen. Dann abgießen, Flüssigkeit auffangen.
3. 1 EL Butter im Topf schmelzen, 2 EL Ahornsirup und 1 Schuss Gemüsesud zugeben und aufkochen. Pastinaken untermischen und bei kleiner Hitze zugedeckt ca. 5 Min. glasieren, dabei immer wieder am Topf rütteln, sodass die Pastinaken mit Flüssigkeit überzogen werden. Mit Salz, Pfeffer und Petersilie würzen.
4. Ente aus der Pfanne nehmen und fest in Alufolie wickeln. Bratensatz in der Pfanne mit 150 ml Pastinakensud und Rotwein loskochen und bei starker Hitze einkochen lassen. Preiselbeeren unterrühren, salzen und pfeffern. Bratensaft aus der Alufolie zugießen. Ente in dünne Scheiben schneiden. Mit der Sauce und den Pastinaken servieren.
5. Dazu passen Nudeln oder Graupen.

50 Min.
Pro Portion ohne Beilage 607 kcal, 31 g F, 44 g Kh, 30 g E

SCHARFES SÜSSKARTOFFEL-OMELETTE

Ein exotisches Omelett: Süßkartoffeln enthalten viel Betakarotin, Peperoni den gesunden Scharfmacher Capsaicin und in Radicchio stecken anregende Bitterstoffe.

FÜR 2 PORTIONEN

400 g kleine Süßkartoffeln (ca. 4 Stück)
2 kleine Stangen Lauch (300 g)
1 rote Peperoni
1 kleiner Kopf Radicchio (100 g)
3 Eier (Gr. M)
3 EL Milch
1 TL Currypulver
Salz, Pfeffer
2 EL Rapsöl

1. Gemüse waschen. Kartoffeln in wenig Wasser ca. 15 Min. kochen, abgießen, kalt abschrecken und pellen. Gut abkühlen lassen, sonst zerfallen sie beim Braten. Dann in Scheiben schneiden.
2. Inzwischen Lauch putzen und in schmale Ringe schneiden. Pfefferschote aufschneiden, entkernen und ebenfalls in schmale Ringe schneiden. Radicchio putzen und in Streifen schneiden. Eier mit Milch, Curry, Salz und Pfeffer verquirlen.
3. Lauch in 1 EL Öl in einer Pfanne unter Wenden ca. 4 Min. andünsten, Pfefferschote zugeben und kurz mitdünsten. Alles herausnehmen.
4. ½ EL Öl in die Pfanne geben und die Hälfte der Kartoffelscheiben darin von jeder Seite ca. 3 Min. anbraten. Dann die Hälfte des Lauch-Mix gleichmäßig darauf verteilen. Die Hälfte der Eiermilch darübergeben und bei kleiner Hitze stocken lassen. Ist auch die Oberfläche fest, eine Hälfte des Omeletts über die andere klappen und das Omelett weitere ca. 2 Min. stocken lassen.
5. Herausnehmen und warm halten. Aus den restlichen Zutaten ein zweites Omelett braten. Omeletts mit Radicchio bestreuen und servieren.

50 Min. (ohne Wartezeit)
Pro Portion 509 kcal, 23 g F, 55 g Kh, 20 g E

BOHNEN-PASTA MIT FENCHEL

Hülsenfrüchte auf Mittelmeerart zubereitet sind ein Gedicht – und dazu durch reichlich Gewürze und Kräuter besser verträglich!

FÜR 2 PORTIONEN

1 kleine Zwiebel
1 Knoblauchzehe
1 kleine Fenchelknolle (ca. 350 g)
50 g Salami
½ TL Fenchelsamen
3 Zweige Rosmarin
150 g Vollkorn-Penne
1 EL Olivenöl, Salz
1 kleine Dose weiße Bohnen (400 g; Abtropfgewicht 250 g)
½ Packung Pizza-Tomaten (200 g)
Pfeffer
2 EL frisch geriebener Parmesan

1. Zwiebel und Knoblauch schälen und fein würfeln. Fenchel waschen, putzen, Grün abschneiden und zur Seite legen, Knolle in kleine Würfel schneiden. Salami in kleine Stücke schneiden. Fenchelsamen in einem Mörser zerstoßen. Rosmarin feinhacken.
2. Nudeln bissfest kochen. Inzwischen Öl in einer Pfanne erhitzen. Zwiebel und Knoblauch darin andünsten. Fenchel zugeben und unter Wenden 5 Min. anbraten. Salami, Rosmarin und Fenchelsamen zugeben und kurz mitbraten.
3. Bohnen auf ein Sieb geben, abtropfen lassen und zusammen mit den Tomaten in die Pfanne geben. Aufkochen, mit Salz und Pfeffer abschmecken und einige Min. einkochen lassen. Fenchelgrün klein hacken und über die Sauce streuen. Nudeln mit der Sauce und dem Parmesan anrichten.

30 Min.
Pro Portion 533 kcal, 18 g F, 67 g Kh, 29 g E

GEMÜSEBOLOGNESE

Prima, um Gemüsereste aromatisch zu verwerten und die Bilanz an gesunden sekundären Pflanzenstoffen aufzubessern.

FÜR 2 PORTIONEN

120 g Nudeln (z. B. Fusilli)
Salz
1 kleine Zwiebel
1 Knoblauchzehe
500 g gemischtes Gemüse (z. B. Champignons, Möhren, Zucchini)
4 Stiele Oregano (oder 1 TL getr. Oregano)
200 g mageres Rinderhack
Salz, Pfeffer aus der Mühle
Cayennepfeffer
150 ml Tomatensaft
2 EL frisch geriebener Parmesan

1. Die Nudeln bissfest kochen.
2. Inzwischen Zwiebel und Knoblauch schälen und fein würfeln. Gemüse waschen, putzen, eventuell schälen und in kleine Stücke schneiden. Frischen Oregano waschen, trocken schütteln und die Blättchen fein hacken.
3. Hackfleisch in einem Wok oder einer tiefen Pfanne unter Wenden krümelig anbraten. Zwiebel und Knoblauch zugeben und kurz mitbraten. Hack mit Salz, Pfeffer, Cayennepfeffer und Oregano würzen. Gemüse zugeben und unter Wenden 5 Min. braten. Tomatensaft angießen und kurz einkochen lassen.
4. Die Nudeln abgießen, in die Pfanne geben und unter die Gemüsebolognese mischen. Dabei alles nochmals erhitzen und abschmecken. Mit Parmesan bestreut servieren.

35 Min.
Pro Portion 497 kcal, 18 g F, 51 g Kh, 32 g E

BOHNEN-PASTA-VARIANTEN

Für Dosenmuffel: Sie können auch 125 g getrocknete weiße Bohnen verwenden. Bohnen über Nacht in reichlich Wasser einweichen, dann ca. 50 Min. in ungesalzenem Wasser kochen. Abgetropft zur Pastasauce geben.
Orientalisch: Statt Bohnen Kichererbsen und statt Fenchel Auberginen verwenden. Salami weglassen, Sauce mit etwas Kreuzkümmel abschmecken und statt Parmesan 75 g Feta über das fertige Gericht bröckeln.

BOLOGNESE-VARIANTEN

Vegetarisch: Statt des Hackfleischs 250 g vorgekochte rote Linsen oder 1 kleine Dose (400 g) Kichererbsen verwenden. Mit etwas Kreuzkümmel abschmecken und mit zerbröseltem Fetakäse statt Parmesan bestreuen.
Überbacken: Nudeln mit der Gemüsebolognese mischen und in eine flache Auflaufform geben. Einen Mix aus 100 g körnigem Frischkäse und 75 g Mozzarella daraufgeben. Im Ofen bei 200 Grad 10 Min. backen.

SELBST GEMACHTE NUDELN AUF VORRAT

Den rohen Teig bzw. die Nudeln können Sie bis zu zwei Tage im Kühlschrank lagern, bis zu drei Monate im Tiefkühlschrank. Die Nudeln auf einem Tablett ausgebreitet vorfrieren, dann in Gefrierbeutel verpacken. Portionsweise entnehmen und gefroren ins kochende Wasser geben.

GRUNDREZEPT NUDELTEIG

Frische Vollkornpasta schmeckt wunderbar nussig und liefert Ballaststoffe, Eiweiß und B-Vitamine. Maismehl sorgt mit Karotin für eine schöne Farbe.

FÜR 2 X 2 PORTIONEN

200 g Dinkel-Vollkornmehl
100 g Maismehl, 1 knapper TL Salz
3 Eier (Größe M)
1 EL Olivenöl
4 EL kaltes Wasser
Mehl zum Arbeiten
Frischhaltefolie
Salz für das Nudelwasser

1. Dinkel- und Maismehl in einer Rührschüssel mischen. Salz zugeben und untermischen. Eier, Öl und Wasser zugeben und alles mit den Händen zu einem glatten Teig verkneten. Ist der Teig zu trocken, eventuell noch etwas Wasser zugeben.
2. Teig auf leicht bemehlter Arbeitsfläche kräftig kneten, bis er elastisch wird. Danach vor der Verarbeitung (siehe rechts) in Folie 45 Min. ruhen lassen.

30 Min. + 45 Min. Wartezeit
Pro Portion 334 kcal, 9 g F, 48 g Kh, 14 g E

VARIANTEN

Anderes Mehl: Sie können auch Weizen-Vollkornmehl nehmen oder das Vollkornmehl zur Hälfte oder ganz durch weißes Dinkel- oder Weizenmehl ersetzen. Bei weißem Mehl die Wassermenge etwas reduzieren, es quillt weniger auf.
Mit Pfiff: Gewürze (z. B. Curry- oder Paprikapulver) oder gehackte Kräuter (z. B. Basilikum oder Bärlauch) im Nudelteig sorgen zusätzlich für Aroma.

BANDNUDELN MIT PILZEN

Pilze schmecken nicht nur ähnlich aromatisch wie Fleisch, sie liefern ebenso hochwertiges Eiweiß und wichtige B-Vitamine.

FÜR 2 PORTIONEN

½ Grundrezept Nudelteig (siehe links)
500 g Kräuterseitlinge (oder Champignons)
1 Knoblauchzehe
1 kleine Schalotte
4 Stiele Salbei
1 EL Olivenöl
2 EL Schinkenspeckwürfel
ca. 50 ml trockener Weißwein
2 EL Schmand
Salz, Pfeffer, Mehl zum Arbeiten

1. Teig mit einem Nudelholz auf leicht bemehlter Arbeitsfläche 2 – 3 mm dick ausrollen. Teigplatte quer halbieren und jede Hälfte mit einem großen Messer in ca. 0,5 cm breite Bandnudeln schneiden. Nudeln auf ein mit Mehl bestäubtes Tablett oder Backblech legen und mit etwas Mehl bestäuben.
2. Salzwasser zum Kochen bringen. Nudeln darin portionsweise 2 Min. kochen, bis sie an die Oberfläche kommen. Mit einem Schaumlöffel herausheben, abtropfen lassen und warm halten.
3. Inzwischen Pilze putzen und längs in dünne Scheiben schneiden. Knoblauch und Schalotte schälen und feinwürfeln. Salbei waschen und die Blätter in Streifen schneiden.
4. Öl in einer großen Pfanne erhitzen. Pilze darin bei starker Hitze unter Wenden 3 Min. anbraten. Schalotte, Knoblauch, Salbei und Schinkenspeckwürfel zugeben und alles weitere 2 Min. braten. Wein und Schmand zugeben und kurz köcheln lassen. Pilzpfanne mit Salz und Pfeffer abschmecken. Nudeln untermischen, kurz warm werden lassen und servieren.

30 Min. + 45 Min. Wartezeit
Pro Portion 540 kcal, 23 g F, 53 g Kh, 26 g E

VARIANTEN

Mit Speck: Sie können auch zusätzlich ein paar knusprig gebratene Schinkenspeckwürfel unter die Füllung mischen.
Klassisch: Für eine klassische Maultaschenfüllung 150 g Kalbsbrät (aus ungebrühten Kalbswürstchen), 2 EL Paniermehl, 1 kleines Ei (Größe S) und 50 g gehackten Blattspinat mischen. Nudeltaschen ca. 12 Min. gar ziehen lassen.

MAULTASCHEN

Vegetarische Teigtaschen zum Selbermachen mit einer leckeren mediterranen Füllung – kalorienarm, bunt und vitaminreich.

FÜR 2 PORTIONEN

½ Grundrezept Nudelteig (siehe Seite 95)
4 getrocknete Tomaten (ohne Öl)
4 Stiele frisches Basilikum
abgeriebene Schale von 1 unbehandelten Zitrone
125 g Ricotta, Salz, Pfeffer
12 TK-Spinat-Minis (ca. 75 g)
Mehl zum Arbeiten

1. Den Nudelteig auf leicht bemehlter Arbeitsfläche zu einem 2 – 3 mm dicken Quadrat etwa 35 x 35 cm ausrollen. Teigplatte in ca. 12 Rechtecke (à 8 x 12 cm) schneiden.
2. Die Tomaten und die gewaschenen Basilikumblätter hacken, mit der Zitronenschale unter den Ricotta mischen. Eventuell noch 2 – 3 EL Wasser unterrühren, es sollte eine cremige Masse entstehen. Salzen und pfeffern
3. Jeweils einen knappen TL Ricottacreme als länglichen Streifen in die Mitte der Teigrechtecke geben und mit je 1 gefrorenem Spinat-Mini belegen. Teigränder rundherum mit Wasser bestreichen und die Rechtecke so zusammenklappen, dass die kurzen Seiten übereinander liegen. Teig über der Füllung vorsichtig festdrücken. Ränder mit einer Gabel gut zusammendrücken.
4. Reichlich Salzwasser zum Kochen bringen und die Teigtaschen in 2 – 3 Portionen jeweils ca. 10 Min. gar ziehen lassen. Mit einem Schaumlöffel herausheben, abtropfen lassen und bis zum Servieren warm halten.
5. Dazu schmecken Tomatensauce oder in etwas Butter angedünstete Frühlingszwiebelringe und ein Tomatensalat.

30 Min.
Pro Portion ohne Beilage 479 kcal, 19 g F, 51 g Kh, 24 g E

RUCOLA-KÜRBIS-RISOTTO

Kürbis macht das Risotto mild, die Bitterstoffe des Rucola und die sanfte Säure von Orangen und Wein machen es leichter und besonders gut verträglich.

FÜR 2 PORTIONEN

1 Zwiebel
300 g Hokkaido-Kürbis, 2 EL Butter
120 g Risottoreis (z. B. Arborio, Carnaroli, Vialone nano, Baldo)
70 ml Weißwein
250 ml Gemüsebrühe (Instant)
1 unbehandelte Orange
125 g Rucola
20 g frisch geriebener Parmesan

1. Zwiebel schälen und fein würfeln. Kürbis waschen, Kerne entfernen, Fruchtfleisch mit Schale in 1 cm große Würfel schneiden.
2. Zwiebel und Kürbiswürfel in 1 EL Butter dünsten, bis die Zwiebeln glasig sind. Reis zugeben und kurz mitbraten. Mit Weißwein ablöschen und nahezu vollständig einkochen lassen. Gemüsebrühe zugeben und etwa 15 Min. köcheln lassen, immer wieder rühren.
3. Inzwischen Orangenschale abreiben und zum Risotto geben. Saft auspressen. Rucola waschen, putzen und quer zwei- bis dreimal zerteilen.
4. Saft, Rucola, Parmesan und Butter unter den Reis ziehen, abschmecken und sofort servieren.
5. Dazu passen scharfe Hackbällchen, aber auch knusprige Hühnerflügel oder Geflügel- oder Krabbenspieße mit Orangenspalten und Ingwer.

40 Min.
Pro Portion ohne Beilage 484 kcal, 18 g F, 61 g Kh, 12 g E

Auch lecker: Statt Kürbis können Sie Möhren verwenden, statt Parmesan geröstete, gehackte Kürbis- oder Pinienkerne oder getrocknete Tomaten in Öl, statt Weißwein am Ende Kokosmilch angießen.

Risotto wird aus Mittelkornreis zubereitet: Arborio, Carnaroli, Vialone nano, Baldo. Er ist etwas weicher als Langkornreis und sollte etwas Biss behalten. Preiswerter ist Milchreis. Er kocht ähnlich cremig wie Risottoreis, es erhöht sich lediglich die Kochzeit um etwa 5 Min. Klassisches Risotto wird bei offenem Deckel geköchelt, Flüssigkeit nach und nach zugegeben. Diese konzentriert sich zu intensivem Aroma – also vorsichtig salzen. Am Ende sollte das Risotto eine halbflüssig-cremige Konsistenz haben.

PILZ-FRÜHLINGS-MIX

Der rohe Spinat macht den Reis frisch und saftig, die gebratenen Pilze sorgen für Würze. Sie enthalten die Vitamine A, B und D, Spinat liefert Eisen! Walnüsse punkten mit mehrfach ungesättigten Fettsäuren.

FÜR 2 PORTIONEN

100 g Parboiled-Vollkornreis
1 Bund Frühlingszwiebeln
300 g Pilze (z. B. Champignons)
250 g jungen Spinat (frisch)
1 Bund Bärlauch (oder 1 Knoblauchzehe)
40 g Walnüsse
2 EL Rapsöl
1 unbehandelte Zitrone
Salz, Pfeffer

1. Reis im trockenen Topf erhitzen, 1 TL Salz und 200 ml Wasser zugeben, aufkochen und zugedeckt bei schwacher Hitze 15 Min. garen.
2. Frühlingszwiebeln putzen, waschen und in feine Ringe schneiden. Pilze abbürsten und halbieren oder vierteln. Spinat und Bärlauch waschen, putzen, Stiele abknipsen, grob wiegen oder schneiden. Walnüsse hacken und in einer Pfanne anrösten, bis sie duften. Zitrone waschen, Schale abreiben und eine Hälfte auspressen.
3. Öl im Wok oder in einer hohen Pfanne erhitzen, Frühlingszwiebeln darin 3 Min. anbraten. Pilze dazugeben, mit Salz und Pfeffer würzen und 3 Min. weiterbraten.
4. 1 EL Zitronensaft zufügen, Walnüsse und Reis untermischen und Spinat mit Bärlauch unterziehen.

30 Min.
Pro Portion 457 kcal, 24 g F, 47 g Kh, 14 g E

MANGOLDREIS MIT NUSSFISCH

Erdnüsse haben es in sich: B-Vitamine, das zellschützende Vitamin E sowie Biotin und Niacin für gesunde Haut, Haare und Nägel. Viel hochwertiges Eiweiß vom Fisch kommt hier noch hinzu. Die aromatische Kruste hält den Fisch saftig und zart.

FÜR 2 PORTIONEN

1 unbehandelte Zitrone
500 g Mangold
120 g Parboiled-Vollkornreis
Salz, Pfeffer
250 g Fischfilet (z. B. Tilapia oder Pangasius)
30 g Erdnüsse (gesalzen)
2 TL Currypulver
2–3 EL Öl zum Braten

1. Zitrone waschen und Schale oberflächlich abraspeln, Saft auspressen. Mangold waschen, die Blätter von den Stielen trennen. Die Stiele entfädeln und klein würfeln. Blätter streifig schneiden und beiseitelegen.
2. Die Mangoldstiele in 1 EL Öl andünsten, Reis zugeben, mit 300 ml Wasser angießen, mit Salz, Pfeffer und Zitronenschale würzen, Deckel auflegen und bei kleiner Hitze 15 Min. quellen lassen.
3. Die Nüsse im Blitzhacker feinmahlen, mit Curry mischen. Fischfilet im Nussmix wenden, rundherum andrücken.
4. Mangoldblätter mit Zitronensaft unter den Reis ziehen und mit Salz, Pfeffer und Zitronenschale abschmecken.
5. Fischfilets in einer beschichteten Pfanne in heißem Fett von jeder Seite etwa 5 Min. knusprig braun braten. Auf Küchenpapier abtropfen lassen, mit übrigem Zitronensaft und Reis servieren.

40 Min.
Pro Portion 711 kcal, 27 g F, 80 g Kh, 33 g E

Auch lecker: Statt Fisch 2 Hühnerbrustfilets als kleine Schnitzel dazu braten.

GESUNDES GETREIDE

Hirse liefert viele Mineralstoffe und Spurenelemente. Besonders das oft knappe Eisen – wichtig für Blutbildung und Sauerstoffversorgung – ist reichlich enthalten. Viel Kieselsäure stärkt außerdem Haare, Haut und Nägel. Hirse aber nicht in zu großen Mengen kaufen. Sie wird schnell alt und schmeckt dann bitter.

Graupen sind rund polierte Gerstenkörner. Bei der Verarbeitung geht ein Teil der Nährstoffe verloren. Graupen enthalten Nikotinsäure, Zink, Eisen und Folsäure. Sie sind besonders mild, schmecken leicht süßlich und eignen sich gut für Suppen und Eintöpfe, Risotto oder auch als Beilage oder Süßspeise. Es gibt sie in unterschiedlichen Größen.

PASTINAKEN-HIRSOTTO SÜSS-SAUER

Probieren Sie einmal Hirse! Sie ist köstlich und hat mehr Vitamine und Mineralstoffe als polierter Weißreis, vor allem Eisen und Kieselsäure.

FÜR 2 PORTIONEN
1 kleine Stange Lauch (ca. 250 g)
500 g Pastinaken
1 kleiner rotbackiger Apfel (ca. 150 g)
250 g ausgelöstes mageres Kasseler im Stück
½ Bund Thymian, 1 EL Rapsöl
100 g Hirse, 500 ml Gemüsebrühe
Salz, Pfeffer
2 EL Ziegenfrischkäse

1. Lauch putzen, waschen und in Ringe schneiden. Pastinaken waschen, schälen und in 2 cm große Stücke schneiden. Apfel waschen, vierteln, entkernen und in kleine Stücke schneiden. Kasseler in 1 cm große Würfel schneiden. Thymianblättchen von den Stielen zupfen.
2. Lauch in Öl andünsten. Kasseler zugeben und kurz anbraten. Pastinaken, Apfel und Thymian, bis auf etwas zum Garnieren, zugeben und einige Min. unter Wenden braten. Hirse unterrühren und mit der Brühe ablöschen. Alles aufkochen, dann zugedeckt bei kleiner Hitze 20 Min. köcheln lassen. Dabei ab und zu rühren und nach Bedarf noch etwas Brühe zugeben.
3. Hirsotto mit Salz und Pfeffer abschmecken. Portionsweise mit je 1 Klacks Ziegenfrischkäse und übrigem Thymian anrichten.

35 Min.
Pro Portion 663 kcal, 28 g F, 67 g Kh, 33 g E

VARIANTEN

Risotto: Funktioniert auch mit Risottoreis statt Hirse. Besonders fein, wenn Sie einen Teil der Brühe durch trockenen Weißwein ersetzen.
Saison: Schmeckt auch mit Hokkaido-Kürbis.
Vegetarisch: Kasseler durch 100 g grob gehackte Walnüsse oder Kürbiskerne ersetzen.

ROTES GRAUPEN-RISOTTO

Lykopin in Tomaten stärkt die Zellabwehr und wird durchs Kochen für den Körper noch besser verfügbar.

FÜR 2 PORTIONEN
1 Zwiebel
1–2 Knoblauchzehen
400 g Wirsing
2 EL Öl
100 g Perlgraupen
400 ml Tomatensaft
geriebene Muskatnuss
Salz, Pfeffer aus der Mühle
1 unbehandelte, süße Orange
1–2 TL Meerrettich oder Wasabi
120 g Rucola
120 g Fetakäse

1. Zwiebel und Knoblauchzehe schälen, fein würfeln. Wirsing waschen und in Streifen schneiden.
2. Zwiebel und Knoblauch in einem Topf im Öl glasig dünsten. Graupen zugeben, dann die Wirsingstreifen zufügen. Mit Tomatensaft ablöschen, würzen und 30 Min. zugedeckt köcheln lassen. Wenn nötig, etwas Wasser zugeben.
3. Inzwischen Orangenschale abreiben und mit Meerrettich in den Topf geben. Frucht halbieren und auspressen. Rucola waschen und klein schneiden, mit dem Saft unter den garen Graupentopf ziehen und abschmecken.
4. Feta in dünnen Scheiben darüberhobeln.
Dazu passen kleine Lammsteaks.

45 Min.
Pro Portion ohne Beilage 497 kcal, 23 g F, 47 g Kh, 24 g E

Herzgesünder: Statt Feta ein Pesto aus 80 g gerösteten Kürbiskernen, etwas Rucola und Orangensaft mixen.

PAPRIKAGESCHNETZELTES

Ein pikantes Gericht mit magerem Fleisch, reichlich Gemüse, wenig Fett. Das hält schlank.

FÜR 2 PORTIONEN

250 g mageres Fleisch (z. B. Hähnchen-, Puten- oder Schweineschnitzel)
1 EL Mehl
1 TL edelsüßes Paprikapulver
Salz, Pfeffer
1 kleine Zwiebel
2 rote Paprikaschoten (ca. 500 g)
1 EL Rapsöl
200 ml Gemüsebrühe (Instant)
2 TL Ajvar
2 EL Sauerrahm (20 % Fett)

1. Fleisch quer zur Faser in 1 – 2 cm breite Streifen schneiden. Mehl, Paprikapulver, etwas Salz und Pfeffer in einem Gefrierbeutel mischen. Fleischstreifen zugeben und schütteln, bis das Fleisch ganz mit der Mehlmischung bestäubt ist.
2. Zwiebel schälen und fein würfeln. Paprika putzen, waschen und in Würfel schneiden.
3. Öl in einer Pfanne erhitzen. Fleisch darin unter Wenden rundherum anbraten. Zwiebel und Paprikawürfel zugeben und alles ca. 5 Min. braten. Mit der Brühe ablöschen und kurz einkochen lassen. Ajvar und Sauerrahm unterrühren und mit Salz und Pfeffer abschmecken.
4. Dazu passt Reis oder Pasta.

30 Min.
Pro Portion ohne Beilage 294 kcal, 13 g F, 13 g Kh, 32 g E

Exotisch: Statt Paprika- Currypulver und statt Paprikaschoten 1 feste Mango und 250 g Möhren nehmen. Ajvar weglassen.
Mit Pilzen: Paprikapulver durch Thymian, Paprikaschoten durch 500 g Pilze (z. B. Champignons) und Brühe durch trockenen Weißwein ersetzen, Ajvar weglassen.

PUTE MIT GEMÜSEPILAW

Vollkornreis, mageres Fleisch und Gemüse halten den Blutzuckerspiegel stabil und machen lange satt. Geflügel am besten extrakurz braten, sonst trocknet es aus.

FÜR 2 PORTIONEN

1 Zwiebel
1 rote Paprikaschote (ca. 150 g)
2 grüne Paprikaschoten (ca. 300 g)
1 Maiskolben
(oder 100 g Zuckermais aus der Dose)
1 Bund Petersilie
1 Zitrone
½ TL gekörnte Brühe, Salz
2 EL Rapsöl
100 g Parboiled-Vollkornreis
200 g Putenbrust, Pfeffer
1 EL Kapern (Glas)
2 EL Butter

1. Zwiebel schälen, fein würfeln. Paprika waschen, putzen, vierteln und in Streifen schneiden. Maiskörner vom Kolben abschneiden. Petersilie hacken. Zitrone auspressen. Brühe und etwa ½ TL Salz in 200 ml heißem Wasser auflösen.
2. Öl in einem Topf erhitzen, Zwiebeln und Paprika darin etwa 5 Min. dünsten. Reis darin anbraten.
3. Die Brühe angießen, aufkochen und bei schwacher Hitze im geschlossenen Topf weitere 10 – 15 Min. garen, bis die Flüssigkeit aufgesogen und der Reis noch bissfest ist. Mais untermischen und erhitzen, mit Salz und Pfeffer würzen.
4. Inzwischen Putenbrust in Streifen schneiden und mit Salz und Pfeffer würzen, im restlichen Öl anbraten, herausnehmen und mit Alufolie abdecken. Bratenfond mit Zitronensaft loslösen, Kapern hinzufügen, erhitzen, mit 2 EL Butter binden und über die Putenstreifen gießen. Mit dem Reis servieren.

40 Min.
Pro Portion 568 kcal, 25 g F, 53 g Kh, 32 g E

GULASCH SÜSS-SAUER

Zwiebeln, Weißkohl und Ananas liefern reichlich Vitamin C – das verbessert die Aufnahme von Eisen aus dem Rindfleisch.

FÜR 2 PORTIONEN

300 g Rindergulasch
3 Zwiebeln
300 g Weißkohl, 1 EL Rapsöl
2 EL Tomatenmark
1 TL Kreuzkümmel
je 1 TL mildes und scharfes Paprikapulver
1 Prise Pul Biber, Salz
250 g frische Ananas
2 EL Schmand

1. Das Fleisch in 2,5 cm große Stücke teilen. Zwiebel schälen und in Würfel schneiden. Weißkohl waschen, hobeln oder in Streifen schneiden.
2. Die Zwiebeln im Öl anbraten, dabei Tomatenmark und die Gewürze zugeben. Nach 2 Min. das Fleisch zufügen, kräftig mitbraten und salzen. Deckel auflegen und so lange schmoren, bis die Flüssigkeit verkocht ist (etwa 15 Min.). Dann 125 ml Wasser angießen.
3. Nach 30 Min. den Weißkohl zugeben, 30 Min. weiterschmoren, wenn nötig Wasser zugeben.
4. Inzwischen die Ananas rundherum schälen, vierteln, harten Strunk entfernen und Frucht in mundgerechte Stücke teilen, zugeben und nochmals 15 Min. schmoren. Abschmecken und mit Schmand zu Tisch geben.
5. Dazu passen Brot, Nudeln oder Salzkartoffeln.

2 Std.
Pro Portion ohne Beilage 447 kcal, 22 g F, 27 g Kh, 34 g E

Tipp: Das Fleisch braucht nicht zu scharf angebraten zu werden – es bekommt Farbe, wenn es beginnt anzusetzen. Diesen Moment des „Karamellisierens" abzupassen ist entscheidend fürs Aroma.

LAMMHÄXLE MIT BOHNEN

Fleisch und Bohnen sind eiweißreich und machen lange satt – gut für die Figur. Beide verbinden sich während der langen Garzeit zu einem köstlichen Ganzen.

FÜR 2 PORTIONEN

125 g weiße Cannellini-Bohnen
2 Zwiebeln
1 Knoblauchzehe
1 Handvoll Salbeiblätter
1 Zweig Rosmarin
2 Lammhaxen (à 300 g)
Salz, 1 TL Fenchelsamen
1–2 EL Olivenöl
1 kleine Dose Tomaten (400 g)
5–6 getrocknete Aprikosen, Pfeffer

1. Bohnen in einer hohen Rührschüssel über Nacht in 350 ml Wasser einweichen.
2. Zwiebeln und Knoblauch schälen, in schmale Spalten schneiden, Knoblauch hacken. Kräuter waschen, Salbeiblättchen abzupfen.
3. Lammhaxen mit Salz und Fenchel einreiben und im Bräter in Öl rundherum anbraten. Dann Salbei mit Zwiebeln und Knoblauch im Fond andünsten. Rosmarinzweig, Bohnen mit Einweichwasser und Tomaten zufügen. Aprikosen in Streifen schneiden, zugeben.
4. Bei 180 Grad etwa 1,5 Std. zugedeckt schmoren. Dann abschmecken, Rosmarin entfernen und Haxen im Gemüse servieren.
5. Dazu passen Polenta, Bulgur oder Ofenkartoffeln.

2 Std., davon 1,5 Std. Garzeit
Pro Portion ohne Beilage 550 kcal, 17 g F, 43 g Kh, 53 g E

Tipp: Es reichen auch 2 Scheiben Lammhaxe – meist bekommt man aber nur ganze Haxen.
Auch lecker: Statt Lammhaxen 500 g Rinderbeinscheibe oder 800 g Ochsenschwanz nehmen.

SCHMOREN: IDEAL FÜR DIE VORRATSKÜCHE

Schmorgerichte schmecken nach dem Aufwärmen noch besser! Das ist ideal für die Vorratsküche. Am besten gleich die doppelte Menge kochen. Sie lassen sich auch gut einfrieren. Ab der 4-fachen Menge bei Familienbesuch die Gerichte besser in einer Kasserolle auf dem Herd anbraten, aber im Backofen zugedeckt bei 180 Grad schmoren lassen.

CANNELLINI-BOHNEN

Die kleinen, weißen Cannellini-Bohnen bleiben auch nach 1,5 Std. Garzeit schön bissfest. Andere Sorten kochen weicher. Generell gilt für Hülsenfrüchte: Je länger sie schon lagern, desto länger brauchen sie, um weich zu werden. Salz oder Säure im Kochwasser lässt alle Hülsenfrüchte fester bleiben. Deshalb in der Regel besser erst nachträglich salzen.

PLINSEN-VARIANTEN

Auch lecker: Die Hälfte des Quarks durch körnigen Frischkäse oder durch Feta ersetzen.
Noch gesünder: 50 g Mehl durch Haferflocken ersetzen.
Süß: Für süße Plinsen statt Salz und Ajvar 1 EL Zucker und 1 Prise Salz in den Teig geben. Mit Apfelmus, Obstkompott oder Obstsalat und Zimt servieren.

POLENTA-KÄSESCHNITTEN

Der Spinat bekommt durch Madeira und Korinthen Rasse und macht die Polenta köstlich cremig. Milch und Käse liefern hochwertiges und lange sättigendes Eiweiß.

FÜR 2 PORTIONEN
250 ml Milch (1,5 % Fett), 1 TL Salz
130 g Polenta (Maisgrieß)
60 g geriebener Parmesan
2–3 EL Madeira
2 EL Korinthen
400 g Blattspinat (frisch)
2 Schalotten
1 Knoblauchzehe
3 EL Pinienkerne
2 EL Olivenöl
Muskatnuss, Pfeffer
1 TL Butter

---

1. Milch mit 200 ml Wasser und dem Salz in einer kleinen, beschichteten Pfanne zum Kochen bringen. Polenta unter Rühren einrieseln lassen, den Käse zugeben. Weiterkochen, bis die Masse klumpt. In der Pfanne glatt streichen und 30 Min. abkühlen lassen.
2. Korinthen im Madeira einweichen. Den Spinat putzen, waschen und große Blätter zerkleinern. Schalotten und Knoblauchzehe schälen und fein würfeln.
3. 1 EL ÖL in einer Pfanne erhitzen, Zwiebelwürfel und die Pinienkerne darin hellbraun rösten. Den Blattspinat samt eingeweichten Korinthen dazugeben, mit Salz, Pfeffer und Muskatnuss würzen und zusammenfallen lassen.
4. Dann die Polenta vierteln, jedes Viertel auf ein Brettchen heben und in daumenbreite Schnitten teilen. Die Pfanne säubern. Die Butter mit 1 EL Öl darin erhitzen und die Schnitten nacheinander von beiden Seiten braun anbraten. Mit Spinat reichen.

35 Min.
Pro Portion 683 kcal, 34 g F, 59 g Kh, 29 g E

PIKANTE QUARKPLINSEN MIT RATATOUILLE

Die knusprigen, milden Quarkplinsen enthalten Eiweiß satt und passen bestens zum würzigen Ratatouille.

FÜR 2 PORTIONEN
2 Eier (Größe M)
½ TL Salz
350 g Magerquark
2 EL Ajvar
100 g Mehl Type 1050
1 Schuss Mineralwasser mit Kohlensäure
1 kleine Zwiebel
1 Knoblauchzehe
1 Zucchini (200 g)
1 kleine Aubergine (250 g)
1 rote Paprikaschote (200 g)
3 EL Olivenöl
½ Packung Pizza-Tomaten (200 g)
Pfeffer, 1 TL getr. italienische Kräuter

---

1. Die Eier mit Salz, Quark, Ajvar, Mehl und Mineralwasser zu einem glatten Teig verrühren.
2. Zwiebel und Knoblauch schälen und fein würfeln. Gemüse waschen, putzen und in ca. 2 cm große Würfel schneiden.
3. In einem Topf Zwiebel und Knoblauch in 1 EL Öl andünsten. Zucchini, Aubergine und Paprika zugeben und unter Wenden einige Minuten anbraten. Mit Pizza-Tomaten und 200 ml Wasser ablöschen. Mit Salz, Pfeffer und Kräutern würzen und 10 Min. köcheln lassen.
4. 1 EL Öl in einer beschichteten Pfanne erhitzen. 4 Teigkleckse in die Pfanne geben und abflachen. Ca. 4 Min. goldbraun braten, dann wenden und weitere 4 Min. braten. Mit dem übrigen Teig ebenso verfahren. Die Plinsen mit dem Ratatouille- Gemüse servieren.

45 Min.
Pro Portion 681 kcal, 24 g F, 67 g Kh, 46 g E

TABOULEH MIT FISCH

Im Handumdrehen fertig und köstlich zugleich. Couscous, Fisch, Tomaten und Rucola haben dieselbe kurze Garzeit – deshalb ideal für die Mikrowelle, vor allem wenn es schnell gehen soll.

FÜR 2 PORTIONEN

Salz, Pfeffer
½ TL Kurkuma
120 g Couscous
50 g Mandeln mit Haut
4 Tomaten
100 g Rucola
300 g festfleischiges Fischfilet (z. B. Victoriabarsch)
1 EL Olivenöl

1. Salz, Pfeffer und Kurkuma in ca. 200 ml kaltes Wasser einrühren, damit Couscous übergießen und 5 Min. quellen lassen.
2. Mandeln hacken. Tomaten waschen und in walnussgroße Stücke schneiden. Rucola waschen und putzen. Fischfilet in fingerbreite Streifen schneiden, salzen und pfeffern.
3. Couscous mit Tomaten, Rucola, Mandeln und Fisch in einer mikrowellengeeigneten Form mit 1 EL Olivenöl mischen und mit Mikrowellenfolie abdecken. Alles bei 600 Watt ca. 9 – 10 Min. in der Mikrowelle garen.

25 Min.
Pro Portion 541 kcal, 21 g F, 47 g Kh, 40 g E

Auch lecker: Ersetzen Sie den Fisch durch Hähnchenbrust. Schneiden Sie diese in feinere Streifen, damit sich die Garzeit nicht erhöht. Sonst würden die restlichen Zutaten übergart werden.

LAUWARMER KARTOFFELSALAT

Der leckere Salat ist fix zubereitet. In einem fest verschließbaren Gefäß eignet er sich auch zum Mitnehmen ins Büro. Der Fenchel ist ideal bei Magenproblemen – er ist gut verträglich und wirkt beruhigend.

FÜR 2 PORTIONEN

2 Eier
500 g Kartoffeln
2 Fenchelknollen (ca. 500 g)
80 g getrocknete Tomaten in Öl
Salz, Pfeffer
4 EL weißer Balsamico-Essig
2 EL Olivenöl

1. Eier in 6 Min. wachsweich kochen. Kartoffeln schälen und in feine Scheiben schneiden. Fenchel waschen und putzen, halbieren und in fingerbreite Streifen schneiden. Fenchelgrün hacken und beiseitestellen. Getrocknete Tomaten abtropfen lassen, dann klein schneiden.
2. Kartoffeln, Tomaten und Fenchel in eine mikrowellenbeständige Schüssel geben und mischen, mit Salz und Pfeffer würzen.
3. Die Schüssel mit Mikrowellenfolie überziehen, Kartoffelmischung etwa 13 – 15 Min. bei 600 Watt in der Mikrowelle garen.
4. Anschließend Fenchelgrün, Balsamico-Essig und Olivenöl unterrühren, Eier dazu servieren.

35 Min.
Pro Portion 467 kcal, 21 g F, 27 g Kh, 19 g E

Auch lecker: Statt Ei passen ein Steak vom Grill, eine (Merguez-)Bratwurst oder gebratenes Zanderfilet. Statt Fenchel Staudensellerie verwenden oder Tomaten durch Oliven ersetzen.

SCHNELL UND SCHONEND ZUBEREITET

Alle Gerichte auf dieser und der nächsten Seite garen in der Mikrowelle besonders schonend. Sie lassen sich bestens vorbereiten und sind eine gesunde Alternative zu Fertiggerichten, wenn die Zeit vor dem Essen knapp ist. Sie können sie aber auch im Topf zubereiten, dann mit etwas Fett andünsten und mehr Flüssigkeit zugeben.

SCHWEINEFILET MIT CHAMPIGNONS

Das Geschnetzelte ist ohne großen Aufwand fertig. Die Inhaltsstoffe der Zwiebeln schützen Herz und Kreislauf. Champignons sind kalorienarm – deshalb gibt's davon eine große Portion.

FÜR 2 PORTIONEN

1 Bund Frühlingszwiebeln
1 Bund glatte Petersilie
300 g Kartoffeln
500 g Champignons
2 TL Rapsöl
300 g Schweinefilet (oder Putenfleisch)
Paprikapulver
Salz, Pfeffer
2 EL saure Sahne

1. Die Frühlingszwiebeln waschen, putzen und in feine Ringe schneiden. Petersilie waschen, Blättchen hacken. Die Kartoffeln schälen und in etwa 1 cm große Stücke schneiden. Die Champignons putzen und halbieren, das Schweinefilet in grobe Streifen schneiden.
2. Kartoffeln und Champignons mit der Petersilie, dem Öl und dem Fleisch mischen. Mit Salz, Pfeffer und Paprikapulver würzen.
3. Alles in ein mikrowellengeeignetes Gefäß geben, mit Mikrowellenfolie überziehen und in der Mikrowelle bei 600 Watt 15 Min. garen. Auf zwei Tellern anrichten und vor dem Servieren je 1 EL saure Sahne daraufklecksen.

25 Min.
Pro Portion 389 kcal, 9 g F, 31 g Kh, 44 g E

CHINANUDELN

Die Instantnudeln und das zarte Gemüse sind blitzschnell gar und zudem sehr leicht verdaulich. Schmeckt nicht nur Liebhabern der asiatischen Küche.

FÜR 2 PORTIONEN

200 g Zuckerschoten
1 unbehandelte Orange
1 Stück Ingwer (4–5 cm)
120 g Putenschinken (gekocht)
200 g TK-Blattspinat
1 EL Butter
120 g Mie-Nudeln
Salz, Pfeffer
Pul Biber

1. Zuckerschoten waschen und putzen. Orangenschale waschen, abreiben, dann die Orange schälen, vierteln und in ½ cm dicke Scheiben schneiden. Ingwer schälen und reiben. Putenschinken in Streifen schneiden.
2. Spinat, Zuckerschoten, Orange und Ingwer in einer mikrowellenbeständigen Schüssel mischen, Butter dazugeben und mit Mikrowellenfolie abdecken. In der Mikrowelle bei 600 Watt etwa 12 – 13 Min. garen.
3. Inzwischen die Eiernudeln mit kochendem Wasser überbrühen, 5 Min. quellen lassen und abgießen.
4. Anschließend Gemüse mit den Nudeln und dem Putenschinken mischen, mit Salz, Pfeffer und Pul Biber würzen.

25 Min.
Pro Portion 462 kcal, 12 g F, 61 g Kh, 26 g E

Milder: Pul Biber durch Sojasauce ersetzen. Dann wenig salzen, da Sojasauce salzig ist.
Vegetarisch: Statt Putenschinken 120 g Räuchertofu verwenden. Den Tofu vorher in Orangensaft marinieren.

SCHWEIZER TOAST

Der Toast kombiniert mageres, eisenreiches Rindfleisch mit dem gesunden Fett aus Walnüssen. Durch Birne und Preiselbeeren schmeckt er leicht fruchtig.

FÜR 2 PORTIONEN

4 Scheiben Vollkorntoastbrot (à 30 g)
4 TL Sahne-Meerrettich
4 Scheiben Bündner Fleisch oder Bresaola
1 reife Birne
getrockneter Thymian, Pfeffer
2 EL Walnusskerne
2 Scheiben Gruyère-Käse (à 20 g)
2 EL Preiselbeeren aus dem Glas

1. Backofen auf 225 Grad vorheizen. Toastscheiben (ungetoastet) mit je 1 TL Meerrettich bestreichen und mit je einer Scheibe Bündner Fleisch belegen.
2. Birne waschen, vierteln und entkernen. Birnenviertel jeweils fächerförmig einschneiden, sodass sie oben noch zusammenhalten. Birnen etwas auseinanderziehen und auf die Toastscheiben legen. Mit Thymian und etwas Pfeffer bestreuen. Walnüsse grob hacken und darüber verteilen.
3. Käse in Streifen schneiden und gitterförmig auf die Toasts legen. Toasts im Ofen 8 – 10 Min. überbacken. Mit den Preiselbeeren servieren.

20 Min.
Pro Portion 332 kcal, 14 g F, 34 g Kh, 18 g E

Info: **Die scharfen ätherischen Senföle aus dem Meerrettich vertreiben Bakterien und regen den Stoffwechsel an.**

VARIANTEN

Anderer Käse: Wer es milder mag, verwendet Butterkäse statt Gruyère. Kräftiger schmeckt es mit pikantem Gorgonzola.
Anderer Schinken: Statt Bündner Fleisch geräucherten Schinken oder Putenbrust nehmen.
Auch lecker: Statt Birne kleingeschnittene Radieschen, Preiselbeeren dann weglassen.

THUNFISCH-BAGUETTE

Fisch und Käse liefern reichlich Eiweiß – perfekt als Abendmahlzeit. Denn das Eiweiß schützt vor Süßhungerattacken. Thunfisch und Oliven enthalten zudem gesunde Omega-3-Fettsäuren.

FÜR 2 PORTIONEN

2 Vollkorn-Baguettebrötchen (à 50 g)
1 kleine Schalotte
5 Kirschtomaten
½ rote Paprikaschote (ca. 100 g)
50 g schwarze Oliven
1 Dose Thunfisch naturel (185 g)
1 TL Olivenöl
2 EL frisch gehacktes Basilikum
Salz, Pfeffer
80 g Ziegenweichkäse (von der Rolle)

1. Backofen auf 225 Grad vorheizen. Brötchen jeweils halbieren.
2. Schalotte schälen und fein würfeln. Tomaten und Paprikaschote waschen. Tomaten vierteln, Paprikaschote in sehr kleine Würfel schneiden. Oliven entsteinen und hacken. Thunfisch gut abtropfen lassen und mit einer Gabel zerpflücken. Thunfisch, Schalotte, Paprika, Oliven und Öl mischen. Mit Basilikum, Salz und Pfeffer würzen.
3. Thunfischmischung auf den Brötchenhälften verteilen. Mit Tomatenvierteln belegen. Käse in 8 schmale Scheiben schneiden, auf die Baguettehälften legen. Thunfisch-Baguette 8 – 10 Min. im Ofen überbacken. Warm servieren.

20 Min.
Pro Portion 508 kcal, 25 g F, 48 g Kh, 23 g E

Info: **Schalotten sind milder und roh besser verträglich als Zwiebeln. Alternative: Frühlingszwiebeln.**

HÄHNCHEN-TOAST

Die Kombination aus Gemüse, Olivenöl, Pesto und Mozzarella macht den Toast mediterran. Durch das Überbacken wird das Gemüse noch besser verdaulich.

FÜR 2 PORTIONEN

1 Hähnchenbrustfilet (200 g)
Salz, Pfeffer
Chiliflocken
1 TL Olivenöl
4 Scheiben Bauernbrot (à 45 g)
4 TL grünes Pesto aus dem Glas
2 Tomaten
1 kleiner Zucchini
1 Kugel Mozzarella (125 g)

1. Backofen auf 225 Grad vorheizen. Hähnchenfilet waschen, trocken tupfen und mit Salz, Pfeffer und Chiliflocken würzen. Öl in einer Pfanne erhitzen. Filet darin ca. 6 Min. braten, dabei einmal wenden. Filet aus der Pfanne nehmen, kurz abkühlen lassen, dann in schmale Scheiben schneiden.
2. Brotscheiben mit je 1 TL Pesto bestreichen. Tomaten und Zucchini waschen, putzen und in schmale Scheiben schneiden. Filetscheiben mit Tomaten- und Zucchinischeiben dachziegelartig auf den Broten verteilen.
3. Mozzarella abtropfen lassen und in Scheiben schneiden. Auf den Broten verteilen. Die Brote 8 – 10 Min. im Ofen überbacken. Warm servieren.

25 Min.
Pro Portion 598 kcal, 27 g F, 46 g Kh, 43 g E

Tipp: Geflügelfleisch wegen der Salmonellengefahr immer ganz durchbraten.
Leichter: Wer Fett sparen möchte, verwendet Tomatenmark statt grünem Pesto.

MOLKECRÊPES MIT APRIKOSEN-RAGOUT

Hier können Naschkatzen zugreifen. Vollkornmehl macht die Crêpes ballaststoffreich und mit dem Eiweiß aus Eiern und Molke machen sie lange satt.

FÜR 2 PORTIONEN
120 g Dinkel-Vollkornmehl
1 TL Weizenkeime
1 Prise Salz
3 Eier (Größe M)
250 ml Naturmolke (oder Buttermilch)
1 Stück Ingwer (1–2 cm)
150 g getrocknete Aprikosen
Saft von 3 Orangen
Saft und Schale von 1 unbehandelten Zitrone
je 1 Messerspitze geriebene Muskatnuss und Zimt
4 TL Rapsöl
4 TL Mandelblättchen
Puderzucker zum Bestäuben

1. Mehl, Weizenkeime und Salz mischen. Eier und Molke zugeben. Alles zu einem relativ flüssigen Teig verrühren und 15 Min. quellen lassen.
2. Ingwer schälen und fein reiben. Aprikosen in kleine Würfel schneiden. Orangen- und Zitronensaft mit Wasser auf 350 ml auffüllen. Mit Aprikosen, Ingwer und Zitronenschale in einem kleinen Topf aufkochen, dann 8 – 10 Min. bei starker Hitze dicklich einkochen lassen. Mit Muskatnuss und Zimt abschmecken. Lauwarm werden lassen.
3. Nacheinander in etwas Öl 4 dünne Crêpes backen, dabei auf der rohen Seite mit je 1 TL Mandelblättchen bestreuen, wenden und fertig backen. Mit Puderzucker bestäuben und mit dem Aprikosen-Ragout servieren.

35 Min.
Pro Portion 787 kcal, 32 g F, 101 g Kh, 23 g E

Auch lecker: Mit Sesam statt Mandeln.
Pikant: Nach dem Wenden Hartkäse wie Sbrinz darauf schmelzen lassen und mit Rucola belegen.

CRANBERRY-PUFFER MIT ORANGENSALAT

Granatapfel und Cranberries verleihen diesen schmackhaften Puffern das gewisse Etwas. Und: Sie helfen Krebs vorzubeugen.

FÜR 2 PORTIONEN
1 Ei
250 g Magerquark
1 Päckchen Vanillezucker
50 g getrocknete Cranberries (oder Preiselbeeren)
75 g Hirseflocken
1 Granatapfel
2 unbehandelte Orangen
1 TL flüssiger Honig
2 EL Sesamsamen, Zimt
Rapsöl und 1 TL Butter zum Braten

1. Das Ei trennen. Eigelb mit 150 g Quark und Vanillezucker cremig rühren. Cranberries hacken, mit den Hirseflocken unterziehen. 10 Min. quellen lassen.
2. Inzwischen den Granatapfel halbieren und die Kerne herauskratzen. Die Orangen waschen, Schale fein abreiben, eine Messerspitze zum Quarkteig geben. Orangen bis aufs Fruchtfleisch mit dem Messer schälen, Früchte halbieren, das weiße Innere entfernen, Hälften nochmals in Viertel teilen und in 1 cm breite Fächer schneiden.
3. Saft auffangen, mit dem Honig verrühren, über die Orangen träufeln, mit Zimt bestäuben, Granatapfelkerne dazwischen verteilen.
4. Eiweiß steif schlagen, unter die Puffermasse ziehen. In einer großen beschichteten Pfanne etwa 2 – 3 EL Öl behutsam erhitzen, Butter zugeben und nach und nach 8 Puffer mit einem nassen Löffel abstechen und hineinsetzen. Sofort mit Sesam bestreuen, Hitze herunterschalten und nach 2 – 3 Min. wenden und fertig braten. Zum Orangensalat reichen.

30 Min.
Pro Portion 652 kcal, 28 g F, 74 g Kh, 30 g E

CRÊPES-VARIANTEN

Besonders locker: Den Teig können Sie auch über Nacht im Kühlschrank quellen lassen, dann werden die Crêpes besonders locker.
Anderes Mehl: Statt Dinkel- können Sie auch Weizen-Vollkornmehl oder helles Dinkel- oder Weizenmehl verwenden. Bei hellem Mehl etwas weniger Molke verwenden, es quillt weniger auf.
Aprikosen-Ragout: Es schmeckt auch lecker als fruchtige Einlage in Naturjoghurt oder mit einem Bällchen Vanille- oder Schokoladeneis als Dessert.

PUFFER-VARIANTEN

Mit Joghurtsahne: Dazu 50 ml süße Sahne schlagen und am Ende 3 – 4 EL süßen Joghurt darunterschlagen.
Andere Früchte: Statt Cranberries eignen sich alle anderen getrockneten Früchte. Bei frischem Obst wie 1 Raspelapfel oder ½ Tasse Granatapfelkerne oder ½ Tasse tiefgefrorenen Beeren benötigen Sie 10 g mehr Hirseflocken.
Schneller: Den Teig mit einem Schuss Mineralwasser flüssiger machen und 1 großes Omelett langsam backen – bei niedriger Hitze.

FRITTATA-VARIANTEN

Anderes Mehl: Statt Dinkel- können Sie auch Weizenmehl aller Typen verwenden.
Pikant: 4 feste Tomaten statt Äpfeln nehmen und 2 EL Pesto statt Berberitzen in den Teig geben. Dazu pikanten Ricotta salata (gesalzenen Ricotta aus dem Kühlregal) reichen.

APFEL-FRITTATA MIT RICOTTA

Frittata heißt Omelett auf Italienisch – mit Äpfeln, Berberitzen und Ricotta eine süße Alternative zum herzhaften Klassiker.

FÜR 2 PORTIONEN

250 g Ricotta (oder Quark 20 % Fett)
2 TL flüssiger Honig
Mineralwasser mit Kohlensäure
2 EL geröstete Pinienkerne, Zimt
2 kleine Äpfel
2 Eier (Größe M)
4 EL Dinkel-Vollkornmehl
4 EL zarte Haferflocken
150 ml Milch
2 EL getrocknete Berberitzen (oder Rosinen)
1 Prise Salz
4 TL Rapsöl
Puderzucker zum Bestäuben

1. Für die Creme Ricotta mit einem Schuss Mineralwasser glattrühren. Honig und Pinienkerne zugeben, mit Zimt bestäuben.
2. Äpfel waschen, entkernen und in schmale Spalten schneiden. Eier trennen. Eigelbe mit Mehl, Haferflocken, Milch und Berberitzen verrühren. Eiweiß mit Salz steif schlagen, unterheben.
3. 1 TL Öl in einer Pfanne (24 cm ø) erhitzen. Die Hälfte der Apfelspalten darin kurz andünsten. Die Hälfte des Teiges darüber verteilen und zugedeckt bei mittlerer Hitze ca. 4 Min. backen, wenden und von der anderen Seite in 1 TL Öl fertig backen. Die zweite Frittata ebenso backen. Mit Puderzucker bestäuben und mit Ricotta servieren.

30 Min.
Pro Portion 876 kcal, 55 g F, 64 g Kh, 31 g E

Tipp: Frittata nicht zu heiß backen. Sie wird sonst unten schnell zu dunkel und bleibt oben flüssig.

TOPFENSOUFFLÉ AUF QUITTEN

Eine gesunde Süßspeise zum Sattessen. Mit einem Salat vorweg wird sie zu einer vollwertigen Mahlzeit.

FÜR 2 PORTIONEN

1 unbehandelte Orange
50 g Couscous
1 große oder 2 kleine Quitten (ca. 300 g)
1 EL flüssiger Honig
3 Eier
4 EL Zucker
250 g Schichtkäse (oder Ziegenfrischkäse)
30 g Sesamsamen
1 Messerspitze Kardamom, Zimt

1. Orange waschen und die Schale oberflächlich abraspeln. Saft auspressen, 100 ml davon mit Couscous und Schale mischen. Den Backofen auf 200 Grad vorheizen.
2. Quitte waschen, schälen und in Spalten schneiden. Honig im übrigen Saft auflösen, die Quitten darin in etwa 15 Min. bissfest dünsten, am Schluss bei geöffnetem Deckel einkochen lassen. In eine hohe kleine Auflaufform geben.
3. Eier trennen. Eigelb mit Zucker cremig schlagen. Dann Schichtkäse, Couscous, 20 g Sesam, Kardamom und Zimt zugeben. Eiweiß steif schlagen und unterziehen.
4. Masse auf die Quitten häufen, mit restlichem Sesam bestreuen und im heißen Ofen etwa 20 Min. goldgelb backen. Sofort zu Tisch geben.

1 Std.
Pro Portion 585 kcal, 24 g F, 60 g Kh, 29 g E

Tipp: Ein Soufflé steigt durch den Eischnee wunderbar hoch – fällt aber ebenso schnell wieder zusammen. Deshalb sofort servieren!
Saison: Statt Quitte Ananas, Apfel, Mango oder Zitrusfrüchte verwenden. Roh einschichten und mit Honig beträufeln.

ABENDESSEN

Keine Mahlzeit ist so umstritten wie das Abendessen. Das geht vom Verbot, abends Salat zu essen, über die Warnung vor schlaflosen Nächten nach üppigen Mahlzeiten bis zum rigiden Streichen des Abendbrots, dem „Dinner Cancelling“ und der abendlichen Trennkost. Die Studienergebnisse sind widersprüchlich. Doch entgegen allen Unkenrufen gewinnt das Abendessen mehr Bedeutung, wird eher abends zusammen gesessen und gegessen. Und das ist auch gut so! Beim typisch deutschen Abendbrot sollte man aufpassen, dass es nicht regelmäßig eine Scheibe zu viel wird, dass Wurst und Käse nicht die Fettpolster wachsen lassen. Deshalb unser Vorschlag: abends mehr Salate und mehr Gemüse der leichten Art. Die Mittelmeerküche hat da einiges zu bieten – von mariniertem bis zu gegrilltem Gemüse, ergänzt durch mageres Fleisch und Fisch. Denn Eiweiß sorgt dafür, dass unser Körper in der Nacht etwas mehr Energie verheizt und kein Süßhunger entsteht. Deshalb enthalten unsere Abendrezepte eher etwas mehr sättigendes Eiweiß und einen maßvollen Gehalt an Kohlenhydraten mit einem niedrigen gykämischen Index, die den Blutzuckerspiegel nicht so schnell steigen lassen.

MACHT ABENDS ESSEN DICK?

Die Lage ist absolut unklar: Es gibt Studien, die das vermuten lassen – und andere, die jeden Zusammenhang verneinen. Gewicht lässt sich eben nicht nur an der Tageszeit festmachen. Die Deutsche Gesellschaft für Ernährung (DGE) weist nüchtern darauf hin, dass es letzten Endes um die Energiebilanz geht: Wer mehr isst als er verbraucht, nimmt zu. Warum haben Diäten dann Erfolg, die Abendbrot nach sieben Uhr verbieten? Wenn man die Snackbilanz anschaut, wird klar: Nicht was zur Abendmahlzeit gegessen wird, schafft fette Tatsachen, sondern die Chips, Nüsse, Schokolädchen danach. Und die alkoholischen Getränke, die so einen Abend begleiten. Lassen Sie sich also das genüssliche Abendessen nicht vermiesen. Im Gegenteil: Es ist eine Chance, sich noch einmal etwas richtig Gutes zu tun.

Das ideale Abendbrot

In Deutschland wird abends oft kalt gegessen. Nicht umsonst sind wir das Land mit den meisten Brot- und Wurstsorten. Die kalte Mahlzeit hat viele Vorteile: Sie macht wenig Arbeit, keiner muss danach die Küche putzen, die Mengen sind variabel und pünktlich muss man auch nicht bei Tisch sein – es verkocht ja nichts. Außerdem lässt sie sich beliebig ausdehnen – das ist gerade abends schön, wenn man den Tag in aller Ruhe gemütlich ausklingen lassen will.

Aber: Das Abendbrot hat eine hohe Energiedichte. Das heißt: pro Gramm relativ viele Kalorien. Das liegt daran, dass Brot, Wurst und Käse wenig Flüssigkeit enthalten, Aufschnitt und Aufstriche aber reichlich Fett. Und oft wird einfach eine Scheibe zu viel gegessen. Es ist an der Zeit, das Abendbrot zu modernisieren. Das ist einfacher als Sie denken:

- Essen Sie Vollkornbrot. Das muss nicht hart und körnig sein. Vor allem Roggenbrot ist saftig und bleibt durch seine Säuerung lange frisch. Die enthaltenen Ballaststoffe zählen nicht fürs Kalorienkonto und haben vielfältig positive Wirkung im Körper, regen die Verdauung an und stärken die Immunabwehr. Wenn Nüsse und Kerne verarbeitet sind, macht das Brot schneller satt. Unser Knusperbrot (siehe Seite 136) ist reich an Eiweiß und gesundem Fett. Es hat einen niedrigen glykämischen Index.
- Vergessen Sie den Dreiklang: Brot – Butter – Aufschnitt. Gutes Brot schmeckt auch pur als Beilage zu Salaten, zu Käse, zu Gemüse. Das macht uns die Mittelmeerküche vor. Und Käse, Wurst oder Schinken brauchen keine fette Unterlage.
- Gemüse sollte ein wichtiger Teil der Mahlzeit sein. Tomaten sind die einfachste Beilage. Ihr Karotinoid Lykopin ist ein sekundärer Pflanzenstoff, der die Zellen schützt und das Risiko für Herz-Kreislauf-Erkrankungen senkt. Paprikaschoten sind Vitamin-C-Bomben und Möhren reich an Betakarotin. Milchsauer vergorene Salzgurken, Sauerkraut, Schnippelbohnen verbessern die Darmflora. Auch mariniertes Mittelmeergemüse ist empfehlenswert – das Öl macht dann aber Butter oder Margarine überflüssig.
- Ein Salat aus gekochtem Gemüse ist oft verträglicher als Rohkost und muss nicht viel Arbeit machen: Wer mittags die doppelte Portion Gemüse gart (am besten im Dämpfer), kann am Abend den Rest mit einem Dressing genießen. Oder einfach etwas aromatisches Kaltpressöl darüberträufeln, frischen Pfeffer aus der Mühle, etwas Zitronensaft – fertig.
- Eine kleine Suppe vorweg sättigt und sorgt dafür, dass der Kaloriengehalt der gesamten Mahlzeit sinkt. Ideal sind klare Essenzen. Aber auch aus Gemüseresten lässt sich mit Wasser, Wein, kräftigen Gewürzen und Kräutern eine Vorsuppe zaubern.
- Für Vegetarier ist es nicht ganz so einfach, für genug Eiweiß zu sorgen. Wer Ei und Käse isst, tut sich leichter. Veganer dagegen sollten sich an Tofu, an Hülsenfrüchte, Nüsse und Kerne sowie an Pilze halten: diese Lebensmittel sind alle reich an pflanzlichem Eiweiß.

Letzten Endes muss jeder für sich herausfinden, was ihm guttut. Es lohnt sich aber, etwas Neues auszuprobieren. Unsere Rezepte sollen Ihnen darauf Appetit machen.

STIMMT DAS?

Kohlenhydrate abends machen dick!
Das behaupten zumindest die Vertreter der neuen Insulin-Trennkost. Doch wissenschaftliche Beweise fehlen bisher. Dass „schnelle Kohlenhydrate“ in Gebäck, hellem Brot, süßen Getränken den Insulinspiegel steigen lassen und – wenn sie nicht verbraucht werden – die Bildung von Fettzellen anregen, ist richtig. Aber das hängt nicht von der Tageszeit ab. Am Ende zählt die Energiebilanz.

Nachts wird nichts verdaut!
Tatsächlich verlangsamt sich der Stoffwechsel nachts. Das vegetative Nervensystem macht Pause. Das bedeutet nicht, dass gar nichts geht. Außerdem schlafen wir meist erst 2 bis 3 Stunden nach dem Abendessen – und dann ist der Magen zumindest entlastet.

Spät essen stört den Schlaf!
Das hängt von der Zubettgeh-Zeit ab: Wer spät ins Bett geht, kann auch ungestraft spät essen. Außerdem spielt die Zusammensetzung eine Rolle: Fette, eiweißreiche Gerichte können schwer im Magen liegen. Letzten Endes ist es eine Sache der Veranlagung und kein Naturgesetz, wie gut man nach dem Essen schläft.

Milch zum Einschlafen beruhigt!
Das ist wissenschaftlich nicht bewiesen, auch wenn sie die Aminosäure Tryptophan enthält, aus der der beruhigende Botenstoff Serotonin gebildet wird. Doch die Milch abends hat einen anderen Vorteil: Ihr Kalzium verbessert die Knochendichte, wenn sie regelmäßig abends getrunken wird. Denn abends kann der Körper das Kalzium besonders gut verarbeiten. Das konnte eine Kieler Studie beweisen. Das gilt auch für andere Milchprodukte wie Käse.

Jungbrunnen Dinner Cancelling?

Aufs Abendessen ganz zu verzichten soll nicht nur schlank machen, es soll auch einen Anti-Aging-Effekt haben. Begründet wird das mit mehreren Argumenten: Verdauung lässt freie Radikale entstehen, die die Zellen schädigen können – wer 14 Stunden fastet, beschert seinem Körper eine Nacht ohne „radikale“ Angriffe. Außerdem soll durchs Fasten die Körpertemperatur sinken und sich der Stoffwechsel, also auch der Alterungsprozess verlangsamen. Schließlich soll der Blutzuckerspiegel so weit sinken, dass vermehrt Anti-Aging-Hormone gebildet werden: Somatotropin, das die Zellbildung und den Muskelaufbau fördert und die Immunabwehr stärkt, und Melatonin, das die Körperfunktionen und damit den Alterungsprozess verlangsamt. Beide Hormone werden vor allem in jungen Jahren gebildet. Das abendliche Fasten könnte ihre Produktion anregen. Das klingt ganz plausibel, wurde aber bisher wissenschaftlich nicht nachgewiesen.

DER SCHLUMMERTRUNK

Wer nachts nicht so gut schläft, sollte versuchen, auf alle koffeinhaltigen Getränke zu verzichten. Denn Koffein ist nach 3 bis 5 Stunden erst zur Hälfte abgebaut – für das Abendessen also nicht ideal. Das bedeutet für Koffeinempfindliche: auf Kaffee, schwarzen und grünen Tee verzichten. Und Vorsicht: Auch aromatisierte Tees bestehen oft größtenteils aus Schwarztee. Was also abends trinken?

TEES, DIE MILDE MÜDE MACHEN

Tees sind immer Aufgüsse von kochendem Wasser auf getrockneten, manchmal fermentierten Pflanzenteilen. Die Tees enthalten unterschiedliche Bioaktivstoffe. Sie können antioxidativ und antibakteriell wirken, die Immunkräfte stärken und die Verdauung positiv beeinflussen. Wir stellen Ihnen eine Auswahl an Tees vor, die als Schlaftrunk geeignet sind. Experimentieren Sie mit den unterschiedlichen Sorten und finden Sie heraus, was Ihnen gut bekommt und schmeckt.

Ayurvedische Tees

Sie bestehen hauptsächlich aus Kräutern und sind gemäß der ayurvedischen Lehre drei unterschiedlichen Typen (Doshas) zugeordnet. Sie können sich damit auseinandersetzen und die Ihnen gemäße Mischung zubereiten. Oder Sie probieren ganz unbefangen, was Ihnen schmeckt und guttut. Diese Tees gibt's in indischen Lebensmittelläden, im Biosupermarkt und im Teefachgeschäft.

Kräutertee

Viele Kräuter haben eine beruhigende, entspannende Wirkung: Baldrian, Hopfen, Johanniskraut, Lavendel, Melisse, Orangenblüte, Rote Malve und Passionsblumenkraut. Andere sind in ihrer Wirkung eher neutral, aber geschmacklich reizvoll. In Frankreich ist der Zitronen-Verbenentee (Verveine) das klassische Abendgetränk, zitronig-erfrischend und beruhigend zugleich. Bei uns ist Pfefferminze der Klassiker. Es gibt mittlerweile beispielsweise auch marokkanische und japanische Sorten. Himbeer- und Brombeerblätter sind mild und gefällig, Hibiskus und Hagebutte säuerlich-frisch. Apotheken mischen die Sorten nach Wunsch. In Bioläden gibt es eine Vielzahl feiner Mischungen ohne Aromastoffe.

Lapachotee

Er stammt aus Südamerika und wird aus der Rinde des Lapachobaumes „Baum des Lebens" hergestellt. Er hat einen sanft bitteren Geschmack, regt alle Verdauungsorgane an und wirkt gleichzeitig entspannend.

Roibostee

Die Blätter des südafrikanischen Rotbuschs sollen Haut und Haaren guttun. Viel Eisen, Gerbstoffe und Flavonoide stärken die Abwehrkräfte. Sein besonderer Pluspunkt: Er schmeckt malzig-süßlich und mild.

Yogitee

Er kommt aus Indien und wird aus Gewürzen zusammengestellt. Entsprechend würzig schmeckt er und hat eine vielfältig anregende Wirkung auf das Verdauungssystem, ohne wach zu machen. Wer abends spät isst, sollte es mit einer Ingwer-Kardamom-Nelken-Pfeffer-Zimt-Mischung versuchen – statt Magenbitter. Mischungen gibt es im Orient- und Bioladen und im Teegeschäft.

EIN SCHLÜCKCHEN IN EHREN?

Vor 18 Uhr kein Alkohol lautet eine eiserne Regel, die durchaus ihre Berechtigung hat, denn die entspannende Wirkung von Alkohol ist ja erst ab Feierabend erwünscht. In Maßen – und das bedeutet bei Frauen etwa ein Achtel, bei Männern ein Viertel Wein – hat er positive Wirkung. Alkohol verbessert die Fließeigenschaften des Blutes und beugt Arteriosklerose vor. Und zwar ganz egal, ob er in Form von Wein, Whiskey oder Bier getrunken wird. Beim Wein kommt noch die positive Wirkung der Phenole dazu, Bier enthält B-Vitamine und beruhigenden Hopfen. Für Frauen gilt bei Bier der gesunde Grenzwert von einem Viertelliter, für Männer das Doppelte. Denn jenseits des Grenzwertes von 10 g Alkohol für Frauen und 20 g für Männer wächst die Gefahr von Krebs, Nerven- und Leberschäden überproportional. Die Mittelmeerbewohner, die ja oft lange gesund bleiben, trinken Wein nur zum Essen – und dann oft noch verdünnt. Eine gute Idee, denn Alkohol hilft wohl beim Einschlafen, aber verhindert die Schlaftiefe, wenn es zu viel war. Dadurch wird die Tiefschlafphase gestört, die für Erholung und Aufarbeitung des Tagesgeschehens wichtig ist. Nehmen Sie also die schädliche Wirkung von Alkohol nicht auf die leichte Schulter: Verzichten Sie aufs Nachschenken.

SALAT-STEAKS

Ein leichtes, schmackhaftes Abendessen mit sättigendem Eiweiß und vielen Vitaminen, vor allem Folsäure, an der es vielen mangelt.

FÜR 2 PORTIONEN
2 TL mittelscharfer Senf
1 TL Tomatenmark
2 Steaks
250 g Blattsalat (z. B. Kopfsalat, Rucola, Lollo Rosso oder Feldsalat)
125 g Kirschtomaten
2 Zwiebeln
1 EL Rapsöl
Salz, Pfeffer aus der Mühle
4 EL milder Balsamico-Essig
2 EL Apfelsaft

1. Senf und Tomatenmark verrühren, die Steaks damit von beiden Seiten dünn einstreichen.
2. Salat waschen und putzen, Tomaten waschen und halbieren, beides mischen. Zwiebeln schälen, in schmale Ringe schneiden.
3. Steaks im Öl pro Seite ca. 2 Min. anbraten. Mit Salz und Pfeffer würzen und einzeln fest in Alufolie wickeln. Zwiebeln in der Pfanne kurz anrösten. Mit Balsamico-Essig und Apfelsaft ablöschen und einkochen lassen.
4. Steaks aus der Folie nehmen, Bratensaft mit den Zwiebeln mischen und samt Fond über den Salat gießen. Mit den Steaks servieren. Wer mag, isst Brot dazu.

20 Min.
Pro Portion ohne Beilage 316 kcal, 15 g F, 7 g Kh, 37 g E

Tipp: Sie können jede Art von Steak nehmen. Wichtig: Ca. 5 Min. in Alufolie ziehen lassen.
Vegetarisch: Ohne Steaks ein schneller Sattmacher-Salat, wenn Sie eine kleine Dose Kichererbsen oder Mais oder 2 in Würfel geschnittene getoastete Brotscheiben (à 50 g) untermischen.

FELDSALAT MIT LINSENVINAIGRETTE

Eine bunte und außergewöhnliche Mischung mit nussigem Feldsalat, knackigen Linsen und Parmesan. Der liefert viel Kalzium, was gerade abends besonders günstig ist.

FÜR 2 PORTIONEN
50 g Beluga-Linsen
1 TL Senf
2 EL Granatapfelsaft
2 EL Olivenöl
Salz, Pfeffer
200 g Feldsalat
2 EL getrocknete Cranberries
50 g Parmesan

1. Die Linsen mit 200 ml Wasser etwa 15 Min. bissfest kochen, abkühlen lassen. Dann absieben und etwas Sud zurückbehalten. Inzwischen den Feldsalat putzen und waschen.
2. Senf, Granatapfelsaft, Olivenöl, Salz und Pfeffer zu einer würzigen Vinaigrette verrühren, mit etwas Linsensud verdünnen, Linsen unterziehen.
3. Feldsalat mit Linsenvinaigrette mischen, Cranberries darüberstreuen. Späne vom Käse hobeln und auf dem Salat anrichten.
4. Dazu passt Vollkornbrot.

25 Min.
Pro Portion ohne Beilage 347 kcal, 25 g F, 15 g Kh, 16 g E

Info: Parmesan enthält besonders viel Kalzium. Kalzium ist wichtig für stabile Knochen. Und abends kann der Körper Kalzium am besten aufnehmen.
Auch lecker: Im Sommer statt Feldsalat Eisbergsalat oder Lollo Rosso nehmen, statt Cranberries Granatapfelkerne, Himbeeren oder Erdbeeren und statt Granatapfelsaft 1 Limette fürs Dressing verwenden.

HÜLSENFRÜCHTE

Hülsenfrüchte enthalten viel Eiweiß und viele Ballaststoffe – ideal für alle über 50. Viele scheuen sie aus Angst vor Blähungen. Hier helfen Gewürze und Kräuter. Sie machen sie besser verträglich. Auch reagieren Menschen ganz unterschiedlich auf Hülsenfrüchte. Wer bei Bohnen Probleme hat, sollte Linsen versuchen, sie sind leichter verdaulich und schneller gar.

BOHNENSALAT MIT THUNFISCH

Der Körper braucht Eiweiß für die Zellerneuerung. Thunfisch und Bohnen liefern es reichlich.

FÜR 2 PORTIONEN

125 g weiße Bohnen (Cannellini)
1 EL Rotweinessig
1 TL Senf
Salz, Pfeffer aus der Mühle
3 EL Olivenöl
300 g Kirschtomaten
1 gelbe Paprikaschote
1 Bund Frühlingszwiebeln
1 Dose Thunfisch naturel (185 g)

1. Die Bohnen mindestens 12 Std. in 350 ml kaltem Wasser einweichen. Anschließend im Einweichwasser 60 – 70 Min. bei schwacher Hitze garen, abgießen – Sud aufheben.
2. Aus Sud, dem Rotweinessig, Senf, Salz, Pfeffer und Olivenöl eine Vinaigrette anrühren. Die Tomaten waschen und vierteln. Die Paprika und die Frühlingszwiebeln putzen und waschen. Die Paprika in kleine Stücke, die Frühlingszwiebeln in Ringe schneiden.
3. Den Thunfisch abtropfen lassen, in kleine Stücke zerpflücken und mit den Bohnen und dem Gemüse unter die Vinaigrette mischen. Mit Salz und Pfeffer abschmecken.

15 Min. + 60 Min. Garen + 12 Std. Einweichen
Pro Portion 445 kcal, 16 g F, 38 g Kh, 37 g E

Tipp: Wer einen Schnellkochtopf besitzt, kann viel Zeit sparen. Darin benötigen die Bohnen ohne vorheriges Einweichen lediglich 45 Min. Noch schneller geht es, wenn Sie gegarte Bohnen aus der Dose verwenden.
Info: Viele Thunfischarten sind mittlerweile bedroht. Sicher gehen Sie, wenn Sie auf das MSC-Siegel auf der Dose achten.

WACHSBOHNENSALAT MIT KASSELER

Eiweiß- und ballaststoffreich, macht dieser Salat wunderbar satt. Die Bohnen werden durch Rosmarin besser verträglich.

FÜR 2 PORTIONEN

500 g Wachsbohnen
1 Zweig Rosmarin
1 Knoblauchzehe
1 Kolben Zuckermais
150 g Kasseler
1 Zwiebel
2 EL Rapsöl
3 EL Zitronensaft
1 EL Senf (mittelscharf)
Pfeffer, Salz

1. Wachsbohnen waschen, Enden abzwicken und entfädeln. Mit Rosmarinzweig, Knoblauchzehe und 150 ml Wasser in einem Topf ca. 15 Min. dünsten.
2. Inzwischen Mais von der Hülle befreien, Körner vom Kolben schneiden und unter die Bohnen mischen. Rosmarin und Knoblauch entfernen. Zwiebel schälen, klein würfeln. Kasseler ebenfalls in Würfel schneiden.
3. Bohnensud mit Öl, Zitronensaft und Senf aufschlagen, würzen und mit allen Zutaten mischen. Dazu passt Vollkornbrot.

35 Min.
Pro Portion ohne Beilage 400 kcal, 23 g F, 28 g Kh, 20 g E

Saison: Schmeckt ebenso gut mit grünen Bohnen oder breiten Bohnen. Besonders fein sind Kenia-Bohnen – dann nur 8 Min. garen.

GRÜNER SPARGELSALAT MIT AVOCADO

Der „magere" Spargel und die gehaltvolle Avocado ergänzen sich ideal – beide Gemüse sind sehr gut verträglich.

FÜR 2 PORTIONEN
500 g grüner Spargel
4 EL Olivenöl
Salz
Pfeffer
1–2 EL Kapernflüssigkeit (Glas)
2 TL Senf
etwas abgeriebene Zitronenschale (unbehandelt)
½ Avocado
200 g Kirschtomaten

---

1. Spargelstangen waschen, holzige untere Enden entfernen. Dann in schräge Stücke schneiden. 1 EL Öl in einer Pfanne erhitzen und den Spargel darin 5 Min. anbraten. Salzen und pfeffern.
2. Aus Kapernflüssigkeit, Senf, Zitronenschale und 4 EL Wasser ein Dressing anrühren. Mit Salz und Pfeffer abschmecken.
3. Avocadofleisch mit einem Esslöffel aus der Schale lösen und klein würfeln. Sofort vorsichtig mit dem Dressing mischen.
4. Tomaten waschen, halbieren und unter den Salat mischen.
5. Dazu passt Vollkornbrot.

25 Min.
Pro Portion ohne Beilage 352 kcal, 33 g F, 8 g Kh, 7 g E

Tipp: Frischen weißen und grünen Spargel können Sie auch roh essen – schmeckt erfrischend und ist ideal zum Knabbern. Spargel einfach wie gewohnt schälen und den Kopf entfernen und z. B. in eine Suppe geben.
Auch lecker: Statt Spargel Brokkoli anbraten.

MEXIKO-SALAT

Dieser Salat heizt richtig ein. So läuft der Stoffwechsel auf Hochtouren – gut für die Fettverbrennung.

FÜR 2 PORTIONEN
200 g Maiskörner (frisch, Dose oder TK)
1 rote Paprikaschote
3 Frühlingszwiebeln
1 Peperonischote
1 unbehandelte Limette
Salz, Pfeffer aus der Mühle
2 EL Olivenöl
1 EL roher Rohrzucker (oder brauner Zucker)
25 g Taco-Chips
2 Thunfischsteaks à 100 g (oder Rindersteaks)
2 EL milde Wasabipaste

---

1. Den Mais entweder vom Strunk schneiden, auftauen oder abtropfen lassen. Paprika waschen und fein würfeln. Zwiebeln putzen, waschen und in Ringe schneiden. Peperoni von Kernen und Zwischenwänden befreien, sehr fein hacken.
2. Limettenschale waschen, abreiben, Saft auspressen, mit Zucker, Salz, Pfeffer, Peperoni und 1 EL Olivenöl eine Vinaigrette herstellen, mit dem Gemüse mischen. Taco-Chips zerdrücken und erst vor dem Essen über den Salat streuen.
3. Die Thunfischfilets (oder Rindersteaks) mit Wasabi bestreichen und salzen. Das restliche Olivenöl in einer Pfanne erhitzen. Die Filets darin von jeder Seite für 1 Min. scharf anbraten. (Oder Rindersteaks von jeder Seite 2 Min. anbraten.)
4. Mit dem Maissalat anrichten.

25 Min.
Pro Portion 544 kcal, 30 g F, 39 g Kh, 28 g E

Tipp: Wer rohe Paprika nicht so gut verträgt, sollte sie mit einem Sparschäler schälen.
Info: Viele Thunfischarten sind bedroht. Wenn Sie auf das MSC-Siegel (siehe Seite 42) achten, sind Sie sicher, dass Sie nicht zum Problem der Überfischung beitragen.

GESUNDE AVOCADO

Avocados können fast 30 Prozent Fett enthalten. Das ist zwar viel, aber das Fett ist sehr gesund. Denn es setzt sich aus mehrfach ungesättigten Fettsäuren zusammen – ein Balsam für Herz und Gefäße. Zudem punkten Avocados mit einem hohen Gehalt an Vitamin E, Folsäure und Pantothensäure.

WELCHES GEMÜSE WIE MARINIEREN?

Schnell garende Gemüsesorten wie Auberginen, Pilze, Zucchini, Paprika grillen und dann mit Marinade beträufeln. Feste Gemüsesorten gleich im Würzfond garen. Alternativ zartes Gemüse wie Spargel, Brokkoli, Kohlrabi dämpfen oder derbes wie Kürbis, Möhren, Pastinaken im Backofen bei 220 Grad backen und dann mit Marinade beträufeln. Auch Gemüsereste vom Vortag eignen sich wunderbar zum Marinieren, aber nur, wenn sie kein festes Fett enthalten.

GEMÜSE IN WEISSWEIN

Das Gemüse lässt sich gut vorbereiten – auch ideal, wenn Gäste kommen.

FÜR 6 PORTIONEN

300 ml Gemüsebrühe (Instant)
300 ml Weißwein
Saft von 1 Zitrone
3 EL Kürbiskernöl
1 EL Honig
2 TL Senfkörner
1 EL Pfefferkörner
2 Lorbeerblätter
1 TL Fenchelsamen
1,5 kg festes Gemüse (wie Möhren, Fenchel, Kürbis, Sellerie, Kohlrabi)
1 Stück Ingwer (1–2 cm)
Salz, Pfeffer
1 Bund Petersilie

1. Gemüsebrühe, Weißwein, Zitronensaft, Öl, Honig und Gewürze in einem Topf aufkochen und ca. 15 Min. zugedeckt köcheln lassen.
2. In der Zwischenzeit das Gemüse vorbereiten. Alles putzen, waschen und in mundgerechte Stücke teilen. Ingwer schälen und in Scheiben schneiden.
3. Gemüse und Ingwer in den Sud geben, salzen, einmal aufkochen und ca. 10 Min. köcheln lassen, bis das Gemüse bissfest ist. Mit einer Schaumkelle herausheben. Den Sud für weitere 10 Min. bei starker Hitze einkochen lassen. Dann durch ein Sieb über das Gemüse gießen.
4. Die Petersilie waschen, Blättchen abstreifen und hacken, unter das Gemüse mengen. Alles mit Salz und Pfeffer würzen und zugedeckt über Nacht im Kühlschrank marinieren lassen.
5. Das marinierte Gemüse ist ca. 4 Tage im Kühlschrank haltbar.

1 Std.
Pro Portion 159 kcal, 7 g F, 12 g Kh, 3 g E

MITTELMEERGEMÜSE

Duftet und schmeckt nach Süden. Leichtes mediterranes Gemüse voller gesunder sekundärer Pflanzenstoffe.

FÜR 6 PORTIONEN

3 kleine Zucchini (ca. 300 g)
2 gelbe Paprikaschoten
1 Aubergine
2 rote Zwiebeln
500 g Champignons
1 Glas getrocknete Tomaten in Öl (170 g netto)
2 Zweige Thymian
1 Zweig Rosmarin
Saft von 1 Zitrone
4 EL Balsamico-Essig
1 Knoblauchzehe
15 grüne Oliven
Salz, Pfeffer

1. Den Backofen auf 200 Grad vorheizen. Die Zucchini, Paprika und Aubergine waschen. Die Zwiebeln schälen und die Champignons putzen. Dann alles in mundgerechte Stücke teilen.
2. Das Gemüse in einer großen Schüssel mit 4 EL vom Tomatenöl mischen, salzen und pfeffern, auf einem mit Backpapier ausgelegten Blech verteilen und für 20 Min. im Ofen backen.
3. Inzwischen Kräuter von den Stielen streifen und feinhacken. Getrocknete Tomaten in schmale Streifen schneiden. Knoblauch schälen und in feine Scheiben schneiden.
4. Das Gemüse noch warm in eine Schüssel füllen, mit Kräutern, Tomaten, Knoblauch, Oliven, Zitronensaft und Balsamico-Essig marinieren. Für mindestens 4 Std. im Kühlschrank ziehen lassen.
5. Das marinierte Gemüse ist ca. 4 Tage im Kühlschrank haltbar.

50 Min. + 4 Std. ziehen lassen
Pro Portion 125 kcal, 8 g F, 9 g Kh, 5 g E

GRILL-AUBERGINEN

Gebratene Auberginen stecken oft voller Fett. Diese schlanke Version ist ein leichter Brotbelag – eine willkommene Abwechslung zu Aufschnitt oder Käse.

FÜR 2 PORTIONEN

3 Auberginen (je 200 g)
3 EL Olivenöl
Salz, Pfeffer
frischer Thymian
2 TL Pesto (grün)
4 Scheiben Vollkornbrot

1. Backofengrill vorheizen.
2. Auberginen waschen, putzen und längs in ca. 1 cm dicke Scheiben schneiden. 2 EL Olivenöl mit Salz, Pfeffer und Thymian verrühren. Die Auberginen damit bestreichen.
3. Auberginen auf ein mit Backpapier ausgelegtes Backblech legen und von jeder Seite 5 – 7 Min. brutzelbraun grillen.
4. Brot mit Pesto bestreichen und mit den Auberginenscheiben belegen.

15 Min.
Pro Portion 384 kcal, 19 g F, 42 g Kh, 10 g E

Tipp: Die Auberginen schmecken auch kalt.
Info: Auberginen strotzen vor Kalium. Dieser Nährstoff ist besonders für die Funktion von Herzmuskel und Nervenzellen wichtig. Außerdem hilft Kalium dem Körper beim Entwässern.
Auch lecker: Vitello tonnato, aber ohne Fleisch: 1 kleine Dose Thunfisch naturel mit Sud pürieren, mit etwas Kapernsud, Zitronensaft und etwas Olivenöl cremig rühren, über den Auberginenscheiben verteilen und mit Kapern bestreuen.

MARINIERTE ZUCCHINI MIT STEAK

Zucchini sind arm an Kalorien, dafür reich an Mineralstoffen. Am intensivsten schmecken die kleinen Exemplare.

FÜR 2 PORTIONEN

20 g Pinienkerne (oder Kürbiskerne)
400 g kleine Zucchini
1 Knoblauchzehe
3 EL Olivenöl
Salz, Pfeffer
50 g getrocknete Tomaten in Öl
1 EL heller Balsamico-Essig
1 EL Öl zum Braten
2 Schweinesteaks à 125 g

1. Den Backofen auf 220 Grad vorheizen. Die Pinienkerne in einer Pfanne ohne Fett goldgelb rösten. Die Zucchini waschen, die Enden abschneiden und der Länge nach in dünne Scheiben schneiden. Den Knoblauch klein schneiden und mit 2 EL Olivenöl, Salz und Pfeffer verrühren. Die Zucchinischeiben damit einpinseln, auf einem mit Grillfolie ausgelegten Blech ausbreiten und für ca. 10 Min. in den Ofen schieben.
2. Die getrockneten Tomaten in kleine Würfel schneiden. Aus dem restlichen EL Olivenöl, dem Essig, Salz, Pfeffer und den getrockneten Tomaten eine Marinade herstellen. Über die gebackenen Zucchini verteilen, evtl. nachsalzen.
3. Die Schweinesteaks in einer heißen Pfanne in 1 EL Öl von beiden Seiten für ca. 3 Min. braten. Mit Pinienkernen bestreut zu den Zucchini servieren.

30 Min.
Pro Portion 495 kcal, 32 g F, 9 g Kh, 43 g E

Info: Zucchini enthalten viel Betakarotin. Außerdem liefern sie reichlich Vitamin C, Kalium, Kalzium, Phosphor sowie etwas Selen.

KNUSPERBROT MIT KÖRNERMIX

Gekeimte Körner erhöhen den Anteil an Ballast- und Mineralstoffen, an Vitaminen und Eiweiß.

FÜR 1 BLECH (ca. 30 Knusperfladen)
100 g Hafer oder Gerste
100 g Tellerlinsen
100 g Sonnenblumen- oder Kürbiskerne
Salz, 2 EL Rapsöl
1 EL getr. Kräuter der Provence
100 g Kernmix (fertige Mischung, zum Beispiel aus dem Bioladen)

1. Hafer, Linsen und Sonnenblumenkerne getrennt voneinander mit der doppelten Menge Wasser übergießen und über Nacht weichen lassen.
2. Am nächsten Tag Flüssigkeit absieben und Körner in einem Schälchen offen bei Zimmertemperatur an einer hellen Stelle stehen lassen. Abends mit Wasser spülen, wieder absieben und einen zweiten Tag sprießen lassen. Wenn sich die ersten Stippchen zeigen, die Körner nochmals waschen und dann im Blitzhacker (alternativ mit einem Pürierstab) mit 1 TL Salz und dem Öl zu einem Teig pürieren.
3. Die Hälfte Kernmix im Blitzhacker mahlen, mit den Kräutern unter den Teig ziehen.
4. Ein Backblech mit Backpapier auskleiden. Backofen auf 160 Grad vorheizen.
5. Den Teig mit einem nassen Spatel dünn auf dem Blech verteilen, glattstreichen und mit dem restlichen Kernmix bestreuen, andrücken. Mit einem Messer in etwa 6 x 8 cm große Rechtecke teilen. In den Ofen schieben und etwa 50 Min. backen.
6. Aus dem Ofen nehmen und sofort in den markierten Linien nachschneiden. Wenden und nochmals 10 Min. in den Ofen schieben. Den Ofen ausschalten und die Schnitten darin abkühlen und trocknen lassen. In einer Blechdose aufbewahren.

15 Min. + 1 Std. backen + 12 Std. einweichen + 2 Tage keimen
Pro Scheibe 58 kcal, 4 g F, 4 g Kh, 2 g E

BROT-VARIANTEN

Kernmix ist eine fertige Mischung aus Sonnenblumenkernen, Kürbiskernen, Sesam und Leinsamen, die Sie im Bioladen oder in gut sortierten Lebensmittelgeschäften bekommen. Sie können die Mischung durch Nüsse ersetzen.
Statt Nüssen oder Kernen können Sie auch etwas Parmesan oder Rosmarinnadeln aufs Brot streuen oder es mit Kümmel oder Koriander würzen. Auch fein gehackte getrocknete Tomaten oder Oliven passen gut dazu.

MILDE RÜBLICREME

5 g Ingwer und 100 g Möhren schälen, grob zerteilen und mit 2 EL Walnusskernen, 2 EL Orangensaft und 4 gestrichenen EL Margarine im Blitzhacker oder mit dem Pürierstab zu einer Creme pürieren. Passt fein zu Bresaola oder anderem luftgetrockneten Schinken.

Tipp: Wählen Sie eine Margarine, die reich ist an Omega-3-Fettsäuren, denn sie sind in unserer Kost zu knapp.

SCHARFE KRESSEPASTE

Die Schale einer unbehandelten Limette mit einer feinen Reibe oder einem Zestenreißer oberflächlich abreiben. Limette halbieren und den Saft auspressen. 30 g Cashewkerne im Blitzhacker oder mit dem Pürierstab fein zerhacken. 2 TL Limettensaft, die Limettenschale, 125 g gewaschene Gartenkresse, 40 g Margarine, Cashewkerne und 2 TL Wasabi mischen. Schmeckt gut zu Räucherlachs.

Info: Die Aufstriche bleiben im Kühlschrank 3–4 Tage frisch.

GLUTAMAT

Glutamat ist ein Geschmacksverstärker, der gern in Fertigprodukten eingesetzt wird, so auch in Instantsuppen. Er unterstreicht den Eigengeschmack und verleiht den Speisen eine gewisse Würze, macht sie „umami“. Glutamat ist zwar unbedenklich, einige Menschen reagieren aber empfindlich darauf. Auch in der chinesischen Küche wird gern Glutamat verwendet. Bevorzugen Sie Produkte „ohne“.

HÜHNERSUPPE MIT ZITRONENGRAS

Heiße Hühnersuppe soll bei Grippe Wunder wirken. Sie schmeckt auch köstlich.

FÜR 2 x 2 PORTIONEN

1 Lauchstange
250 g Wirsing
250 g Hokkaido-Kürbis
1 kleine Zwiebel, 1 Nelke
1 Stück Ingwer (1 cm)
1 EL Rapsöl, 3 EL Salz, Pfeffer
1 TL Kreuzkümmel
1 TL Garam Masala (Curry)
1 kleines Hähnchen (800 g, frisch oder ein aufgetautes TK-Hähnchen)
1 Stängel Zitronengras
1 kleine Dose Kokosmilch (425 ml)
150 g TK-Erbsen
1 Bund Koriander (oder Petersilie)

1. Das Gemüse putzen und waschen. Den Lauch in Ringe schneiden. Den Wirsing mit Strunk in feine Streifen schneiden. Hokkaido ungeschält in 1 – 2 cm große Würfel schneiden. Die Zwiebel schälen, Nelke hineinstecken. Ingwer schälen und in dünne Scheiben schneiden.
2. Das Gemüse in einem großen Topf mit Öl andünsten. Mit 1,5 l Wasser auffüllen, die Gewürze und 3 EL Salz zugeben und das Huhn hineinlegen. Zugedeckt etwa 1 Std. köcheln lassen.
3. Das Huhn herausnehmen und die Haut entfernen, das Fleisch auslösen und in mundgerechte Stücke teilen. Die restliche Suppe fein pürieren.
4. Zitronengras waschen, in Stücke schneiden und mit der Kokosmilch und den unaufgetauten Erbsen zur Suppe geben. Einmal aufkochen lassen. Inzwischen Kräuter waschen, abzupfen und hacken, mit dem Fleisch in der Suppe erhitzen, evtl. noch etwas verdünnen. Nach Belieben das Zitronengras vor dem Essen entfernen.

1,5 Std., davon 30 Min. Zubereitung
Pro Portion 628 kcal, 44 g F, 15 g Kh, 44 g E

CURRY-ZWIEBELSUPPE MIT AVOCADO-CROSTINIS

Im aufgepeppten Klassiker helfen Zwiebeln, Knoblauch und Wein den Blutdruck und den Cholesterinspiegel senken. Auch Olivenöl und Avocado sind günstig für die Blutfettwerte.

FÜR 2 x 2 PORTIONEN

400 g Zwiebeln
2 EL Olivenöl
500 ml Weißwein
750 ml Gemüsebrühe
2 TL Curry, Salz, schwarzer Pfeffer
1 Avocado
8 Scheiben Vollkornbaguette
etwa 2 TL Zitronensaft
2 Knoblauchzehen

1. Zwiebeln schälen, vierteln und dann quer in dünne Scheiben schneiden.
2. Olivenöl in einem Topf erhitzen, Zwiebeln hinzugeben und ca. 5 – 8 Min. anbraten, bis sie hellbraun sind. Mit Weißwein und Brühe auffüllen, aufkochen und ca. 15 Min. köcheln lassen. Mit Curry, Salz und schwarzem Pfeffer würzen.
3. Avocado teilen, entkernen, das Fruchtfleisch herausheben und in eine kleine Schüssel geben. Zitronensaft zur Avocado geben. Baguette toasten.
4. Für 2 Portionen eine Knoblauchzehe schälen. Mit einer Hälfte die Baguettes abreiben, den Rest zur Avocado pressen, mit einer Gabel mischen und zerdrücken, salzen und pfeffern. Baguettescheiben mit der Avocadocreme bestreichen und zur Suppe reichen.

45 Min.
Pro Portion 388 kcal, 22 g F, 20 g Kh, 5 g E

Tipp: Wenn Sie nur zwei Portionen benötigen, brauchen Sie von Baguette, Avocado, Zitronensaft und Knoblauch nur die Hälfte der angegebenen Menge. Die Avocado-Crostinis für die zweite Mahlzeit am besten wieder frisch zubereiten.

SELLERIE-ESSENZ ORIENTALISCH

Das ideale Süppchen vorweg. Es füllt den Magen, macht fast schon satt und ist praktisch kalorienfrei.

FÜR 2 PORTIONEN
1 Sellerieknolle (ca. 500 g)
1 Zwiebel
1 TL Kreuzkümmel
1 TL Korianderkörner
1 Stück Ingwer (1–2 cm)
1 Lorbeerblatt
½ TL Salz
1 EL Rapsöl
1 cl Wermut
4 Stängel Koriandergrün

1. Sellerie waschen, schälen und grob raspeln. Zwiebel schälen und halbieren. Ingwer schälen, klein schneiden.
2. In einem Topf die Zwiebel mit der Schnittseite, Kreuzkümmel, Korianderkörner und Ingwer anrösten. Dann Sellerieraspeln und Öl zugeben, 2 Min. anbraten. Mit 500 ml Wasser ablöschen. Ingwer, Lorbeer, Salz und Wermut zugeben, etwa 2 Std. leicht simmern lassen. Am besten über Nacht abkühlen lassen.
3. Ein Mulltuch in ein Sieb geben, Suppe hineingießen und gänzlich abtropfen lassen.
4. Wenn's mehr als 250 ml sind, in einer Pfanne einkochen lassen. Koriandergrün waschen, Blättchen hacken. Essenz abschmecken und mit Koriandergrün bestreut zu Tisch geben.
5. Dazu passen Käsegebäck, Cashewnüsse oder Parmesanchips.

2 Std. 20 Min., davon 2 Std. Garen
Pro Portion ohne Beilage 108 kcal, 5 g F, 8 g Kh, 5 g E

Tipp: Je nach Topf kann das Wasser beim Einkochen auch zu stark verdampfen. Falls das passiert, sollten Sie entsprechend Wasser zugeben.

WAS SIND ESSENZEN?

Essenzen sind konzentrierte, klare Brühen. Die Aromastoffe werden durch Kochen von Gemüse oder Fleisch herausgezogen – am besten im Schnellkochtopf, dann reichen 30 Min. Kochzeit. Das Mulltuch (Stoffwindeln eignen sich hervorragend) hält feine Schwebestoffe zurück, die Brühe wird eingekocht und zurück bleibt ein intensiver Geschmack. Wichtig: Das Gemüse muss aromatisch und reif sein. Essenzen sind ultraleichte Vorsuppen, die den Magen öffnen. Sie schmecken warm oder kalt. Sie können auch Aspik daraus machen (siehe Seite 180). Natürlich kann man sie auch als Saucengrundlage nehmen – aber dafür sind sie eigentlich zu schade.

PILZESSENZ

500 g Champignons im Blitzhacker zermusen und mit 1 TL Salz einige Std. offen im Kühlschrank schwarz werden lassen – das entfaltet das Aroma. Pilze mit 1 Knoblauchzehe, Thymian, Lorbeer, Pfefferkörnern und Sherry 2 Std. in 500 ml Wasser kochen. 2–3 getrocknete Steinpilze machen es noch aromatischer. Wie beschrieben abseihen und einkochen lassen.

ROTE-BETE-ESSENZ

500 g Rote Bete raspeln und anbraten. Mit 1 Handvoll Apfelschalen sowie Meerrettich, Kümmel, Sternanis, einem Schuss Cognac und ½ TL Salz 2 Std. in 500 ml Wasser kochen. Wie beschrieben abseihen und einkochen lassen. Mit Petersilie garnieren.

TOMATEN-ESSENZ

1 kg vollreife Tomaten klein schneiden und ohne Wasser mit 1 Zwiebel, 1 Knoblauchzehe, ¼ Chilischote, ½ TL Salz und einigen Stängeln Basilikum etwa 1 Std. dünsten. Beim Abseihen nicht drücken, sonst wird die Essenz rot. Mit Basilikumblättchen garnieren.

FENCHEL-ESSENZ

500 g Fenchel klein schneiden und mit 2 TL Fenchelsaat anbraten. 1 Zitrone spiralig schälen. Schale mit dem Fenchel, ½ aufgeschlitzten Vanilleschote, 1 Lorbeerblatt, ½ TL Salz 2 Std. in 500 ml Wasser kochen. Wie beschrieben abseihen und einkochen lassen. Essenz mit Fenchelgrün garnieren.

CHILITOPF

Linsen liefern hochwertiges Eiweiß für die Zellerneuerung, vor allem in Kombination mit etwas tierischem Eiweiß. Sie sättigen und punkten zudem mit vielen Ballaststoffen.

FÜR 2 PORTIONEN
1 Zwiebel
1 rote und 1 grüne Paprikaschote
1 frische Chilischote
1 Knoblauchzehe
1 Kartoffel (mittelgroß, 80 g)
60 g Cabanossi
1 EL Rapsöl
100 g Puy-Linsen
150 g Sauerkraut
Salz, Pfeffer, Kümmel
2 EL Sauerrahm

---

1. Zwiebel schälen und feinwürfeln. Die Paprikaschoten putzen, waschen, in Streifen schneiden. Chilischoten aufschlitzen, von den scharfen Kernen befreien, in feine Streifen schneiden. Knoblauchzehe schälen und pressen. Kartoffel schälen und würfeln. Cabanossi ebenfalls würfeln.
2. Öl in einem Topf erhitzen und Zwiebeln, Paprika, Chili und Knoblauch etwa 5 Min. andünsten. Mit 400 ml Wasser aufgießen. Kartoffelwürfel und Linsen zugeben, alles ca. 20 Min. köcheln lassen. Das Sauerkraut klein schneiden und in den Topf geben, weitere 5 Min. köcheln lassen.
3. Die Cabanossiwürfel hinzugeben und erhitzen, mit Salz, Pfeffer und Kümmel würzen. Zum Schluss den Sauerrahm unterziehen.

45 Min.
Pro Portion 372 kcal, 24 g F, 24 g Kh, 14 g E

Info: Puy-Linsen finden Sie beispielsweise in Bioläden. Sie bleiben beim Kochen körnig. Das Gericht bekommt daher nicht die typische mehlige Konsistenz von Linseneintopf.

ASIATOPF

Schnell zubereitet, leicht und lecker. Paksoi ist eine asiatische, gut bekömmliche Kohlsorte und reich an Vitaminen und Mineralstoffen.

FÜR 2 PORTIONEN
125 g Mie-Nudeln
1 Bund Frühlingszwiebeln
1 Paksoi
1 Stück Ingwer (1–2 cm)
½ Chilischote
2 Eier
1 EL Sesamsamen
2 EL Sesamöl
1 kleine Dose Kokosmilch (165 ml)
½ TL Kurkuma
etwas geriebene Koriandersamen
Sojasauce, Salz, Pfeffer
150 g TK-Blattspinat

---

1. Mie-Nudeln in kochendes Salzwasser geben, ca. 1 Min. kochen lassen, dann vom Herd nehmen und etwa 4 Min. quellen lassen. Abgießen und abtropfen lassen. Gemüse putzen und waschen. Frühlingszwiebeln in feine Ringe schneiden. Paksoi in fingerbreite Streifen schneiden. Ingwer schälen und fein reiben. Chilischote aufschlitzen, Kerne entfernen, Schote in feine Streifen schneiden.
2. Eier verquirlen, 1 EL Öl in einer kleinen Pfanne erhitzen, Ei hineingeben, Sesam einstreuen und Ei unter Rühren stocken lassen.
3. 1 EL Öl im Wok erhitzen, darin Frühlingszwiebeln, Ingwer und Chilischote 3 Min. andünsten. Paksoi hinzufügen, 3 Min. mitdünsten. Mit Kokosmilch aufgießen und weitere 3 Min. köcheln lassen. Mit Kurkuma, Koriander, Sojasauce, Salz und Pfeffer würzen. Angetauten Spinat zugeben und erhitzen. Mie-Nudeln unter das Gemüse mischen.
4. Gestocktes Ei in Streifen schneiden und unter die Nudeln mischen.

25 Min.
Pro Portion 377 kcal, 22 g F, 25 g Kh, 18 g E

CHILITOPF-VARIANTEN

Milder: Wenn Ihnen Chili zu scharf ist, können Sie es durch 1 TL Kümmel ersetzen. Er verbessert ebenso wie Chili die Verdaulichkeit von Hülsenfrüchten.
Leichter: Geben Sie anstelle der Cabanossi gewürfeltes Kasseler in den Eintopf und lassen Sie es darin gar ziehen.

ASIATOPF-VARIANTEN

Milder: Piksen Sie die Chilischote an, kochen sie mit und entfernen Sie sie dann. Natürlich können Sie Chili auch völlig weglassen.
Ohne Paksoi: Statt Paksoi 1 kleine Mangoldstaude oder Chinakohl verwenden. Aus den Resten des großen Chinakohls können Sie einen Salat zubereiten: Schneiden Sie die Blätter in fingerbreite Streifen und geben Sie das Fruchtfleisch von 1 – 2 Mandarinen hinzu und bereiten Sie aus etwas Öl, Naturjoghurt, Salz und Pfeffer ein Dressing zu.

PFIFFIGE BEILAGEN IMMER ANDERS...

Sättigungsbeilagen müssen keine Dickmacher sein! Schnell zubereitete „Körner", die viel Eiweiß und Ballaststoffe enthalten, kommen in bunter Begleitung auf den Tisch. Wer viel Hunger hat, verdoppelt die Portion!

GRUNDREZEPT BUCHWEIZEN MIT PAPRIKA

FÜR 2 PORTIONEN

60 g Buchweizen, 150 ml Wasser
½ unbehandelte Zitrone
140 g rote Paprikaschote
etwas Pul Biber
Salz, Pfeffer
1 EL Sauerrahm (10 % Fett)

1. Buchweizen in 150 ml Wasser für 8 Min. bei geschlossenem Deckel gar köcheln und ca. 3 Min. ausquellen lassen.
2. Zitrone waschen, die Schale oberflächlich abreiben, dann auspressen. Paprika waschen, putzen und in sehr kleine Würfelchen schneiden. Zitronenschale, 1 TL Zitronensaft und die Paprikawürfel unter den gegarten Buchweizen heben. Mit Pul Biber, Salz, Pfeffer und Sauerrahm abschmecken.

15 Min.
Pro Portion 129 kcal, 2 g F, 24 g Kh, 4 g E

Info: Buchweizen ist glutenfrei und gut für Allergiker geeignet. Er enthält hochwertiges Eiweiß. Am besten schmeckt er geröstet. Unser Rezept passt zum Beispiel gut zur Spitzkohlpfanne mit Schweinefilet auf Seite 148 oder dem Kürbis-Curry-Topf auf Seite 155.
Tipp: Alle Getreidearten auf dieser Seite werden in gleicher Weise zubereitet. 1 Teil Getreide 2½-fache Menge Flüssigkeit. Die jeweiligen Garzeiten sind in den einzelnen Rezeptvarianten aufgeführt. Alle Getreide sollten am Ende ausquellen.

... BULGUR MIT TOMATEN UND BASILIKUM

60 g Bulgur in 150 ml Wasser etwa 15 Min. garen. 10 g getrocknete Tomaten in feine Streifen schneiden und mitgaren.
120 g frische Tomaten waschen, Stilansatz entfernen und in kleine Würfel schneiden. Zuletzt unter den Bulgur ziehen und kurz erhitzen. Mit Salz, Pfeffer und gehacktem Basilikum abschmecken.
Pro Portion: 112 kcal, 0,5 g F, 23 g Kh, 4 g E

... HAFER MIT CHAMPIGNONS UND NÜSSEN

60 g Hafer in 150 ml Wasser 25 Min. garen.
½ unbehandelte Orange waschen, die Schale oberflächlich abreiben, dann auspressen.
70 g Champignons putzen und hacken.
Wenn der Hafer gar ist, 4 EL Orangensaft, Orangenabrieb und Champignonwürfel, sowie 10 g gehackte Walnüsse untermengen.
Mit Salz abschmecken.
Pro Portion: 153 kcal, 5 g F, 20 g Kh, 5 g E

... QUINOA MIT ZUCCHINI UND MITTELMEERKRÄUTERN

60 g Quinoa in 150 ml Wasser 12 Min. garen.
140 g Zucchini waschen und auf einer Küchenreibe fein raspeln. Unter den gegarten Quinoa heben, kurz heiß werden lassen und mit gehackten Mittelmeerkräutern (Thymian, Rosmarin, Salbei) sowie Salz und Pfeffer abschmecken.
Passt gut zu Gemüseröschen mit Walnuss-Joghurtsauce Seite 155 oder Fenchel-Tomatengratin Seite 153.
Pro Portion: 130 g kcal, 2 g F, 21 g Kh, 6 g E

ORANGEN-MÖHREN-ROHKOST MIT SESAM-SALBEI-HÜHNCHEN

Eine leichte Abendmahlzeit. Orangen und Möhren stärken das Immunsystem. Das Hühnchen liefert viel Eiweiß.

FÜR 2 PORTIONEN

1 kleine unbehandelte Orange
250 g zarte Möhren
1 Maiskolben (oder 100 g Mais aus der Dose)
Salz, Pfeffer,
1 TL Kreuzkümmelpulver
2 EL Rapsöl
300 g Hühnerbrust
3 EL Sesamsamen (weiß/schwarz gemischt)
1 Handvoll Salbeiblätter

1. Orange waschen, die Schale oberflächlich ganz fein abraspeln. Dann Orange mit dem Messer bis aufs Fruchtfleisch schälen und in Viertel teilen. Die Viertel quer in 0,5 cm dicke Scheiben schneiden, Saft dabei auffangen.
2. Die Möhren waschen und schälen, fein hobeln oder mit dem Blitzhacker fein hacken. Die Hüllblätter und Fäden vom Mais entfernen, die Körner vom Kolben schneiden. Beides mit den Orangenstückchen, der Hälfte Orangensaft und -schale, 1 EL Öl, Salz, Pfeffer und Kreuzkümmel mischen.
3. Hühnerbrust etwas flach klopfen, halbieren, quer dazu nochmals teilen, sodass 4 Stücke entstehen. Mit Salz, Pfeffer und restlicher Orangenschale einreiben und in den Sesamsamen wälzen.
4. In einer beschichteten Pfanne 2 EL Öl erhitzen, die Hühnerbrüste bei mittlerer Hitze von jeder Seite etwa 5–6 Min. goldbraun braten, in Alufolie wickeln und 5 Min. nachziehen lassen.
5. Inzwischen Salbei in 1 EL Öl braten, knusprige Blätter herausnehmen. Den Fleischsaft aus der Alufolie unter den Salat ziehen, Hühnchen mit dem Salbei anrichten und den Salat dazu reichen.

45 Min.
Pro Portion 540 kcal, 32 g F, 23 g Kh, 39 g E

ENTENBRÜSTCHEN AUF WIRSING MIT KÜRBIS-MARONI-PÜREE

Entenfett ist reich an ungesättigten Fettsäuren. Hier aromatisiert es den Wirsing und spart zusätzliches Fett. Einfacher geht's nicht!

FÜR 2 PORTIONEN

300 g Wirsing (grüne Blätter), Salz
2 TL 5-Gewürze-Pulver (Asia-Laden)
1 Entenbrust (ca. 300 g)
250 g Hokkaido-Kürbis, 1 EL Rapsöl
80 g Maroni
100 ml Buttermilch
1 TL Butter

1. Backofen auf 180 Grad vorheizen.
2. Den Wirsing waschen und die Blätter in sehr feine Streifen schneiden, mit 1 TL 5-Gewürze-Pulver und Salz gut vermischen.
3. Entenbrust waschen, trocken tupfen, die Fettschicht rautenförmig einschneiden. Rundherum mit Salz und 1 TL 5-Gewürze-Pulver einreiben.
4. Den Wirsingmix in eine hohe Auflaufform einschichten, zusammendrücken. Die Entenbrust mit der Haut nach oben daraufsetzen. In die mittlere Schiene des heißen Backofens schieben und ca. 1 Std. garen. Den Wirsing zwischendurch da, wo er bräunt, wenden. Wenn nötig, etwas Wasser zugeben.
5. Inzwischen den Kürbis waschen und in 2 cm dicke Spalten schneiden. Mit 1 EL Öl einpinseln, salzen und mit den Maroni 40 Min. vor Ende der Garzeit auf das Blech neben der Form legen.
6. Wenn der Kürbis gar ist, Maroni herausnehmen, kurz mit kaltem Wasser abschrecken, schälen, mit dem Kürbis und der warmen Buttermilch cremig pürieren. Mit 5-Gewürze-Pulver, Butter und Salz abschmecken.
7. Die Entenbrust quer zur Faser in dünne Scheiben schneiden und auf dem Wirsing anrichten. Mit dem Kürbis-Maroni-Püree servieren.

45 Min. + 1 Std. Garzeit
Pro Portion 552 kcal, 31 g F, 24 g Kh, 43 g E

SPITZKOHLPFANNE MIT SCHWEINEFILET

Spitzkohl enthält reichlich Bioaktivstoffe. Die Fenchelsamen und Peperoni verleihen dem Gericht Pfiff und machen es gut verdaulich.

FÜR 2 PORTIONEN

600 g Spitzkohl
2 kleine rote Peperoni
300 g Schweinefilet
1 Prise Paprikapulver edelsüß
Salz, Pfeffer
1 EL Rapsöl
100 ml Weißwein
½ TL Fenchelsamen
2 EL fettarmer Frischkäse

---

1. Den Spitzkohl waschen, halbieren und in Streifen schneiden. Peperoni (mit Gummihandschuhen) waschen, halbieren, von den weißen Trennwänden und Kernen befreien und fein würfeln.
2. Das Schweinefilet in 2,5 cm dicke Medaillons schneiden, rundherum mit Paprika, Salz und Pfeffer würzen und im heißen Öl in der Pfanne auf jeder Seite 2 Min. anbraten. Die Filets in Alufolie wickeln, ruhen lassen.
3. Den Bratensatz mit Weißwein ablöschen, 2 Min. einköcheln lassen. Den Spitzkohl und die Hälfte der Peperoni dazugeben. Mit Salz, Pfeffer und Fenchelsamen abschmecken, ca. 8 Min. zugedeckt dünsten.
4. Fleisch aus der Folie nehmen, ausgetretenen Saft zur Spitzkohlpfanne gießen. Den Frischkäse mit den restlichen Peperoniwürfeln mischen und die Medaillons mit dieser Paste bestreichen. Auf den Kohl legen und zugedeckt 2 Min. ziehen lassen.

35 Min.
Pro Portion 324 kcal, 9 g F, 9 g Kh, 41 g E

Auch lecker: Garen Sie 25 g rote Linsen zusammen mit dem Spitzkohl und würzen Sie mit Curry und Ingwer. Einen besonderen Pfiff bekommt dieses Gericht durch Gorgonzola statt Frischkäse und etwas gehackte Walnüsse.

WIRSING-PAPRIKA-MIX AUS DEM WOK MIT STEAKSTREIFEN

Rindersteak und Walnüsse liefern wertvolles Eiweiß, das unser Körper besonders abends braucht. Ingwer und Senf sorgen für das gewisse Etwas.

FÜR 2 PORTIONEN

400 g Wirsing
1 rote Paprikaschote
1 Zwiebel
250 g mageres Rindersteak
2 EL Körnersenf (Rotisseur-Senf)
Salz, Pfeffer
50 g Walnusskerne, 2 EL Rapsöl
200 ml Gemüsebrühe
10 g frischer Ingwer

---

1. Wirsing und Paprikaschote waschen, Zwiebel schälen. Paprika von Stielansatz und Zwischenwänden befreien. Äußere Wirsingblätter entfernen, Strunk herausschneiden, das Gemüse in feine Streifen schneiden.
2. Steak ebenfalls in Streifen schneiden, mit Senf mischen, salzen und pfeffern. Walnüsse hacken.
3. Öl im Wok erhitzen. Nüsse und Fleisch darin kräftig anbraten, aus dem Wok nehmen und in Alufolie wickeln, ruhen lassen.
4. Wirsing in den Wok geben und 5 Min. zugedeckt schmoren lassen, dabei ab und zu umrühren. Paprikastreifen zugeben. Wenn der Gemüsesaft verschmort ist, die Gemüsebrühe dazugießen. Ingwer schälen, mit einer Knoblauchpresse zum Gemüse drücken (oder fein schneiden und dazugeben). Fleisch unterheben und abschmecken.

35 Min.
Pro Portion 523 kcal, 35 g F, 11 g Kh, 40 g E

Tipp: Wer keinen Wok besitzt, kann eine Schmorpfanne mit hohem Rand und Deckel verwenden. **Auch lecker:** Mit Chiliflocken würzen und mit 1 EL saurer Sahne verfeinern. Cranberries oder Granatapfelkerne passen auch. Zum Schluss einfach unterheben.

KLOPSE IN LAUCHRAHM

Lauch, Zitronenschale und Kapern enthalten Substanzen, die die Abwehrkräfte steigern.

FÜR 2 PORTIONEN

2 Lauchstangen (ca. 500 g)
1 EL Öl, 1 EL Mehl
100 ml Weißwein
Salz, Pfeffer
ger. Muskatnuss
1–2 EL Kapern (eingelegt)
250 g Putenhack (oder Kalbshack)
1 Ei, 2 EL gehackte Petersilie
2–3 EL Haferflocken
1 EL Schmand
1 TL Meerrettich
etwas abgeriebene Zitronenschale

1. Lauch putzen, waschen und in Ringe schneiden. Im Öl andünsten, dabei mit Mehl überstäuben. Mit Wein und 200 ml Wasser angießen, würzen und etwa 15 Min. weich dünsten.
2. Inzwischen Kapern hacken und mit Hackfleisch, Ei, Petersilie und Haferflocken zu einem formbaren Teig vermengen, mit Salz und Pfeffer würzen. Mit einem Esslöffel 10 Portionen abstechen und zu Klopsen formen.
3. Lauchgemüse mit dem Pürierstab oder im Mixer pürieren, mit Schmand und Meerrettich abschmecken. Zum Kochen bringen und die Klopse hineinlegen. In etwa 10 Min. gar ziehen lassen. Sauce mit Zitronenschale abschmecken.
4. Dazu passen Kartoffeln oder Reis und Endiviensalat.

45 Min.
Pro Portion ohne Beilage 409 kcal, 20 g F, 17 g Kh, 32 g E

Auch lecker: Statt Hackbällchen Lachswürfel einlegen und die Kapern in die Sauce geben. Oder statt Wein Brühe angießen und mit Zitronensaft säuern.

AROMAFRIKADELLEN

Viel mageres Eiweiß, Rapsöl zum Braten, Wein und Curry machen diese würzigen Fleischpflanzerl zur gesunden Kraftnahrung.

FÜR 2 PORTIONEN

1 Scheibe Vollkornbrot vom Vortag
75 ml Rotwein, 1 Zwiebel
1 Knoblauchzehe, 1 kleine Möhre
100 g Magerquark
250 g Hackfleisch gemischt
1 TL Senf
Salz, Pfeffer, Currypulver
Sojasauce
1–2 EL Haferflocken
Rapsöl zum Braten

1. Brot mit Rotwein übergießen und einweichen. Die Zwiebel abziehen, halbieren und feinwürfelig schneiden. Knoblauch schälen und fein hacken. Die Möhre waschen und fein raspeln.
2. Weiches Brot mit Wein, Gemüse, Quark und Fleisch vermischen, mit Senf, Sojasauce und Gewürzen pikant abrunden. Ist die Masse zu weich, etwas Haferflocken zugeben und einige Minuten quellen lassen.
3. Mit nassen Händen kleine flache Frikadellen formen. In einer beschichteten Pfanne 1–2 EL Öl erhitzen, Frikadellen etwa 4 Min. braten, bis sich eine Kruste gebildet hat. Dann wenden und bei mittlerer Hitze fertig braten.
4. Dazu passen Stampfkartoffeln (siehe Seite 88) und Salat.

30 Min.
Pro Portion ohne Beilage 489 kcal, 28 g F, 20 g Kh, 34 g E

Auch lecker: Quark durch 1 Ei ersetzen – dadurch wird die Frikadelle saftiger, aber auch cholesterinreicher.
Exotisch: Mit Ingwer, Peperoni, Frühlingszwiebeln statt Zwiebel und Chinagewürz statt Curry.

FENCHEL-TOMATENGRATIN MIT MOZZARELLA

Mediterranes Gemüse und Mozzarella sind leichte Sattmacher. Wer mag, isst ein Knusperbrot dazu (siehe Seite 136).

FÜR 2 PORTIONEN

2 Fenchelknollen (ca. 600 g)
1 Zwiebel
1 EL Olivenöl
1 kleine Dose Tomaten (400 g)
Salz, Pfeffer
getrockneter Oregano
200 g Mozzarella

1. Den Backofen auf 180 Grad vorheizen. Eine flache Auflaufform (ca. 28 x 20 cm) ausfetten.
2. Die Fenchelknollen waschen und putzen, das Fenchelgrün hacken. Die Knollen achteln und Fäden, falls vorhanden, abziehen.
3. Zwiebeln schälen, würfeln und in Öl in einem Topf andünsten. Die Tomaten mit ihrem Saft zugeben und etwas zerkleinern. Fenchel in die Sauce geben, kräftig mit Salz, Pfeffer und Oregano würzen und ca. 10 Min. zugedeckt schmoren.
4. Das Gemüse in die Auflaufform geben. Das gehackte Fenchelgrün zwischen dem Fenchel verteilen. Den Mozzarella in dünne Scheiben schneiden und auf das Gemüse legen.
5. Das Gratin im Ofen (Mitte) etwa 15 Min. überbacken.

35 Min.
Pro Portion 403 kcal, 26 g F, 13 g Kh, 28 g E

Auch lecker: Wenn Sie noch ein paar Kartoffeln vom Vortag übrig haben, mischen Sie diese unter das Gratin. Oder mischen Sie etwa 80 g Couscousgrieß unter die zerkleinerten Tomaten. Er quillt beim Überbacken nach.
Info: Fenchel enthält ätherische Öle mit den Hauptbestandteilen Fenchon und Anethol. Diese fördern die Durchblutung der Schleimhäute und beruhigen den nervösen Magen.

SAUERKRAUT-ARTISCHOCKEN-TOPF MIT GETROCKNETEN TOMATEN UND ROTEN LINSEN

Sauerkraut und Artischocken stärken die Abwehr und helfen den Cholesterinspiegel zu normalisieren.

FÜR 2 PORTIONEN

1 Zwiebel
1 Knoblauchzehe
20 g getrocknete Tomaten
2 EL Kürbiskernöl
200 g Artischockenherzen (Konserve)
1 Zweig Thymian
300 g Sauerkraut
50 g rote Linsen
2 EL Kürbiskerne
150 g Ricotta, Salz, Pfeffer

1. Zwiebel und Knoblauch schälen, mit den getrockneten Tomaten fein hacken und mit 1 EL Öl in einem Topf andünsten.
2. Artischockenherzen abtropfen lassen, Sud auffangen. Die Herzen vierteln. Thymianblättchen zupfen, Sauerkraut grob hacken und mit den Artischocken in den Topf geben, kurz andünsten.
3. Rote Linsen in einem Sieb mit heißem Wasser abspülen, kurz abtropfen lassen und zur Sauerkraut-Artischocken-Mischung geben, etwa 250 ml Wasser zugeben. 10 Min. köcheln lassen, mit Thymianblättchen und Artischockensud abschmecken.
4. Kürbiskerne fein hacken, mit Ricotta cremig rühren.
5. Eintopf mit Salz und Pfeffer abschmecken und in eine weite Schüssel geben. Den Ricottamix mit einem nassen Löffel abstechen auf den Eintopf setzen. Mit 1 EL Kernöl beträufeln und zu Tisch geben.

35 Min.
Pro Portion 483 kcal, 32 g F, 26 g Kh, 22 g E

Tipp: Dieser Eintopf lässt sich gut im Voraus vorbereiten.
Auch lecker: Für Fleischfans gegartes Kasseler statt Ricotta zugeben.

GEMÜSERÖSCHEN IN WALNUSS-JOGHURTSAUCE

Eine raffinierte Joghurtsauce mit gesunden Nüssen und Körnersenf machen Brokkoli und Romanesco zum leichten Abendgenuss.

FÜR 2 PORTIONEN
300 g Brokkoli
300 g Romanesco (oder Blumenkohl)
3 Eier
1 Zwiebel
40 g Walnusskerne
3 EL Olivenöl, Salz, Pfeffer
2 EL Körnersenf (Rotisseur-Senf)
100 g griechischer Joghurt (10 % Fett)

1. Den Brokkoli und den Romanesco waschen, putzen und in Röschen teilen. In einem Topf in 250 ml Wasser etwa 10 Min. garen.
2. Die Eier in siedendem Wasser 7 Min. kernweich kochen, abschrecken, pellen und halbieren.
3. Die Zwiebel schälen und in dünne Ringe schneiden, die Walnüsse hacken.
4. Das Olivenöl in einer großen Pfanne erhitzen, die Zwiebelringe darin glasig dünsten und die gehackten Walnüsse 1 Min. mit anbraten.
5. Brokkoli- und Romanescoröschen abgießen, die Garflüssigkeit dabei auffangen. Die ganze Flüssigkeit zu den gebratenen Zwiebeln und den Walnüssen geben, mit Salz, Pfeffer würzen und den Senf unterrühren. Alles 1 Min. köcheln lassen, bis die Zwiebeln weich sind.
5. Den Joghurt kurz vor dem Servieren unter die Sauce rühren, die Sauce in eine Form gießen. Brokkoli- und Romanescoröschen mit den Eihälften darauf anrichten.

50 Min.
Pro Portion ohne Beilage 547 kcal, 44 g F, 14 g Kh, 26 g

Tipp: Hierzu passt eine unserer Getreidebeilagen von Seite 144/145.

KÜRBIS-SPINAT-CURRY MIT MANDEL-SESAM-TOFU

Mandel-Sesam-Tofu schmeckt nussig, leicht rauchig und harmoniert bestens mit dem Gemüsecurry.

FÜR 2 PORTIONEN
400 g Hokkaido-Kürbis
1 Zwiebel
1–2 Knoblauchzehen
2 EL Rapsöl
2 EL Currypulver
Salz, Pfeffer
500 g Blattspinat
200 g Mandel-Sesam-Tofu

1. Den Kürbis waschen, Kerne entfernen, in 1–2 cm breite Spalten teilen und in 1 cm große Würfel schneiden. Zwiebel und Knoblauch schälen und ebenfalls würfeln.
2. In einer Pfanne die Zwiebeln in 1 EL Öl glasig dünsten, dann Knoblauch und Kürbis zugeben und mit Curry, Salz und Pfeffer würzen. Zugedeckt ca. 10 Min. schmoren lassen und eventuell etwas Wasser zugeben.
3. Inzwischen den Spinat verlesen, harte Stiele entfernen, Blätter waschen, abtropfen lassen und grob hacken. Zum Kürbis geben und unter Rühren zusammenfallen lassen. Überschüssige Flüssigkeit leicht einkochen lassen.
4. Den Mandel-Sesam-Tofu in ca. 1 cm dünne Scheiben schneiden und in einer Pfanne in heißem Öl goldbraun braten.
5. Auf dem Gemüsecurry anrichten.

40 Min.
Pro Portion 429 kcal, 27 g F, 16 g Kh, 29 g E

Tipp: Mandel-Sesam-Tofu finden Sie im Bioladen. Falls Sie keinen bekommen, nehmen Sie stattdessen Räuchertofu, panieren ihn mit 1–2 EL Sesamsamen und braten ihn in der Pfanne an.

PILZPFLANZERL MIT FELDSALAT

Quark und Pilze sind die leichte, eiweißreiche Basis dieser Veggiepuffer.

FÜR 2 PORTIONEN

10 g getrocknete Steinpilze
1 Zwiebel
1 Bund glatte Petersilie
100 g Feldsalat
1 EL Kürbiskernöl
1–2 EL Balsamico-Essig
Salz, Pfeffer
500 g Champignons
150 g Magerquark, 1 Ei
40 g Semmelbrösel
Worcestersauce
4–5 EL Rapsöl

---

1. Die getrockneten Pilze zerkrümeln. Zwiebel schälen und fein würfeln. Petersilie waschen, Blättchen abzupfen und fein hacken.
2. Feldsalat putzen, kleine Wurzeln abzwicken und waschen, abtropfen lassen. Kürbiskernöl und Balsamico-Essig mit Salz und Pfeffer zu einem Dressing verrühren.
3. Champignons mit Küchenpapier reinigen, Stiele nachschneiden und eine Handvoll schöner Pilze beiseitelegen, die Stiele zuvor abdrehen.
4. Übrige Champignons und Stiele grob hacken, mit Steinpilzbröseln, Zwiebel, Petersilie, Quark, Ei, Salz und Pfeffer verkneten. Mit Semmelbrösel zu einer formbaren Masse mischen, mit Worcestersauce abschmecken.
5. Kleine, flache Puffer formen und nach und nach in einer beschichteten Pfanne mit Öl von beiden Seiten jeweils 3 Min. behutsam knusprig braun braten. Auf Küchenpapier abtropfen lassen.
6. Die Extra-Champignonköpfe in dünne Scheiben hobeln und mit dem Feldsalat und dem Dressing mischen.

40 Min.
Pro Portion 507 kcal, 35 g F, 22 g Kh, 26 g E

RÜHREI MIT FETA ZU GRILLPAPRIKA

Ohne Haut sind die Paprika doppelt gut verträglich und schmecken süßlich-mild. Gut zum pikanten Feta- Ei-Gericht passt unser Knusperbrot von Seite 136 oder einfach dünnes Knäckebrot.

FÜR 2 PORTIONEN

3 rote oder gelbe Paprikaschoten (ca. 700 g)
2 EL Olivenöl
2 EL Kapern mit Flüssigkeit
Salz, Pfeffer
1 Bund Rucola
1 Frühlingszwiebel
4 Eier, Chiliflocken
3 EL Milch (1,5 % Fett)
1 Spritzer Worcestersauce
100 g Feta

---

1. Paprika waschen und abtropfen lassen. Auf ein mit Alufolie ausgelegtes Blech legen. Den Backofengrill einschalten und die Paprika dicht unter den Grill schieben. Sobald sie braun werden, wenden. Sind sie rundherum dunkel, aus dem Ofen holen und mit einem feuchten Küchenpapier bedecken.
2. Nach einigen Minuten die Haut abziehen, Stiel und Kerne entfernen, den Saft dabei auffangen. Die gehäutete Paprika in Streifen schneiden. Den Saft mit 1 EL Öl und den Kapern samt Flüssigkeit, Salz und Pfeffer abschmecken, über die Paprika geben.
3. Rucola waschen, Stiele entfernen und Blätter abtropfen lassen. Mit den Paprikastreifen mischen.
4. Die Frühlingszwiebel waschen, putzen und in Ringe schneiden. Eier aufschlagen, mit Chiliflocken, Salz, Milch und Worcestersauce verquirlen. Feta abtropfen lassen, in grobe Würfel schneiden und unter das verquirlte Ei ziehen.
5. Frühlingszwiebel in einer kleinen Pfanne im Öl andünsten, das Fetaei darübergeben, kurz stocken lassen und zum Rührei braten. Mit dem Gemüse anrichten.

45 Min.
Pro Portion 558 kcal, 38 g F, 22 g Kh, 31 g E

ORANGEN-SPARGEL MIT LACHS

Das Garen im Dämpfer schont Aroma und Nährstoffe und unseren Magen. Eine schaumig-leichte Variante der Hollandaise, ganz ohne Ei, aber mit Sahne.

FÜR 2 PORTIONEN
750 g weißer Spargel
2 unbehandelte Orangen
1 Bund Basilikum
300 g Lachsfilet
Salz, Pfeffer
50 g Butter
1 TL Stärkemehl
150 ml Sahne

---

1. Spargel waschen und schälen.
2. 1 Orange waschen, die Schale oberflächlich abraspeln und die Orange auspressen.
3. Spargel im Dämpfeinsatz mit ¾ der geraspelten Schale bestreuen und 2 EL vom Orangensaft darüberträufeln.
4. Basilikum waschen, die Blätter abzupfen. Fisch beidseitig salzen und pfeffern. Die Hälfte der Blätter als Bett auf ein Stück Alufolie legen, den Fisch darauf, mit übrigem Basilikum bedecken, Folie verschließen und in die zweite „Dämpfetage" legen. Spargel 25 Min. dämpfen, den Fisch 5 Min. später daraufsetzen, nach 15 Min. wenden.
5. Für die Sauce die zweite Orange auspressen. In einer Pfanne Butter, 100 ml Orangensaft und 1 TL Orangenschale einkochen, bis der Saft fast karamellisiert. Dann 150 ml Dampfflüssigkeit (aus der Auffangschale) mit der Stärke verrühren und dazugeben. Die Sauce so lange erhitzen, bis sie dickflüssig wird. Die Sahne steif schlagen. Die Pfanne vom Herd nehmen und die Sahne unter die Orangensauce rühren. Mit Salz und Pfeffer abschmecken.
6. Zum Spargel und Basilikum-Lachs servieren. Dazu passen Kartoffeln oder Brot.

40 Min.
Pro Portion ohne Beilage 745 kcal, 54 g F, 27 g Kh, 38 g E

Schonend dämpfen: Im Dampfgarer gelingen Gemüse und Fisch besonders schonend. Einfach Wasser bis zur Markierung einfüllen, Dämpfeinsatz hineingeben, Uhr stellen, fertig! Praktisch: In der Auffangschale sammelt sich der aromatische Sud. Alternativ zum Dämpfer eignet sich auch ein Topf mit Dämpfeinsatz.

VARIANTEN

Saison: Statt Spargel sind Staudensellerie. Fenchel, Blumenkohl, Brokkoli oder Romanesco gut geeignet. Bohnen und Erbsen brauchen etwas mehr Garzeit.
Vegetarisch: Spargelmenge auf 1 kg erhöhen und wachsweich gekochte Eier statt Lachs dazu reichen.

POCHIEREN

„Ziehen lassen" – so könnte man pochieren übersetzen. Es ist ideal für Fisch, der so zart ist, dass er schnell hart und fasrig würde. Beim Pochieren darf die Flüssigkeit nicht sprudelnd kochen, sondern sollte kurz unter dem Siedepunkt bleiben. Geeignet ist diese Methode auch für Geflügelfleisch und Ei.

FORELLE IN WÜRZFOND

Forellen enthalten gesunde Fettsäuren, sind aber fettärmer als andere Fische. Ingwer verleiht dem Gericht eine angenehme Schärfe.

FÜR 2 PORTIONEN

1 Zwiebel
1 Knoblauchzehe
1 unbehandelte Zitrone
einige Pfefferkörner
1 Stück Ingwer (1–2 cm)
1 Bund Petersilie, Salz
100 ml trockener Wermut
2 frische Forellen (à 300 g)
100 g Crème légère

---

1. Zitrone waschen, Schale spiralig abschälen, Saft auspressen. Zwiebel, Knoblauch und Ingwer schälen, grob zerteilen. Petersilie waschen, Blättchen fein hacken, beiseitelegen. Stiele mit allen übrigen Gewürzen, Zwiebel, Knoblauch und Zitronenschale in 500 ml Wasser im Wok zugedeckt 30 Min. kochen.
2. Die Forellen waschen, innen mit der Hälfte des Zitronensafts beträufeln, leicht salzen.
3. Wermut in die Brühe geben und die Forellen darin etwa 10 Min. ziehen lassen, nach 5 Min. wenden. Herausheben und zugedeckt im Backofen bei 50 Grad warm stellen.
4. Den Fond durchsieben und auf etwa 150 ml einkochen. Zum Schluss 100 ml Crème légère und die Hälfte der Petersilie einrühren.
5. Dazu passen neue Kartoffeln mit der restlichen Petersilie bestreut und Salat.

45 Min.
Pro Portion ohne Beilage 544 kcal, 21 g F, 13 g Kh, 64 g E

Tipp: Ein Wok ist ideal zum Garen von zwei Fischen – sie knicken nicht ab.
Info: Fischfilets (Lachs, Pangasius oder Rotbarsch) brauchen nur etwa 5 Min. zum Garen.

FISCHRAGOUT

Geschälte Paprika ist die leichte Grundlage der Sauce. Da der Fisch in ihr nur gar zieht, bleibt er schön saftig und locker.

FÜR 2 PORTIONEN

1 Gemüsezwiebel
1 Knoblauchzehe
2 getrocknete Tomaten in Öl
2 rote Paprikaschoten
1 EL Rapsöl, Salz
Pul Biber
100 ml Roséwein
250 g festes Fischfilet (z. B. Seelachs, Rotbarsch, Pangasius)
2 EL Sahne

---

1. Zwiebel und Knoblauch schälen. Zwiebel in große Würfel schneiden, Knoblauch und Tomaten klein schneiden. Paprika waschen, mit Sparschäler schälen und in mundgerechte Stücke teilen.
2. Das Gemüse im Öl andünsten, mit Salz und Pul Biber würzen; sobald die Flüssigkeit aus dem Gemüse verkocht ist und es beginnt, am Topfboden hängenzubleiben, mit Rosé ablöschen. Zugedeckt 10 Min. dünsten.
3. Inzwischen den Fisch in etwa 3 cm große Würfel schneiden, leicht salzen.
4. Die Hälfte Gemüse aus dem Topf heben, den Rest mit dem Pürierstab pürieren, Sahne und evtl. etwas Wasser zugeben, abschmecken. Dann Fisch hineinlegen und in ca. 6 Min. gar ziehen lassen. Das stückige Gemüse wieder zugeben.
5. Dazu passen Reis oder Pasta.

30 Min.
Pro Portion ohne Beilage 279 kcal, 12 g F, 9 g Kh, 25 g E

Schneller: Statt Zwiebel-Paprika-Gemüse Zwiebel und Knoblauch anbraten, 300 g gehackten TK-Spinat zugeben und dünsten. Fisch darin gar ziehen lassen und Sahne zugeben.

TAHIN

Tahin ist eine in ostarabischen Ländern verwendete Sesampaste und dient als Würzmittel für Speisen und Saucen. Helle Tahin aus geschältem Sesam hat einen milden Geschmack, dunkle Tahin aus ungeschältem Sesam schmeckt herber, enthält aber mehr B-Vitamine und Kalzium. Man bekommt sie in türkischen und arabischen Lebensmittelläden. Geöffnet sollte man die ölhaltige Paste am besten im Kühlschrank lagern und vor dem Verzehr kurz umrühren.

FISCHFILET MIT KRÄUTERN, DAZU ERBSENPÜREE MIT APFEL

Leichter Fisch und frisches Erbspüree passen geschmacklich perfekt zueinander. Die Omega-3-Fettsäuren aus dem Fisch wirken sich positiv auf das Herz-Kreislauf-System aus und Erbsen liefern besonders viel Ballaststoffe.

FÜR 2 PORTIONEN

2 Fischfilets à 200 g, z. B. Seelachs
1 EL Zitronensaft, Salz, Pfeffer
1 Bund Frühlingskräuter (Petersilie, Sauerampfer, Pimpinelle oder Zitronenmelisse)
20 g ungeschälte Mandeln
3 TL Olivenöl
300 g junge TK-Erbsen
1–2 EL Weißwein
½ Apfel (50 g, z. B. Granny Smith)
100 ml Sahne

---

1. Den Backofen auf 180 Grad vorheizen. Eine ovale Auflaufform dünn einölen.
2. Das Fischfilet mit Zitronensaft beträufeln und mit Salz und Pfeffer würzen. Die Kräuter waschen, entstielen und mit den Mandeln im Blitzhacker oder mit dem Stabmixer pürieren, auf dem Fisch verteilen.
3. Filets in die Form legen und mit Olivenöl beträufeln. Für 10 Min. in die obere Schiene des Backofens schieben.
4. Inzwischen die Erbsen mit dem Weißwein erwärmen und mit dem Stabmixer pürieren. Mit Salz und Pfeffer abschmecken.
5. Den Apfel waschen, schälen und in feine Würfelchen schneiden. Die Sahne steif schlagen. Apfel und Sahne unter das Erbspüree heben und nochmals abschmecken. Den Fisch zum Erbspüree servieren.

45 Min.
593 kcal, 30 g F, 23 g Kh, 54 g E

Tipp: Erbsen und Weißwein lassen sich auch einfach und schnell in der Mikrowelle erwärmen.

HUMMUS MIT GEBRATENEN KING PRAWNS AUF SPINATSALAT

Das Kichererbsenpüree ist eiweißreich, durch Kreuzkümmel leicht verdaulich und schmeckt wunderbar orientalisch.

FÜR 2 PORTIONEN

200 g zarter Spinat
1 kleine Dose Kichererbsen (400 g)
2 Knoblauchzehen
1 unbehandelte Zitrone, 4 EL Olivenöl
3 EL Sesampaste (Tahin)
3 EL Naturjoghurt (3,5 % Fett), Salz
½ TL gemahlener Kreuzkümmel
½ TL Chiliflocken
300 g King Prawns (Riesengarnelen, frisch oder TK)

---

1. Spinat verlesen, Stiele abknipsen, Kichererbsen abgießen und abtropfen lassen, den Sud aufheben. Knoblauch schälen und sehr fein hacken. Zitronenschale abreiben, Saft auspressen.
2. Kichererbsen, Knoblauch, 3 EL Olivenöl, 2–3 EL Zitronensaft, Tahin und Joghurt in einen hohen Topf geben und mit dem Stabmixer zu einer Paste pürieren. So viel Sud zugeben, dass sie eine cremige Konsistenz bekommt. In der Mikrowelle oder auf dem Herd erwärmen, mit Salz, Kreuzkümmel und Chiliflocken abschmecken.
3. Riesengarnelen unter fließendem Wasser abwaschen und trocken tupfen, im übrigen heißen Olivenöl von beiden Seiten etwa 2 Min. braten. Pfanne vom Herd nehmen, Garnelen mit Zitronensaft beträufeln und salzen. Garnelen herausnehmen und den Fond mit dem übrigen Zitronensaft und -schale und etwas Wasser mischen, unter den Spinat ziehen, mit Salz und Chili würzen.
4. Hummuscreme auf zwei Tellern anrichten, Spinat daneben verteilen und die Garnelen darauf anrichten. Wer mag, isst dazu Fladenbrot.

45 Min.
Pro Portion 411 kcal, 26 g F, 22 g Kh, 23 g E

LACHS-TATAR

Der Lachs liefert wichtige herzgesunde Omega-3-Fettsäuren. Meerrettich macht ihn angenehm scharf und leichter verdaulich.

FÜR 2 PORTIONEN

100 g Räucherlachs
1 unbehandelte Limette
1 Stück Meerrettichwurzel (ca. 50 g)
1 Bund Rucola (50 g)
1 TL grüner Pfeffer in Lake
1 kleiner, mürber Apfel (z. B. Cox Orange)

---

1. Lachs mit einem Wiegemesser grob hacken. Limettenschale waschen, abreiben, Saft auspressen, beides zum Lachs geben.
2. Meerrettich schälen und das Wurzelstück im Blitzhacker zerkleinern. Pfefferkörner im Mörser zerstoßen, Rucola waschen und ebenfalls hacken.
3. Alle Zutaten vermischen. Zum Schluss den Apfel vierteln, Kerngehäuse entfernen und Viertel mit Schale im Blitzhacker raspeln, unterziehen und servieren.

15 Min.
Pro Portion 161 kcal, 5 g F, 17 g Kh, 12 g E

Info: Frischer Meerrettich ist ziemlich scharf. Sie können stattdessen auch 1 EL Meerrettich aus dem Glas nehmen.

VARIANTEN

Milder: 2 – 3 EL Schmand zufügen.
Matjes-Tatar: Matjes statt Lachs nehmen und zusätzlich 1 fein gehackte Zwiebel unterziehen. Wer's säuerlich mag, ersetzt im Matjes-Tatar den Apfel durch Cornichons. Auch fein: 3 EL kleine, bissfest gekochte Linsen daruntermischen.

KRABBEN-HÄCKERLE

Die Creme schmeckt lecker auf Brot oder als leichte, eiweißreiche Vorspeise.

FÜR 4 PORTIONEN

1 TL Fenchelsamen
100 g Krabben
1 TL Meerrettich
2 EL Schmand
1 Spritzer Zitronensaft
1 Stange vom Staudensellerie
1 Bund Dill
Salz, Pfeffer

---

1. Die Fenchelsamen in einer Pfanne ohne Fett rösten, bis sie anfangen zu duften. Kurz abkühlen lassen, dann mit dem Messer fein hacken.
2. Die Krabben unter kaltem Wasser abspülen und klein schneiden. Mit Meerrettich, Schmand, Zitronensaft und dem Fenchelsamen verrühren.
3. Den Staudensellerie waschen, von eventuellen Fäden befreien und in kleine Würfel schneiden. Den Dill waschen und fein schneiden. Beides unter die Creme mengen, mit Salz und Pfeffer abschmecken.
4. Die Creme bleibt im Kühlschrank etwa 3 Tage haltbar.

5 Min.
Pro Portion 53 kcal, 3 g F, 2 g Kh, 5 g E

Auch lecker: Schmeckt auch mit Räucherforelle, Resten von pochiertem Fisch oder Matjes – dann 1 fein gehackte Cornichon und Schalotte zugeben.

GENIESSEN MIT GÄSTEN

Genuss und Gesundheit? Genau das! Nur wer Essen genießt, zwischen Alltag und Festen unterscheidet und beiden Raum gibt, dem wird es gutgehen. Natürlich können wir nicht jeden Tag schlemmen. Aber es gibt neben der Alltagsküche so viel Kulinarisches neu zu entdecken und zu genießen. Das macht mit Gästen doppelt Spaß. Wer sich nicht mehr um kleine Kinder kümmern muss, hat wieder mehr Zeit, den Freundeskreis zu pflegen oder der eigenen Familie einmal ein Festessen zu servieren.

Unsere Menü-Rezepte sind so konzipiert, dass sie gut vorzubereiten sind und damit auch dem Gastgeber Zeit für seine Gäste lassen.

Für den größeren Kreis ist ein Buffet ideal – auch dafür finden Sie aparte und praktische Vorschläge. Und natürlich wird das Ganze durch etwas Süßes abgerundet. Aber alles eben ein bisschen raffinierter, leichter und gesünder für den Genuss ohne Reue.

WENN GÄSTE KOMMEN

Gäste zu bewirten ist nicht nur Last, sondern vor allem Lust! Sein Zuhause zu öffnen, mit Leben zu erfüllen und mit guten Gesprächen ist ein großer Genuss. Es weckt die Freude am eigenen Heim, es macht die Geborgenheit innerhalb des Freundes- und Familienkreises bewusst, es lässt den Alltag verblassen. Da sieht man die Räume in einem ganz anderen, besseren Licht. Das tut gut.

Planung hilft

Ein bisschen Planung brauchen auch routinierte Gastgeber. Das bedeutet: sich hinsetzen und ein Menü zusammenstellen, das zur Jahreszeit passt, das in seiner Abfolge harmoniert und das auch von den Arbeitsabläufen machbar ist. Wer Fisch in Salzkruste plant und dazu ein Kartoffelgratin, der braucht zwei Backöfen. Und wer in nur einem Kühlschrank Desserts in Portionsschälchen und eine Teller-Vorspeise kühlen will, der muss mit lauen Desserts vorliebnehmen. Doch keine Panik: Vorfreude ist die schönste Freude – das gilt auch für die Vorbereitung. Die wichtigste Regel heißt: Eingekauft wird nie am Tag der Einladung. Eine Ausnahme gibt es nur, wenn man Bestelltes wie Fisch, Salat, Kräuter oder frisches Brot abholen lassen kann.

Der richtige Mix

Bei der Zusammenstellung eines Menüs spielen Farbe, Konsistenz und Energiegehalt eine wichtige Rolle. Wir bevorzugen dabei Kontraste: Eine cremige Suppe als Vorspeise verträgt einen Hauptgang mit Biss wie einen knusprigen Braten mit knackigem Salat. Anders herum folgt auf einen Salat am besten eine gaumengefällige Hauptspeise mit Sauce und gegartem Gemüse. Auf Fisch folgt Fleisch – manchmal auch umgekehrt, häufig auch entweder-oder und zuvor etwas Vegetarisches. Das Dessert darf cremig und reichhaltig sein, wenn es vorher etwas Leichtes gab, es kann eiweißreich sein nach einem vegetarischen Hauptgang, sonst lieber fruchtig. Dieser Mix hat den Vorteil, dass das Menü die Gäste nicht völlig erschlagen zurücklässt. Auf der nächsten Doppelseite finden Sie Vorschläge für gut zusammengestellte Menüs. Ganz entscheidend sind die Mengen.

ZEITPLAN

1 Woche vorher

- Gerichte überlegen
- Einkaufsliste schreiben
- Vorräte überprüfen
- Haltbare Zutaten wie Reis, Gewürze, Öl kaufen
- Komplizierte Zutaten (Fisch, exotische Kräuter) vorbestellen
- Weine aussuchen bzw. besorgen

2 bis 3 Tage vorher

- Aufräumen und Platz schaffen! (auch im Kühlschrank)
- Servietten und Kerzen richten
- Alles zubereiten, was haltbar ist und eventuell eingefroren werden kann, wie Teig, Marinaden, Dips

Am Vortag

- Alle Einkäufe erledigen
- Kräuter hacken, in Boxen in den Kühlschrank stellen
- Marinaden vorbereiten
- Blumen kaufen

Am selben Tag

- Tisch decken
- Kochen
- Mittagsschlaf nicht vergessen!

Wer isst wie viel?

Egal wie geübt: Die Panik, dass es nicht reichen könnte, ergreift Gastgeber spätestens beim Kochen, meist aber leider schon beim Einkaufen. Die Folge: Immer bleibt das, was man „sicherheitshalber" noch besorgt hat, übrig. Behalten Sie also starke Nerven und rechnen Sie die Mengen vorher ganz kühl durchdacht aus. Je mehr Gänge es gibt, desto kleiner dürfen die Portionen sein. Im Sommer wird weniger gegessen als im Winter. Frauen essen weniger als Männer, ältere Menschen weniger als jüngere. Für ganz besorgte Gastgeber empfiehlt sich eine gute Käseplatte, falls die Gäste noch Appetit haben: Die Reste können Sie dann die übrige Woche essen. Überschlagen Sie einfach die nötige Menge nach der nebenstehenden Liste. Ein Sicherheitszuschlag ist schon drin.

Service für Gastgeber

Es ist heute überhaupt nicht mehr ehrenrührig, sich bei der Bewirtung helfen zu lassen. Denn die Vorbereitung sollte Sie nicht überfordern, sondern Freude machen. Bei der kleinen Runde helfen für die Vorspeise mariniertes Gemüse vom Italiener oder ein wunderbarer Schinken, zu dem Sie nur noch einen Salat machen. Der Mix aus Selbstgemachtem und Zugekauftem ist die Kunst! Den Partyservice kommen zu lassen, lohnt sich erst ab zehn Gästen.

SO VIEL BENÖTIGEN SIE PRO PERSON

Gericht	Menge
• Suppe als Vorspeise	200 ml
• Dicke Suppe/Eintopf	350 ml
• Blattsalat	50 – 70 g
• Dressing, cremig	50 – 70 ml
• Dressing, dünn	30 – 40 ml
• Salat zum Sattessen	300 g
• Fisch/Fleisch am Stück	150 – 200 g
• Fisch/Fleisch/ Meeresfrüchte in Ragouts	80 – 100 g
• Gemüse als Rohkost	100 g
• Gemüse gekocht als Beilage	200 g
• Gemüse als Hauptgericht	300 – 400 g
• Kartoffeln als Beilage	150 – 200 g
• Kartoffeln als Hauptgericht	300 – 400 g
• Reis & Nudeln als Beilage (nicht gekocht)	50 – 80 g
• Reis & Nudeln zum Sattessen (nicht gekocht)	100 – 120 g
• Warme Saucen	80 – 100 ml
• Brot & Brötchen	80 – 100 g
• Käse & Aufschnitt zum Sattessen	80 – 100 g
• Käseplatte nach Menü	50 – 80 g
• Dessert	150 – 200 g
• Süßes zum Sattessen	300 – 350 g
• Obst	80 – 100 g

MENÜVORSCHLÄGE NACH JAHRESZEITEN

FRÜHLING

Exklusiv

- Jakobsmuscheln (S. 174)
- Filet in Chinakohl (S. 189)
- Schokospeise mit Mango (S. 205)

Vegetarisch

- Spargelsalat mit Avocado (S. 130)
- Maultaschen (S. 96) mit Tomatensugo
- Rhabarber-Speise mit Erdbeeren (S. 201)

Leicht

- Artischocken mit Guacamole (S. 177/180)
- Orangen-Spargel mit Lachs (S. 158)
- Ingwer-Apfel mit Honig-Sesam (S. 54) oder Vanillesahne mit frischen Erdbeeren (S. 201)

Extragut vorzubereiten

- Kräutersuppe mit Lachs (S. 76)
- Kohlrabigemüse mit Souffléhaube (S. 80)
- Rhabarber-Speise mit Erdbeeren (S. 201)

SOMMER

Exklusiv

- Lachs in Aspik (S. 180)
- Bandnudeln mit Pilzen (S. 95)
- Mini-Baisers mit Chili-Schoko-Creme (S. 64) zusammengesetzt und Beeren mit Honig

Vegetarisch

- Gurkenkaltschale (S. 74)
- Mediterraner Topfenstrudel (S. 198)
- Himbeer-Vanille-Sahne (S. 201)

Leicht

- Mittelmeergemüse (S. 133)
- Forelle in Würzfond (S. 161)
- Beerenkick unverdünnt (S. 53) auf Melone

Extragut vorzubereiten

- Tomaten-Aprikosen-Suppe (S. 75)
- Fisch im Salzmantel (S. 193)
- Kalte Apfel-Frittata mit Ricotta (S. 119) mit Blaubeeren statt Apfel

HERBST

Exklusiv
- Wildterrine mit Madeiragelee (S. 183)
- Lachs mit Couscous-Haube (S. 190)
- Schokospeise mit Mango (S. 205)

Vegetarisch
- Senfcreme (S. 184) oder Guacamole (S. 180) mit rohen Gemüsesticks und Brötchen (S. 61)
- Ratatouille-Kartoffeln (S. 85)
- Maroni-Napfkuchen (S. 210)

Leicht
- Gurkenkaltschale (S. 74)
- Schweizer Toast (S. 144)
- Fruchtige Schichtspeise (S. 205)

Extragut vorzubereiten
- Pilzessenz (S. 140)
- Lammhäxle mit Bohnen (S. 106)
- Buchweizen-Biskuit mit Himbeerquark (S. 266)

WINTER

Exklusiv
- Curry-Zwiebelsuppe (S. 139)
- Orangen-Ente asiatisch (S. 186)
- Rotweinbirnen mit Sesam-Honig-Joghurt (S. 202)

Vegetarisch
- Feldsalat mit Linsenvinaigrette (S. 126)
- Ofenkürbis (S. 194)
- Tarte Tatin (S. 208)

Leicht
- Feldsalat mit Linsenvinaigrette (S. 126)
- Fischragout (S. 161) mit Kürbis-Stampfkartoffeln (S. 88/89)
- Kokos-Panna-Cotta & Ananassalat (S. 202)

Extragut vorzubereiten
- Lachs-Tatar (S. 164)
- Rotwein-Balsamico-Braten (S. 189)
- Belegte Schoko-Tarte (S. 208) mit Orangen

BUFFET: LÖSUNG FÜR VIELE

Wenn es mehr als zehn Gäste sind, dann lohnt sich ein Buffet. Vor allem, wenn der Platz für eine große Tafel nicht reicht, wenn es sich um einen Stehempfang handelt oder wenn die Gäste zwanglos an Biertischen Platz nehmen.

KALT-WARME BUFFETS

Preiswerter und einfacher als ein ausschließlich kaltes Buffet ist ein warmer Hauptgang. Ein großer Réchaud mit Brennpaste-Töpfchen, Wasserbad und flexiblen Wannen macht es möglich. Diese Geräte gibt es mittlerweile in Haushaltsgeschäften und manchmal auch beim Discounter. Geeignet zum Warmhalten sind vor allem Schmorgerichte, Suppen und Sauciges. Fisch und Geflügel werden dagegen viel zu schnell trocken.
Je mehr Gäste Sie bewirten, desto praktischer sind Suppen und Eintöpfe: Sie lassen sich gut vorbereiten und sind nicht so arbeitsintensiv wie Vorspeisen und Salate. Die folgenden Rezepte aus dem Buch eignen sich.

Suppen

- Hühnersuppe (S. 139)
- Curry-Zwiebelsuppe (S. 139)
- Möhrencremesuppe (S. 76)
- Kräutersuppe (S. 76) mit dem Räucherlachs daneben zur Einlage
- Gurkenkaltschale (S. 74)
- Tomaten-Aprikosen-Suppe (S. 75)

Eintöpfe

- Chilitopf (S. 142)
- Orientkraut (S. 83) mit der doppelten Menge Brühe ohne Bulgur
- Sauerkraut-Artischocken-Topf (S. 153)

Fleischgerichte

- Lammhäxle mit Bohnen (S. 106)
- Gulasch süß-sauer (S. 106)
- Rotwein-Balsamico-Braten (S. 189)
- Filet in Chinakohl mit Erdnusssauce (S. 189)
- Orangen-Möhren-Rohkost mit Sesam-Salbei-Hühnchen (S. 147)
- Spitzkohlpfanne mit Schweinefilet (S. 148)

Beilagen

Als Beilage sind besonders unkompliziert: Körniger Reis, Couscous, Bulgur und Weizen, denn sie sind schnell und ohne viel Vorbereitung zubereitet und kleben nicht aneinander wie z. B. Nudeln. Sie lassen sich mit Gewürzen und Kräutern aufpeppen. Aufwendiger in der Zubereitung, aber „hitzefest“ sind:

- Stampfkartoffeln (S. 88)
- Gnocchi selbstgemacht (S. 86) oder als Fertigprodukt
- Getreidebeilagen (S. 144/145)

Gemüse- und andere Beilagen kombinieren die folgenden Rezepte raffiniert:

- Mangoldreis (S. 100, ohne Fisch)
- Himmel-und-Erde-Gratin (S. 80)
- Polenta-Käseschnitten (S. 109, ohne Spinat)
- Quarkplinsen mit Ratatouille (S. 109)
- Pastinaken-Hirsotto (S. 103, ohne Kasseler)
- Rotes Graupen-Risotto (S. 103)
- Ratatouille-Kartoffeln (S. 85)
- Kohlrabigemüse mit Souffléhaube (S. 80)
- Ofen-Kürbis (S. 194)

Braten und Rohkost mit Dips & Saucen

Oft bieten Metzger die Lieferung großer Braten im Warmhaltecontainer an. Besser können Sie es gar nicht treffen! Ob Roastbeef, Entrecote oder Putenrollbraten – das Fleisch müssen Sie ja ohnehin kaufen und der Platz im eigenen Ofen reicht oft nicht. Ergänzt wird das große Stück mit Salaten oder Brot und rohem Knabbergemüse. Zu einer individuelleren Köstlichkeit wird so ein Braten mit selbst gemachten Dips und Saucen. Sie finden eine Fülle von Rezepten in diesem Buch:

- Gemüse-Feta-Aufstrich (S. 62) mit Milch verdünnt
- Ziegenfrischkäse à l'Orange (S. 62) mit Orangensaft verdünnt
- Orangencreme (S. 177)
- Tomaten-Mango-Salsa (S. 190)
- Joghurt-Aioli (S. 193)
- Wasabi-Guacamole (S. 180)
- Senfcreme (S. 184)
- Pflaumen-Cumberland (S. 184)
- Paprikapesto (S. 185)

IDEAL: DIE ZWANGLOSE EINLADUNG

Wir möchten Freunde sehen – doch die Mühe eines richtigen Diners schreckt uns ab. Das geht auch Ihren Gästen so. Sie werden erstaunt sein, wie erleichtert und begeistert eine Einladung zum Wein aufgenommen wird. Schließlich müssen Sie nichts mehr beweisen – es geht einfach „nur" ums anregende Gespräch und die gute Gesellschaft. Die Chips- und Flips-Ära haben Sie aber hinter sich: Etwas Pikantes aus dem Ofen löst das Problem perfekt.

- Toasts mit Varianten (S. 115)
- Spargel-Quiche vom Blech (S. 197)
- Olivenschnitten (S. 197)
- Mediterraner Topfenstrudel (S. 198)
- Mandel-Croissants (S. 210) als pikante Variante
- Maroni-Napfkuchen (S. 210) als pikante Variante

Alternativ auch für eine größere Runde geeignet: selbst gebackenes Brot mit unterschiedlichen Aufstrichen und/oder mariniertem Gemüse:

- Bioaktivbrot (S. 58)
- Mittelmeer-Brot (S. 61)

mit:

- Gemüse-Feta-Aufstrich (S. 62)
- Ziegenfrischkäse à l'Orange (S. 62)
- Hühnerpaste (S. 66)
- Tomaten-Tofu (S. 66)
- Kartoffelspeck (S. 67)
- Eier-Häckerle (S. 68)
- Lachs-Tatar (S. 164)
- Krabben-Häckerle (S. 164)
- Mittelmeergemüse (S. 133)
- Gemüse in Weißwein (S. 133)
- Grill-Auberginen (S. 134)

UND DIE MENGE?

Orientierung bietet Ihnen die Mengentabelle auf Seite 169. Allerdings sollten Sie bei mehreren Salaten oder zwei unterschiedlichen Vorspeisen oder mehreren Desserts die Gesamtmengen berechnen, sonst wird es schnell zu viel. Bedenken Sie: Die Kunst ist nicht, dass genug da ist, sondern dass nicht Unmengen von Resten bleiben. Rechnen Sie kühl und verlieren Sie nicht die Nerven: Das, was Sie in letzter Minute noch besorgen, ist immer zu viel. Halten Sie ausreichend Tiefkühlbeutel bereit: Wer Reste gleich einfriert oder zumindest kühlt, der muss die Folgetage nicht extra kochen!

JAKOBSMUSCHELN AUF LAUWARMEM SALAT

Die mageren Muscheln vertragen etwas Speck. Eine leichte Delikatesse – perfekt als Entree.

FÜR 6 PORTIONEN

12 ausgelöste Jakobsmuscheln (frisch oder TK)
2 Fenchelknollen (oder ca. 500 g Staudensellerie)
1 rote Paprikaschote
2 EL Olivenöl
Salz, Pfeffer aus der Mühle
70 ml trockener Wermut (z. B. Noilly Prat)
1 Bund Koriandergrün (oder Petersilie)
1–2 EL Balsamico-Essig
½ kleiner Friséesalat (150 g)
50 g Frühstücksspeck
2 TL Koriandersamen, geröstet und zerstoßen

1. Jakobsmuscheln – wenn nötig – auftauen lassen, horizontal durchschneiden.
2. Fenchel putzen, Grün hacken, Knolle in feine Scheiben hobeln. Paprika waschen, mit Sparschäler schälen, putzen und in feine Würfel schneiden. Das Gemüse im Öl andünsten, salzen und pfeffern, mit Wermut angießen und knackig garen. Koriandergrün waschen, Blättchen hacken, zur Hälfte zusammen mit dem Balsamico zum Gemüse geben.
3. Friséesalat waschen, putzen und zerzupfen, Teller oder Muschelschale damit auslegen.
4. Speck würfeln, bei kleiner Hitze langsam auslassen. Wenn das Fett beginnt herauszuschwitzen, die Muscheln darin kräftig anbraten, dann wenden und 2 Min. ziehen lassen, mit Pfeffer und Koriandersamen würzen.
5. Gemüse zwischen dem Frisée verteilen, Muscheln mit krossen Speckwürfeln und dem restlichen Koriander darüber anrichten.

35 Min.
Pro Portion 146 kcal, 8 g F, 8 g Kh, 8 g E

Tipp: Speck und Muscheln am besten erst vor dem Servieren fertigstellen (oder bereits 30 Min. vorher zubereiten und lauwarm genießen).

Jakobsmuscheln sind das Symbol des Jakobsweges. Essbar sind das weiße, feste Fleisch (Nüsschen) und der rosa Rogen (Corail). In tiefgefrorener Ware ist oft nur das Weiße enthalten. Wichtig: Nicht zu lange garen, sonst werden sie zäh. Die Muschelschalen sind dekorative Vorspeisenteller – es gibt sie auch extra zu kaufen.

Auch lecker: Pro Person 1–2 rohe Riesengarnelen braten, bis sie rosa sind, ebenso würzen und ungeschält auf dem Salat anrichten.

SO GELINGEN DIE PASTABLÄTTER

„Lasagneblätter ohne Vorkochen“ zerfallen. Deshalb Lasagneblätter (à 18 g) nehmen, die vorgekocht werden müssen. Falls Sie keine solchen Blätter bekommen, ersatzweise Bandnudeln kochen und zum Nest formen.
Wenn Sie die Pastablätter im Voraus kochen, diese am besten zwischen Frischhaltefolie schichten, abdecken und vor dem Füllen in der Mikrowelle erhitzen.

PASTABLÄTTER MIT PILZRAGOUT

Eine raffinierte Vorspeise: Pastagenuss mal anders.

FÜR 6 PORTIONEN
2 Schalotten
500 g Seitlinge (oder andere Pilze)
500 g Rucola (oder junger Spinat)
2 EL Olivenöl
Salz, frisch gemahlener Pfeffer und Muskat
125 g Kräuter-Doppelrahm-Frischkäse
50 g Walnüsse
12 Lasagneblätter (oder Pastateig Seite 95)
1 Lorbeerblatt

1. Schalotten schälen und feinwürfelig schneiden. Pilze mit Küchenpapier abreiben, fleischige Stiele fein würfeln, Hütchen in Streifen schneiden. Rucola putzen, waschen und hacken.
2. Pilze und Schalotten im Öl unter Rühren braten, mit Salz, Pfeffer und Muskat würzen. Am Ende Rucola kurz mitbraten, Frischkäse unterziehen.
3. Walnüsse hacken und rösten, bis sie duften. Backofen auf 50 Grad vorheizen und 6 Teller darin vorwärmen.
4. Aus Pastateig Lasagneblätter rollen und schneiden (oder fertige Lasagneblätter nehmen). In kochendem Salzwasser mit dem Lorbeerblatt al dente kochen. Ein Backblech mit Backpapier auslegen, je 6 Pastablätter drauflegen. Füllung darauf verteilen und mit den übrigen Pastablättern bedecken. Im Ofen warm halten, bis zum Servieren.
5. Auf jeden vorgewärmten Teller 1 gefülltes Pastablatt legen, kreuzweise einschneiden und Ecken nach außen klappen, sodass die Füllung sichtbar wird. Mit den Walnüssen bestreuen.

40 Min.
Pro Portion 298 kcal, 14 g F, 31 g Kh, 10 g E

Auch lecker: Statt Pilze Spargelspitzen oder Zuckererbsen dünsten. Oder die gesamte Füllung durch Ratatouille oder Ragout fin ersetzen.

ARTISCHOCKEN MIT ORANGENCREME

Artischocken sind einfach zuzubereiten und ein echter Blickfang. Ihre Bitterstoffe sind Magenöffner – als Vorspeise ideal!

FÜR 6 PORTIONEN
6 große Artischocken
1 unbehandelte Zitrone, Salz
300 g Frischkäse mit Meerrettich
3 EL Ajvar mild
2 unbehandelte Orangen
Worcestersauce, Pul Biber

1. Artischocken waschen, Stiele abschneiden. Topf zur Hälfte mit Wasser füllen. Zitrone waschen, spiralig schälen, Saft auspressen. Zitronensaft über die Artischocken träufeln, salzen, die Schale in den Topf geben. Aufkochen und Artischocken zugeben, 30 – 40 Min. garen – bis sich ein Blatt gut aus der Blüte ziehen lässt.
2. Orangenschale dünn abreiben, Saft auspressen, beides mit Ajvar und Frischkäse zum Dressing rühren, mit Salz, Worcestersauce und Pul Biber würzen.
3. Artischocken auf Vorspeisenteller setzen. Teller für Blätter einsetzen, Dip in Schalen auftischen. Dazu passt Baguette.

20 Min. + Garzeit
Pro Portion ohne Beilage 210 kcal, 12 g F, 15 g Kh, 7 g E

Tipp: Artischocken lassen sich am Vortag vorbereiten. Sie werden lauwarm oder kalt gegessen. Dazu die Blätter herauszupfen, in den Dip tunken und das Fruchtfleisch am Ansatz mit den Zähnen abziehen. Zur Mitte hin mehrere Blätter auf einmal auszupfen und „abzutzeln". Am Ende das „Heu" vom Boden mit Messer und Gabel abheben und den Rest mit Messer und Gabel essen.
Auch lecker: Klassisch mit Vinaigrette – oder mit der Guacamole von Seite 180, dort aber Wasabi durch Pesto ersetzen.

GARNELEN-GEMÜSE-SALAT

Eine leichtes Dressing und viel zartes Gemüse machen den Salat zum unbeschwerten Genuss.

FÜR 10 PORTIONEN

1 rote Peperoni (oder Pul Biber)
1 Stück Ingwer (ca. 2 cm)
1 unbehandelte Orange
1–2 EL Cognac
500 g geschälte Eismeer-Garnelen (frisch oder TK)
500 g grüner Spargel
250 g Möhren
250 g Pastinaken (oder weiße Rübchen)
Salz, Pfeffer
100 ml Sahne
Worcestersauce

1. Peperoni waschen, Stiel, scharfe Kerne und Trennwände entfernen, Schote in feine Würfel schneiden. Ingwer schälen und ebenfalls feinwürfeln. Orange waschen, Schale oberflächlich abraspeln, Frucht auspressen. Saft mit Ingwer, Peperoni und Cognac mischen und über die (noch tiefgefrorenen) Garnelen verteilen, mindestens 4 Std. ziehen lassen.
2. Gemüse waschen. Spargel in etwa 5 cm lange Stücke schneiden. Wurzelgemüse schälen, in ebenso lange Julienne-Streifen (schmale Streifen) schneiden. Gemüse leicht pfeffern und salzen und in einem Dämpfer etwa 10 Min. knackig garen. Sofort mit den Garnelen mischen.
3. Sahne unterrühren und alles mit Salz, Pfeffer und Worcestersauce abschmecken.

55 Min. + 4 Std. ziehen lassen
Pro Portion 106 kcal, 4 g F, 5 g Kh, 11 g E

Info: Da Eismeergarnelen sehr empfindlich sind, werden sie gleich nach dem Fang noch an Bord der Schiffe gekocht und gefrostet. Auf keinen Fall wieder erhitzen, sie schrumpfen dann und werden hart.

COUSCOUS-SALAT MIT GRANATAPFELSAFT

Der Salat ist einfach zuzubereiten. Granatapfel enthält Bioaktivstoffe, die zellschützend wirken. Inhaltsstoffe der Zwiebeln und der Tomaten verstärken den Effekt.

FÜR 10 PORTIONEN

400 g zarte grüne Bohnen
5 EL Olivenöl
1 Rosmarinzweig, Salz
300 g Couscous
300 ml reiner Granatapfelsaft
Salz, 1 TL Pul Biber
1 Bund Frühlingszwiebeln
200 g Rucola oder Endiviensalat
500 g Tomaten
200 g Feta

1. Bohnen waschen und putzen. In 1 EL Olivenöl mit Rosmarin und Salz in etwa 30 Min. geschlossen gar schmoren. Eventuell etwas Wasser zugeben. Inzwischen Couscous mit einem Mix aus Granatapfelsaft und 300 ml Wasser mit 2 TL Salz und Pul Biber vermischen und ca. 20 Min. quellen lassen.
2. Frühlingszwiebeln, Rucola und Tomaten waschen. Zwiebeln putzen und in feine Ringe schneiden. Rucola in feine Streifen schneiden. Tomaten und Käse klein würfeln.
3. Alle Zutaten miteinander mischen, mit Olivenöl, Salz und Pul Biber abschmecken.

1 Std.
Pro Portion 242 kcal, 9 g F, 30 g Kh, 8 g E

Info: Reinen Granatapfelsaft gibt es im Bioladen oder Reformhaus. Die Mischung mit anderen Säften ist zu süß für diesen Salat. Reife Granatäpfel lassen sich auspressen wie eine Orange. Für 300 ml Saft brauchen Sie etwa 3 Granatäpfel.
Auch lecker: Statt Couscous passen auch Bulgur oder Reis – beides muss aber gegart werden. Der Granatapfelsaft lässt sich durch einen Mix von 100 ml Zitronensaft und 200 ml Wasser ersetzen.

LINSEN-ANANAS-SALAT

Kleine Edellinsen sind besonders reich an Ballaststoffen und besonders knackig. Als Salat lassen sie sich gut im Voraus zubereiten.

FÜR 10 PORTIONEN

400 g Edel-Linsen (z. B. Kaviar-, Berg-, Puy-, Champagner-Linsen)
einige Zitronenkaffirblätter
1 Knoblauchzehe
Salz
1 frische Ananas
1 Staudensellerie
2–3 Schalotten
1 reife Avocado
Pfeffer
1 Stück Ingwer (ca. 2 cm)
6 EL Weißweinessig

1. Linsen mit 1 l Wasser, Kaffirblättern und Knoblauch zugedeckt etwa 15 Min. garen, nach 10 Min. 1 TL Salz zugeben. Abgießen und Sud aufheben.
2. Inzwischen die Ananas schälen, längs in Viertel schneiden, den harten Kern abschneiden, Ananas in schmale Spalten, dann quer in feine Streifen schneiden. Sellerie putzen, Fäden entfernen und fein hobeln. Schalotten schälen und sehr fein hacken.
3. Avocado halbieren, Kern entfernen, Fleisch herauskratzen, mit 250 ml Linsensud (evtl. mit Wasser auffüllen), Essig und geschältem Ingwer pürieren, als Dressing pikant mit Salz und Pfeffer abschmecken.
4. Linsen mit Dressing mischen, dann die übrigen frischen Zutaten unterziehen.

45 Min.
Pro Portion 224 kcal, 4 g F, 35 g Kh, 11 g E

Tipp: Hülsenfrüchte erst salzen und säuern, wenn sie zumindest fast gar sind – sie bleiben sonst hart.
Auch lecker: Milder wird es mit geraspelten Möhren statt Sellerie. Statt Ananas passt Apfel.

LACHS IN ASPIK MIT WASABI-GUACAMOLE

Multikulti mit Aspik: Lachs und Avocado liefern herzgesunde Fettsäuren. Viel Gemüse macht das Gericht leicht und vitaminreich.

FÜR 8 PORTIONEN

400 g Strauchtomaten
1 großes Stück Ingwer (8–10 cm)
2 Zwiebeln
500 ml Weißwein, Salz
1 TL Pfefferkörner
6 Zitronenkaffirblätter
2 Dosen Artischockenherzen (à 425 ml)
10 Blatt Gelatine
500 g Lachsfilet (frisch oder aufgetauten TK-Lachs)
4 EL gehackte Petersilie
2 EL Wasabipaste
2 kleine Avocados
2–3 EL Zitronensaft, Pfeffer aus der Mühle

1. Tomaten mit dem Sparschäler schälen, Fruchtfleisch und Kerne trennen. Ingwer und Zwiebeln schälen, grob zerteilen. Weißwein mit 500 ml Wasser, 2 TL Salz, Ingwer, Zwiebeln, Haut und Kernen der Tomate, Pfeffer und Kaffirblättern 20 Min. kochen. Gelatine in kaltem Wasser einweichen.
2. Sud durch ein Sieb geben, mit Artischockensud auf 800 ml auffüllen.
3. Lachs in große Würfel schneiden, im Sud 3 Min. ziehen lassen. Fisch herausheben und Flüssigkeit durch ein Mulltuch seihen. Tropfnasse Gelatine darin auflösen, Petersilie zugeben, abschmecken. Den Boden einer Form (2 Liter Fassungsvermögen) mit Sud bedecken, kurz kalt stellen.
4. Artischocken vierteln, Fruchtfleisch der Tomaten klein schneiden. Beides mit dem Lachs in der Form verteilen, mit Sud bedecken und mindestens 4 Std. kalt stellen.
5. Für die Guacamole Avocadofleisch mit Zitronensaft und Wasabi pürieren, salzen und pfeffern. Zum Aspik reichen.

35 Min. + 4 Std. kalt stellen
Pro Portion 168 kcal, 9 g F, 4 g Kh, 7 g E

Info: Japanischer Wasabi ist höllisch scharf. Die grüne deutsche Variante schmeckt mild-süßlich.
Tipp: Kleiden Sie die Kastenform am besten mit Frischhaltefolie aus. Dann löst sich das Aspik leichter.

GESUNDE GELATINE

Gelatine gibt das beste Aspik. Sie liefert wichtige essenzielle Aminosäuren, die der Körper selbst nicht bildet, sie ist eiweißreich und fettarm. Gelatine ist jedoch nichts für Vegetarier. Sie können auf Agar-Agar ausweichen. Agar-Agar geliert rein pflanzlich, erreicht aber nie die glatte Konsistenz von Gelatine, ist eher bröckelig.

ASPIK-VARIANTEN

Variationsmöglichkeiten gibt es unendlich viele: gekochtes Ei, Geflügel, Aufschnitt und zartes Gemüse wie Spargel oder Zuckererbsen. Staudensellerie, Möhren oder Fenchel sollten vorher im Sud schonend garen. Wichtig: stark würzen, denn Gelatine „schluckt" Aroma. Alle Essenzen (siehe Seite 140) ergeben ideale Aspiks.

WILDTERRINE MIT MADEIRAGELEE

Terrinen lassen sich wunderbar vorbereiten – und Sie wissen, was drin ist. Wild und Leber sind sehr eisenreich: Das verbessert die Sauerstoffversorgung des Körpers.

FÜR 2 KASTENFORMEN À 30 CM (jeweils 14 Portionen)

1 kg Wildbret ohne Knochen (z. B. Hirsch, Reh oder Wildschwein)
300 g Möhren (oder Hokkaido-Kürbis)
1–2 EL Rapsöl
250 ml Rotwein
Salz, Pfeffer
1 Bund Thymian
3 Lorbeerblätter
2 Stiele Salbei
4 EL Rotweinessig
50 g altbackenes Brot
250 g frischer, fetter Speck
250 g durchwachsener Speck
300 g Kalbsleber
2–3 Schalotten
1 Ei
1 EL grüne Pfefferkörner
je ½ TL Muskatnuss, Nelken und Piment
1 EL Apfelkraut
6 Blatt Gelatine
200 ml Madeira
Sojasauce

---

1. Vom Wild die schönsten Stücke – etwa 300 g – in ca. 1 cm große Würfel schneiden. Möhren schälen, in etwas kleinere Würfel schneiden und im Öl andünsten. Mit dem Wein ablöschen, Kräuter und Essig zugeben und etwa 10 Min. pochieren. Abkühlen lassen, dann die Fleischwürfel zugeben und mindestens 10 Std. ziehen lassen.
2. Kräuter aus der Marinade fischen, Flüssigkeit abgießen und über das Brot geben.
3. Das übrige Fleisch mit einem scharfen Messer klein schneiden. Thymian und Salbei vom Zweig streifen, Lorbeer entstielen. Diese Gewürze mit dem klein geschnittenen Fleisch, beiden Sorten Speck, Leber, geschälten Schalotten und Brot mit Marinade zweimal durch den Fleischwolf drehen. Die Masse mit den übrigen Gewürzen, dem grünen Pfeffer, dem Ei sowie Möhren- und Fleischwürfeln verrühren. 30 Min. ziehen lassen, dann abschmecken.
4. Zwei Kastenformen mit Backpapier auslegen. Masse einfüllen, mehrfach aufstoßen, damit alle Luftblasen entweichen. Mit Backpapier abdecken und in ein Backblech mit Wasser setzen.
5. Den Backofen auf 170 Grad vorheizen, dann die Terrinen darin 70 – 75 Min. garen. Herausnehmen, Jus abgießen und dabei auffangen. Die Terrine mit einem Brettchen und Gewichten beschweren und völlig erkalten lassen.
6. Gelatine einweichen. Jus mit einem Fetttrenner entfetten (siehe unten), durch ein Mulltuch seihen, mit Madeira und Wasser auf 500 ml auffüllen. Tropfnasse Gelatine bei kleiner Hitze auflösen, Jus löffelweise zugeben, auf die Terrine gießen, kalt stellen. Nach 24 Std. anschneiden.

1 Std. + Marinieren und Gelieren
Pro Stück 222 kcal, 18 g F, 3 g Kh, 11 g E

Info: Zum Entfetten ist ein Fetttrenner ideal. Sie bekommen ihn im Haushaltswarengeschäft. Er sieht aus wie eine gewöhnliche Kanne, nur der Ausguss sitzt etwas tiefer. Grund: Fett schwimmt oben. Der unten befindliche Bratensaft kann so ohne Fett abgegossen werden.
Vorrat: Die Terrinen halten sich gut gekühlt 1 Woche. Sie können sie auch einfrieren, dann aber ohne Madeiragelee, weil sich Gelatine durch das Einfrieren in ihrer Konsistenz ändert. Das Gelee erst nach dem Auftauen mit dem ebenfalls eingefrorenen Jus zubereiten.
Tipp: Die Pflaumen-Cumberland-Sauce von Seite 184 passt hervorragend zur Wildterrine.

SENFCREME

Leichter und eiweißreicher als eine Mayonnaise. Eine ideale Ergänzung für Kurzgebratenes, köstlich auch als Brotaufstrich mit Gurkenscheiben belegt.

FÜR 6 PORTIONEN

2 Eier, Salz
5 EL Dijon-Senf
2 EL Kürbiskernöl
1 EL grüne Pfefferkörner, 1 EL körniger Senf
200 g Schmand, weißer Balsamico-Essig

1. Die Eier in ca. 6 – 8 Min. kernweich kochen, pellen und mit dem Dijon-Senf und dem Öl pürieren. Pfeffer zerdrücken und mit dem körnigen Senf und dem Schmand unterziehen.
2. Mit Wasser etwas verdünnen und mit Salz und Balsamico abschmecken.

20 Min.
Pro Portion 169 kcal, 16 g F, 2 g Kh, 4 g E

Auch lecker: Schmeckt frischer mit Olivenöl und Zitronensaft statt Balsamico. Aromatisch mit Kräutern: Zum Beispiel Thymian oder Basilikum.

PFLAUMENSAUCE CUMBERLAND

Die Sauce passt prima zu Wild, kaltem Braten, Pasteten oder Geflügel. Trockenpflaumen und Senf sorgen für eine gesunde Verdauung.

FÜR 6 PORTIONEN

200 g Trockenpflaumen
1 unbehandelte Orange
1–2 EL scharfer Senf, Pfeffer aus der Mühle
Je 1 Prise gemahlene Nelken, Piment und Macis
Worcestersauce
1 Schuss Portwein (oder Malaga)

1. Pflaumen halbieren, mit 100 ml heißem Wasser überbrühen. Orange waschen, die Schale dünn abreiben, Saft auspressen und beides zu den Pflaumen geben.
2. Nach etwa 30 Min. die weichen Pflaumen mit der Flüssigkeit, Senf und Pfeffer pürieren. Mit Gewürzen, Worcestersauce und Portwein abschmecken. Evtl. noch etwas verdünnen. 1 Std. durchziehen lassen. Hält im Kühlschrank ca. 1 Monat.

30 Min.
Pro Portion 111 kcal, 0,4 g F, 22 g Kh, 1 g E

PAPRIKAPESTO

Ein pikanter Mix mit gesunden pflanzlichen Fetten und Bioaktivstoffen aus dem Gemüse.

FÜR 6 PORTIONEN
2 rote Paprikaschoten
1 Peperoni
1 Zwiebel
1 Knoblauchzehe
6 EL Tomatenöl
Salz, Paprikapulver edelsüß
2 getrocknete Tomaten in Öl
50 g Brotkrume (Brot ohne Rand)
100 g Walnüsse

1. Paprika waschen und mit dem Sparschäler schälen. Peperoni waschen. Beides in Würfel schneiden. Das scharfe Innenleben der Peperoni, die Kerne, besonders sorgfältig entfernen. Zwiebel und Knoblauch pellen und ebenfalls klein schneiden.
2. Alles in 2 EL Tomatenöl andünsten, mit Paprikapulver und Salz würzen und in etwa 10 Min. zugedeckt garen. Tomaten klein schneiden und mit der Brotkrume zufügen.
3. Nüsse in einer Pfanne ohne Fett rösten, bis sie duften, ebenfalls zum Gemüse geben und alles mit 4 EL Tomatenöl mit dem Pürierstab fein pürieren. Evtl. mit etwas Wasser verdünnen. Mit Paprikapulver und Salz abschmecken.

30 Min.
Pro Portion 229 kcal, 21 g F, 7 g Kh, 4 g E

Info: Passt zu Rohkost, Fisch und Pasta und hält sich im Kühlschrank etwa 1 Woche.
Auch lecker: Klappt auch mit ungeschälten Paprikaschoten – ist aber dann nicht ganz so bekömmlich. Der Dip lässt sich auch aus rohen Paprika zubereiten. Dann die Zwiebel weglassen und die Knoblauchzehe nach dem Pürieren gehackt zugeben – sie wird sonst bitter.

ORANGEN-ENTE ASIATISCH

Im Bratbeutel brät die Ente schonend ihr Fett aus. Viel Gemüse und Vollkornreis machen sie zu einem gesunden Festschmaus.

FÜR 4 PORTIONEN

1 Ente (ca. 2,3 kg)
2 unbehandelte Orangen
3 EL flüssiger Honig
2 TL Salz
1 TL Pul Biber
1 Bund Frühlingszwiebeln
1 rote Paprikaschote
500 g Kürbis (oder Möhren)
1 Stück Ingwer (3–4 cm)
150 g Wasserkastanien in Scheiben (1 Dose)
200 g Vollkornreis
Sojasauce, 2 TL Mehl

1. Ente waschen, Fett im Bauchraum entfernen. Schale der Orangen waschen, oberflächlich abreiben, Saft auspressen, mit dem Honig mischen, 100 ml beiseitestellen. Mit dem übrigen Saft die Ente innen ausreiben, dann mit einem Mix aus Salz und Pul Biber einreiben. Rest Saft aufheben.
2. Backofen auf 120 Grad vorheizen. Gemüse waschen und putzen, Kürbis und Paprika in etwa 2 cm große Würfel schneiden. (Nur dickschalige Kürbisse schälen.) Zwiebeln in dünne Ringe schneiden.
3. Sud der Wasserkastanien mit Wasser auf 300 ml auffüllen. Reis in einem Topf erhitzen, Flüssigkeit mit 2 TL Salz zum Reis geben, aufkochen und 10 Min. zugedeckt köcheln lassen.
4. Ingwer schälen und klein schneiden. Mit geriebener Orangenschale, etwa 100 ml Orangensaft, Pul Biber, Wasserkastanien und Gemüse unter den Reis ziehen. Die Ente damit füllen, Öffnung mit Holzspießchen zustecken.
5. Ente mit Honig-Orangensaft einpinseln, mit Salz einreiben und in einen Bratschlauch schieben. Den Schlauch beidseitig verschließen, oben einstechen und auf dem kalten Rost in den heißen Ofen schieben. 2½ Std. braten.
6. Übrige Füllung ebenfalls in einen Bratbeutel geben, erst 1 Std. später neben die Ente setzen. Zwischendurch schütteln.
7. Enten-Schlauch aufschneiden und Saft auffangen. Mit einem Fetttrenner entfetten (siehe Info, Seite 183), restliche Marinade mit übrigem Honig-Orangensaft einkochen lassen und mit Sojasauce abschmecken. Mehl mit wenig Wasser anrühren und Sauce damit andicken.
8. Ente unter dem Backofengrill 4–5 Min. grillen. Mit Sauce und Füllung aus dem zweiten Schlauch zu Tisch geben.

1 Std. + 2½ Std. Braten
Pro Portion 986 kcal, 30 g F, 69 g Kh, 107 g E

Info: Wasserkastanien behalten ihren Biss – das macht ihren geschmacklichen Reiz aus. Sie haben mit unserer Kastanie nur das Aussehen gemeinsam, denn sie sind die essbaren Knollen einer asiatischen Wasserpflanze. Sie bekommen sie im Asialaden.

Auch lecker: Klappt auch mit Hähnchen (für 2–3 Portionen 2 Std. braten, Füllung halbieren) oder Gans (für 6 Portionen 3 Std. braten, 1½-fache Menge für die Füllung nehmen).

GAREN IM BRATBEUTEL

Der Bratbeutel ist ein in sich geschlossenes Gar-System. So bleiben die natürlichen Nährstoffe erhalten, die zugegebenen Gewürze entfalten ein intensiveres Aroma. Außerdem brauchen Sie kein weiteres Fett zuzugeben – das spart Kalorien. Er eignet sich auch für die Mikrowelle. Aber Vorsicht: Er verträgt nur Temperaturen bis 200 Grad, daher keinen Grill verwenden.

ROTWEIN-BALSAMICO-BRATEN

Die Weinmarinade gibt dem Braten ein feines Aroma und wird später zur würzigen Sauce. Der Alkohol verfliegt beim Schmoren – die gesunden Phenole bleiben.

FÜR 6 PORTIONEN

1 Bund Suppengrün
2 Knoblauchzehen
500 ml Rotwein
100 ml Balsamico-Essig
1 EL Wacholderbeeren
1 Bund Thymian
2 Lorbeerblätter
1,5 kg Rinderbraten
Salz, Pfeffer aus der Mühle, Zimt
4 EL Dijon-Senf, 4 EL Tomatenmark
2 EL brauner Zucker, 3 EL Rapsöl

1. Suppengrün waschen, putzen, Knoblauch schälen und alles in kleine Würfel schneiden, mit Wein, Balsamico und Gewürzen mischen, einmal aufkochen. Fleisch in einen genau passenden Topf geben. Mit abgekühlter Marinade übergießen. 1 – 2 Tage einlegen.
2. Backofen auf 140 Grad vorheizen. Fleisch aus der Marinade heben, abtupfen. Senf mit Tomatenmark, Salz, Pfeffer, Zimt und Zucker mischen, Fleisch damit einstreichen und rundherum im heißen Öl im Topf anbraten, herausheben. Marinade durchsieben, Gemüse im Fond anschmoren. Fleisch zugeben, Marinade angießen, 3 Std. zugedeckt im Backofen schmoren.
3. Fleisch herausheben, in Alufolie wickeln. Den Fond pürieren, mit Wasser zu Saucenstärke verdünnen, mit Balsamico und Zucker abschmecken. Braten aufschneiden und in der Sauce auftischen.
4. Dazu passen Stampfkartoffeln mit Kürbis oder Gnocchi und natürlich Salat.

45 Min. + 1–2 Tage Marinieren + 3 Std. Schmoren

Pro Portion ohne Beilage 467 kcal, 19 g F, 9 g Kh, 34 g E

FILET IN CHINAKOHL MIT ERDNUSSSAUCE

Chinakohl ist gästefein und enthält reichlich Bioaktivstoffe. Der fruchtige Apfel harmoniert wunderbar mit dem milden Kohlgeschmack.

FÜR 6 PORTIONEN

1 Chinakohl (ca. 1,2 kg)
1 Schweinefilet (800 g)
2–3 EL Rapsöl, Salz
4 Schalotten
2 Äpfel (Boskoop)
120 g Erdnussbutter
2–3 EL rote Currypaste, Sojasauce
2 orange Paprikaschoten (oder rote)

1. Backofen auf 200 Grad vorheizen. Chinakohl waschen, nass in Alufolie wickeln und 15 Min. im Ofen erwärmen, damit er formbar wird.
2. Schalotten schälen und fein hacken. Äpfel waschen und mit Schale grob raspeln. Das Filet in Öl rundherum 8 Min. anbraten, herausheben. Schalotten im Fond andünsten, evtl. noch etwas Öl zugeben. 2 EL abnehmen, mit je der Hälfte Apfel, Erdnussbutter und Currypaste verrühren.
3. Das Filet rundherum salzen und mit der Erdnuss-Apfel-Paste einstreichen.
4. Kohl auspacken, Alufolie einölen, große Blätter überlappend auflegen, Filet darin einwickeln, fest in Alufolie rollen und 1 Std. im Ofen garen.
5. Inzwischen im Schalottenfond die übrige Erdnussbutter, Currypaste und Apfelraspel anschmoren, mit Wasser auf Saucenstärke verdünnen, mit Sojasauce abschmecken.
6. Die Paprika grob würfeln, mit wenig Öl im Wok braten, den restlichen Kohl streifig schneiden, und zugeben, mit Salz und Currypaste würzen. Zum Braten reichen.
7. Dazu passt sehr gut Basmati-Vollkornreis mit Kardamom.

1 Std. 15 Min.

Pro Portion ohne Beilage 369 kcal, 18 g F, 12 g Kh, 38 g E

LACHS MIT COUSCOUS-HAUBE & TOMATEN-MANGO-SALSA

Die Salsa lässt sich gut vorbereiten und bietet leichten Genuss. Der Lachs braucht wenig Aufmerksamkeit, wenn er im Ofen ist, und bleibt saftig. Seine Omega-3-Fettsäuren stärken das Herz.

FÜR 4 PORTIONEN

1 Lachsseite (ca. 1 kg, frisch oder TK)
2 unbehandelte Limetten
2 EL brauner Zucker
4 TL Salz
Pul Biber
250 g Couscous
1 EL Currypulver
2 Bund großblättriges Basilikum
3 Schalotten
1 reife, große Mango
40 g gemahlene Mandeln
500 g vollreife Tomaten

---

1. Limetten waschen, Schale dünn abreiben, Saft auspressen. Lachsseite – frisch oder unaufgetaut – im Kühlschrank mit Limettenschale und der Hälfte des Saftes, Salz, Zucker und Pul Biber marinieren bzw. auftauen lassen.
2. Den übrigen Limettensaft mit Wasser (kalt oder warm) auf 500 ml auffüllen, mit Couscous, 2 TL Salz und Curry 15 Min. ziehen lassen.
3. Inzwischen Basilikumblätter waschen und in feine Streifen schneiden. Mango schälen, vom Kern schneiden und in Würfel teilen. Schalotten abziehen und sehr fein hacken, 2 EL beiseitetun. Die übrigen Schalottenwürfelchen mit der Hälfte Mango, Basilikum und Mandeln unter den Couscous mischen, mit Salz, Pul Biber und Curry abschmecken.
4. Backofen auf 200 Grad vorheizen. Lachsseite auf ein Backblech mit Alubackfolie legen. Couscous auf dem Fisch verteilen und rundherum andrücken. Im heißen Ofen etwa 25 Min. knusprig backen.
5. Inzwischen die Tomaten mit kochendem Wasser überbrühen, abschrecken und häuten, Stielansatz entfernen, Fruchtfleisch hacken. Mit den restlichen Mango- und Schalottenwürfeln mischen, mit Salz, Zucker, Pul Biber abschmecken und zum Lachs reichen.

1 Std. (+ evtl. mind. 4 Std. Auftauen)
Pro Portion 722 kcal, 24 g F, 65 g Kh, 57 g E

Tipp: Am besten die Alufolie doppelt nehmen und wie ein Schiff um den Lachs herum einschlagen. Dann lässt sich alles auf eine Platte heben. Oder gleich in einer großen Auflaufform zubereiten. Hat die Lachsseite 1,2 kg, Couscous auf 300 g und Flüssigkeit auf 600 ml erhöhen.

KLEINE EINKAUFSHILFE FÜR FISCH

Lachs und anderer Fisch sind wichtig für unsere Ernährung. Aber viele Arten sind überfischt. Das Logo des Marine Stewardship Council (MSC, Seite 42) hilft beim Kauf. Der World Wide Fund (www.wwf.de) empfiehlt, u. a. die folgenden Fischsorten zu bevorzugen, um die Meere zu schützen:

- Alaska Seelachs (Pazifik, mit MSC-Logo)
- Alaska Wildlachs (Pazifik, mit MSC-Logo)
- Bio-Lachs (Nordostatlantik, Zucht)
- Bio-Shrimps (Zucht)
- Eismeergarnele, Kaltwassershrimp (Nordostatlantik, wild)
- Bio-Forelle (Europa, Zucht)
- Heilbutt (Pazifik, wild)
- Hering (Nordostatlantik/Ostsee, mit MSC-Logo, wild)
- Sardine (Nordostatlantik, wild)
- Seehecht (Südafrika, mit MSC-Logo)
- Seelachs (Nordostatlantik, wild)
- Zander (Ostsee, Westeuropa, wild)

FISCH IM SALZMANTEL MIT JOGHURT-AIOLI

Fisch mit ganz wenig Fett, dazu Olivenöl mit viel gesunden Fettsäuren – das macht dieses Festessen leicht und bekömmlich.

FÜR 4 PORTIONEN

1 Dorade (ca. 1,2 kg), Zander oder Lachsforelle
1 Bund Petersilie
1 Bund Dill
2 EL Kapern
1 unbehandelte Zitrone
2 Eier
3 kg grobes Siedesalz
2 EL Fenchelsamen
125 ml Olivenöl
1–3 Knoblauchzehen (nach Geschmack)
1 EL Dijon-Senf
2 EL Naturjoghurt
Salz, Pfeffer aus der Mühle

---

1. Ausgenommenen Fisch waschen. Backofen auf 250 Grad vorheizen. Kräuter waschen und mit den Kapern in den Fischbauch füllen.
2. Zitrone halbieren, eine Hälfte dünn schälen und auspressen, Saft beiseitestellen, Schale hacken. Andere Hälfte in dünne Scheiben schneiden, diese halbieren und mit der Schale zwischen die Kräuter in den Fischbauch schieben. Öffnung zudrücken.
3. Backblech mit Backpapier auslegen. Eier trennen. Eiweiß, Salz, Fenchelsamen und 200 ml Wasser mischen. Knapp die Hälfte in der Größe des Fisches auf dem Blech verteilen. Fisch darauflegen, mit übrigem Siedesalz abdecken. Den Salz-Mix rundherum fest andrücken, sodass der Fisch dicht umhüllt ist. Im Backofen 30 Min. backen.
4. Für die Aioli die Knoblauchzehen schälen, mit etwas Salz sehr fein hacken. Eigelb mit dem Pürierstab schlagen, nach und nach das Olivenöl einfließen lassen. So lange schlagen, bis die Masse cremigfest ist. Zitronensaft, Joghurt und Senf zufügen, mit Knoblauch (nicht pürieren – wird bitter), Salz und Pfeffer abschmecken.
5. Fisch kurz ruhen lassen. Die harte Kruste öffnen. Den Fisch in der Kruste auftischen und dann die Kruste abheben. Dazu die Aioli reichen – und Stampfkartoffeln mit Knabbergemüse.

1 Std.
Pro Portion ohne Beilage 628 kcal, 38 g F, 7 g Kh, 64 g E

Info: Siedesalz ist grobes, industriell gewonnenes Salz; Wasser wird durch salzreiches Gestein gepumpt und dann erhitzt, bis alle Flüssigkeit verdampft ist. Zurück bleibt das Siedesalz – es ist preiswert und deshalb für die Kruste geeignet. Reste in den Müll entsorgen – auf keinen Fall ins Abwasser.
Tipp: Kruste am besten mit einem Sägemesser seitlich ansägen, bis sie sich abheben lässt. Fisch mit Backpapier auf eine Platte heben. Vorsichtig Fisch tranchieren, ohne zu viel Salz zu berühren. Haut nicht mitessen: Sie schützt den Fisch vor zu viel Salz, ist aber selbst zu salzig.

VARIANTEN

Sauce: Statt kalte Aioli können Sie auch eine warme Sauce aufschlagen: 250 ml Fischfond (eventuell Instant) mit 125 ml Weißwein etwas einkochen, würzen. 2 Eigelb schlagen, heißen Sud unterschlagen, dabei erhitzen, aber nicht ganz zum Kochen bringen, mit Salz und Pfeffer abschmecken.
Kruste: Die Salzkruste lässt sich auch mit Ingwer und Kaffirblättern aromatisieren oder mit Peperoni und Rosmarin.
Füllung: Hier eignen sich alternativ Mittelmeerkräuter wie Basilikum, Rosmarin und Thymian oder asiatische wie Koriander, Ingwer und Frühlingszwiebeln.

OFEN-KÜRBIS

Dieser Kürbis ist ein Augenschmaus – perfekt für Gäste. Kürbis, Paprika und Zwiebeln liefern zellschützendes Betakarotin und Vitamine satt. Senf und Berberitzen machen den Käse leichter verdaulich.

FÜR 8 PORTIONEN

1 Muskatkürbis (2–3 kg)
5 EL Tomatenmark
5 EL Körnersenf (Rotisseur-Senf)
1 TL Sambal Oelek
1 EL brauner Zucker, Salz
300 g rote Zwiebeln
2 Knoblauchzehen
2 rote Paprikaschoten
1 Bund Frühlingszwiebeln
2 Maiskolben (oder 200 g Mais, TK oder Konserve)
4 EL Olivenöl
30 g getrocknete Berberitzen
100 ml Weißwein
500 g würziger Hartkäse (Gouda, Raclette, Bergkäse)
200 g Schmand

1. Backofen auf 200 Grad vorheizen.
2. Den Muskatkürbis an seiner breiten Stelle „köpfen". Kerne und Fäden aus dem Inneren entfernen. Tomatenmark, Senf, Sambal Oelek, Zucker und 2 TL Salz mischen, die Hälfte innen in den Kürbis streichen. Kürbis 15 Min. im heißen Ofen vorwärmen.
3. Den Kürbisdeckel schälen, Stiel abschneiden, Kürbisfleisch hacken. Zwiebeln und Knoblauch schälen, feinwürfeln. Gemüse waschen und putzen. Paprika würfeln. Frühlingszwiebeln in feine Ringe schneiden. Maiskörner vom Kolben schneiden.
4. Zwiebeln in 2 EL Olivenöl braten, bis sie braun werden. Dann mit Kürbisfleisch, Paprika, Frühlingszwiebeln, Knoblauch und Mais mischen.
5. 100 g Käse beiseitelegen, Rest hacken und untermischen. Wein mit dem übrigen Gewürz-Mix, Berberitzen und 2 TL Salz unter die Mischung ziehen, Kürbis damit füllen und mit Käsescheiben belegen.
6. Im Backofen auf der unteren Schiene etwa 40 Min. backen. Mit Schmand servieren.

1 Std. + 10 Min., davon 40 Min. im Ofen
Pro Portion 493 kcal, 32 g F, 25 g Kh, 22 g E

Tipp: Für Fleischfans als Extra gebratene Würstchen (Nürnberger, Merguez) oder Riesengarnelen servieren.
Info: Rotisseur-Senf ist grob gemahlener Senf mit einem pikant-würzigen Geschmack. Er enthält noch einen großen Teil ganzer Senfkörner, wodurch er selbst durch starkes Erhitzen sein Aroma nicht verliert. Daher ist Rotisseur-Senf gerade für die warme Küche geeignet.
Auch lecker: Mit Hokkaido-Kürbis. Diesen von der Spitze her halbieren, dann entkernen und beide Hälften füllen. Die Schale können Sie bei Hokkaido-Kürbis mitessen. Mit einem Holzspieß von oben in den Rand stechen zur Garprobe – das Kürbisfleisch muss weich sein.

KÜRBISSPALTEN

Probieren Sie einmal Kürbisspalten vom Blech. Sie sind eine gesunde und leckere Beilage statt Kartoffeln. Dafür einen Hokkaido-Kürbis (gibt es teilweise fast ganzjährig im Reformhaus oder im Bioladen) waschen und halbieren. Die Kerne herauskratzen und den Kürbis mit Schale in 2 cm breite Spalten schneiden. Diese auf ein mit Backpapier ausgelegtes Backblech geben, mit 3 EL Kürbiskernöl beträufeln und 5 ungeschälte Knoblauchzehen zwischen den Kürbisspalten verteilen. Alles 30 Min. im Backofen bei 200 Grad backen.

QUICHE-VARIANTEN

Statt Spargel können Sie auch Zucchini- oder Tomatenscheiben verwenden.
Wenn Sie statt Spargel Zuckererbsen, Erbsen, Rucola, Blattspinat oder Mangold nehmen, das Basilikum weglassen oder durch 50 g Sesamsamen ersetzen.
Festes Gemüse wie Möhren, Kürbis oder Bohnen sollten Sie bissfest vorgaren. Auch hier Sesamsamen statt Basilikum verwenden.

SCHNITTEN-VARIANTEN

Pikant: Statt Käse schmecken auch 100 g Schinkenwürfel und 100 g gehackte getrocknete Tomaten.
Süß: Für süßen Dauerkuchen statt Fenchel, Rosmarin, Käse und Oliven 100 g Zucker und 100 g Trockenfrüchte wie Rosinen oder getrocknete Aprikosen in den Teig geben, Olivenöl durch neutrales Raps- oder durch Walnussöl ersetzen und die Nussmenge verdoppeln.

SPARGEL-QUICHE VOM BLECH

Dieser Quicheteig ist fettärmer als Mürbeteig und enthält gesundes Fett aus Rapsöl und Nüssen. Das Kalium aus dem Spargel hilft dem Organismus beim Entwässern.

FÜR 1 BLECH (8 PORTIONEN)

1 kg Spargel
4 Eier
3 Bund Basilikum
200 g Kräuter-Frischkäse
2 Becher Schmand
2 EL Grieß
Salz, Pfeffer, geriebene Muskatnuss
250 g Dinkel-Vollkornmehl
100 ml Rapsöl
100 g geriebene Nüsse

---

1. Spargel waschen, schälen und in ein feuchtes Tuch wickeln.
2. Eier trennen. Basilikum waschen, samt Stielen im Mixer mit Frischkäse, Eigelb, Schmand und Grieß pürieren, mit Salz, Pfeffer und Muskat würzen.
3. 100 ml Wasser aufkochen, Salz und Öl zugeben, zum Mehl gießen und zum Teig verrühren, Nüsse unterkneten. Den Teig in Alufolie wickeln und auf Handwärme abkühlen lassen.
4. Backofen auf 180 Grad vorheizen. Ein Backblech mit Backpapier auslegen. Teig auf dem Blech rasch ausrollen, einen Rand hochdrücken, mehrfach mit einer Gabel einstechen. Spargelstangen auf dem Teig verteilen.
5. Eiweiß steif schlagen, unter die Käsemasse ziehen und über dem Spargel verteilen.
6. Im Ofen auf der Mittelschiene etwa 30 Min. backen.

1 Std. 15 Min., davon 30 Min. Backen
Pro Portion 562 kcal, 45 g F, 26 g Kh, 14 g E

Tipp: Für eine Springform das Rezept halbieren.

OLIVENSCHNITTEN

Die Schnitten sind einfach zuzubereiten. Öl, Nüsse und Oliven liefern gesunde pflanzliche Fette, die Herz und Kreislauf stärken.

FÜR 1 BLECH (16 STREIFEN)

500 g Weizenmehl Type 1050
2 Päckchen Trockenhefe (oder 2 Würfel Hefe)
1 EL Fenchelsamen
1 EL Honig
200 ml Weißwein
300 ml Olivenöl
1 Zweig Rosmarin
3 TL Salz
200 g geriebener Grana Padano
200 g schwarze und grüne Oliven ohne Stein
200 g Walnusskerne (oder Pecannüsse)

---

1. Mehl mit Hefe mischen. Fenchelsamen mit 200 ml kochendem Wasser überbrühen, 10 Min. ziehen lassen, mit Honig mischen. Weißwein zugeben und samt Olivenöl unter das Mehl mischen. Den Teig 1 Std. gehen lassen.
2. Ein tiefes Backblech mit Backpapier auslegen. Rosmarinnadeln hacken, mit Salz und Käse unter den Teig ziehen und diesen auf dem Blech verteilen. Nüsse und Oliven in den Teig drücken, 1 Std. (zugedeckt) gehen lassen.
3. Backofen auf 180 Grad vorheizen, Blechkuchen mit Mehl überstäuben und auf mittlerer Schiene 30 Min. knusprig braun backen. In 4 cm schmale Streifen schneiden.

30 Min. + 2 Std. Gehzeit
Pro Streifen 436 kcal, 33 g F, 23 g Kh, 10 g E

Info: Die Schnitten lassen sich gut im Voraus zubereiten, wenn Gäste kommen. Sie schmecken auch zu Gegrilltem oder zum Wein.

MEDITERRANER TOPFENSTRUDEL

Magerer Frischkäse, fettarmer Teig und viel Gemüse machen den Strudel zum kalorischen Leichtgewicht. Rucola verleiht ihm Würze.

FÜR 4 PORTIONEN

250 g Rucola
1 Zwiebel
3–4 EL Olivenöl
100 g getrocknete Tomaten (ohne Öl)
1 unbehandelte Zitrone
2 Eier
500 g Frischkäse (20 % Fett)
50 g geriebener Parmesan
Salz
Pul Biber
500 g kleine Kirschtomaten
400 g Filoteig (4 Blatt)
Olivenöl zum Bestreichen und für die Form
3 EL schwarze Sesamsamen

1. Den Backofen auf 200 Grad vorheizen.
2. Rucola waschen, trocken schütteln und grob hacken. Zwiebel schälen, fein würfeln und in 1 EL Olivenöl andünsten, dann Rucola zugeben und kurz zusammenfallen und abkühlen lassen.
3. Die getrockneten Tomaten klein schneiden. Zitrone waschen und oberflächlich die Schale abreiben.
4. Eier trennen, Eiweiß steif schlagen. Eigelb mit Frischkäse, Parmesan, Salz und Pul Biber verrühren, die übrigen vorbereiteten Zutaten untermischen, mit Salz und Pul Biber abschmecken. Eischnee unterziehen, Tomaten waschen und trocken tupfen.
5. Die Filoteigblätter je nach Größe übereinander oder überlappend längs auf ein Küchentuch legen und dünn mit Öl einpinseln. Die Füllung daraufstreichen, die Ränder freilassen. Kirschtomaten darauf verteilen und den Strudel mithilfe des Küchentuchs zusammenrollen, beide Enden einschlagen.
6. Den Strudel wie ein Hufeisen auf ein mit Backpapier ausgelegtes Blech legen, mit Öl einpinseln und mit Sesam bestreuen.
7. Im Ofen auf der Mittelschiene ca. 35 Min. backen.

35 Min. + 35 Min. Backen
Pro Portion 448 kcal, 23 g F, 28 g Kh, 30 g E

Info: Die Türken brachten den Strudelteig vor etwa 400 Jahren nach Wien – es war der Filoteig, der im Gegensatz zu Blätterteig kaum Fett enthält. Heute gibt es ihn in unterschiedlichen Größen eingeschweißt und fertig ausgerollt in türkischen Lebensmittelgeschäften. Dort finden Sie auch schwarze Sesamsamen.

VARIANTEN

Auch lecker: Den Frischkäse durch Ricotta oder Magerquark ersetzen. Statt getrockneten Tomaten schmecken Oliven, statt Rucola Blattspinat.
Süß füllen: Mit Quark, 100 g Rosinen, 500 g Apfelstückchen oder Aprikosenspalten, 50 g Zucker, 1 Päckchen Vanillezucker und einem Mix zum Bestreichen aus Butter und Rapsöl.

STRUDELTEIG SELBST GEMACHT

100 g Mehl mit 50 ml lauwarmem Wasser, 1 Prise Salz, 1 Eigelb (Größe S) und 1 EL Öl mit der Küchenmaschine zu einem geschmeidigen Teig verkneten. Den Teig zu einer Kugel formen, mit Öl einpinseln und in Alufolie eingepackt 2 Std. bei Zimmertemperatur gehen lassen, dann hauchdünn ausrollen und -ziehen.

HIMBEER-RHABARBER

Himbeer-Rhabarber sorgt dafür, dass die Rhabarber-Creme eine schöne Farbe bekommt, denn er ist sehr rosig. Allerdings gibt es ihn nicht überall. Sie können für die Creme natürlich auch grünen Rhabarber nehmen – dann ist sie beige. Mit etwas Rote-Bete-Saft lässt sich das aber nachbessern. Alternativ können Sie Zwetschgen oder Äpfel verwenden und die Speise mit Heidelbeeren oder Himbeeren krönen.

HIMBEER-VANILLE-SAHNE

Gemischt mit Vanillejoghurt wird die Sahne sehr viel leichter und aromatischer – perfekt zu den Himbeeren.

FÜR 6 PORTIONEN

300 g Himbeeren (TK oder frisch)
200 ml Sahne
1 EL Zucker
500 g Vanillejoghurt
4 EL gehackte Pistazien zum Verzieren

1. Himbeeren auftauen lassen bzw. verlesen.
2. Sahne steif schlagen, Zucker dabei einrieseln lassen. Kurz bevor die Sahne richtig steif ist, den Vanillejoghurt beim Schlagen nach und nach einfließen lassen.
3. Himbeeren in eine große Schüssel oder 6 kleine Gläser geben und die Vanillesahne darauf verteilen. Mit gehackten Pistazien bestreut servieren.

10 Min. (ohne Wartezeit fürs Auftauen)
Pro Portion 226 kcal, 15 g F, 18 g Kh, 5 g E

Info: Himbeeren liefern viel Vitamin C, Mineralstoffe, unter anderem das oft knappe Eisen, und sekundäre Pflanzenstoffe, die den Körper schützen.

VARIANTEN

Exotisch: Statt Vanillejoghurt schmeckt auch Kokosjoghurt. Wer mag, verfeinert die Sahne mit einem Schuss Kokos- oder Orangenlikör.
Andere Früchte: Die Himbeeren können Sie durch andere Beeren oder Früchte wie z. B. gewürfelte Mango ersetzen.
Trifle: Für ein Trifle angefrorene Himbeeren und Sahne im Wechsel mit grob zerbröselten Löffelbiskuits (evtl. mit Himbeergeist beträufelt) einschichten und mindestens 1 Std. ziehen lassen.

RHABARBER-SPEISE MIT ERDBEEREN

Dieses fruchtige Frühlings-Dessert punktet mit Vitaminen und Mineralstoffen. Erdbeeren und Sahne mildern die Säure des Rhabarbers.

FÜR 6 PORTIONEN

3 Blätter Gelatine
700 g Himbeer-Rhabarber
100 g Zucker
50 ml Rosé-Wein
2 Eiweiß
100 ml Sahne
300 g Erdbeeren
2–3 Baisers

1. Gelatine in kaltem Wasser einweichen. Rhabarber waschen, in 1 cm große Stücke schneiden, mit Wein und der Hälfte des Zuckers in einem Topf etwa 10 Min. weich dünsten, zwischendurch umrühren. Gelatine ausdrücken und im Rhabarber auflösen. Kalt stellen.
2. Wenn die Rhabarbercreme abgekühlt ist, aber noch nicht geliert, Eiweiß steif schlagen, dabei restlichen Zucker einrieseln lassen, weiterschlagen, bis er sich gelöst hat. Sahne auch schlagen und unterziehen. Alles unter die Rhabarbercreme ziehen. In Schalen oder Gläser füllen und kalt stellen.
3. Vor dem Essen Erdbeeren waschen, putzen und halbieren, auf die Creme verteilen. Baisers zerdrücken und darüberstreuen.

30 Min. + 3 Std. Gelieren
Pro Portion 177 kcal, 5 g F, 25 g Kh, 4 g E

Info: Die Eier müssen extrafrisch sein und gut gekühlt – dann besteht keine Salmonellengefahr. Allerdings: Täglich sollten Sie rohes Eiweiß nicht essen, denn es hemmt die Aufnahme von Biotin.
Tipp: Wer Zucker sparen möchte, kann ihn teilweise oder ganz durch Süßstoff ersetzen.
Aus dem übrig gebliebenen Eigelb können Sie eine Aioli oder Mayonnaise (dann ohne Knoblauch) zubereiten (siehe Rezept Seite 193).

KOKOS-PANNA-COTTA MIT ANANASSALAT

Diese leichte, exotische Panna cotta kommt mit natürlicher Ananassüße aus.

FÜR 6 PORTIONEN

- 2 grüne Kardamomkapseln (oder 1 Messerspitze gem. Kardamon)
- 1 Dose Kokosmilch (400 ml)
- 7 Blatt weiße Gelatine
- 300 ml Ananassaft (Direktsaft)
- 2 Päckchen Vanillezucker
- ½ frische Ananas
- 1 Stück Ingwer (4 cm)
- 2–3 EL getrocknete Berberitzen (oder Rosinen)
- 1 Schuss weißer Rum, 2 EL flüssiger Honig
- eventuell Physalis zum Garnieren

1. Kardamomkapseln öffnen, Körner sehr fein zerstampfen und möglichst lange mit Kokosmilch ziehen lassen. Gelatine 10 Min. in kaltem Wasser einweichen. Kokosmilch erwärmen, Vanillezucker und tropfnasse Gelatine darin auflösen. Ananassaft nach und nach unterrühren.
2. 6 Förmchen (125 ml Inhalt) kalt ausspülen, Flüssigkeit einfüllen und mind. 4 Std. kalt stellen. Dann stürzen und mit Physalis (Kapstachelbeere) oder Ananasstückchen garnieren.
3. Vor dem Servieren Ananas schälen, vierteln und den Strunk entfernen, Ananas in Spalten, dann in Stücke teilen. Ingwer schälen und durch die Knoblauchpresse zur Ananas drücken, Berberitzen zugeben und mit Rum und etwas Honig ziehen lassen. Zur Panna cotta servieren.

20 Min. + Gelieren
Pro Portion 138 kcal, 0,5 g F, 30 g Kh, 2 g E

Info: Kardamom gibt Kokos die Frische. Er setzt sich beim Gelieren unten ab. Deshalb fein mahlen und länger vorher ziehen lassen.
Auch lecker: Für eine klassische Panna cotta 500 ml süße Sahne mit 300 ml Milch, 80 g Zucker und Vanillepulver nehmen.

ROTWEINBIRNEN MIT SESAM-HONIG-JOGHURT

Die eingelegten Birnen erinnern an den Orient. Birnen sind säurearm und besonders gut verträglich, Milchsäurebakterien des Joghurts ebenfalls.

FÜR 6 PORTIONEN

- 500 ml milder Rotwein (Spätburgunder oder Chianti)
- 1 Zimtstange
- 2 Gewürznelken
- 60 g Gelierzucker
- 700 g Birnen (am besten rundliche)
- 500 g griechischer Joghurt
- 30 g Sesamsamen
- 5 EL flüssiger Honig

1. Rotwein mit Zimt und Nelken in einem großen, flachen Topf zum Kochen bringen, etwa 5 Min. köcheln lassen. Inzwischen die Birnen waschen, achteln und dabei Kerngehäuse und Stil entfernen, in den kochenden Wein geben, einmal aufkochen, dann abkühlen lassen, Gewürze herausfischen und 24 Std. ziehen lassen.
2. Den Joghurt cremig aufschlagen. Sesam in einer Pfanne rösten, Honig zugeben und leicht karamellisieren lassen.
3. Birnen auf Tellern anrichten, Joghurt als Nockerl daneben setzen und mit Sesamhonig beträufeln.

20 Min. + 24 Std. Ziehenlassen
Pro Portion 322 kcal, 11 g F, 39 g Kh, 4 g E

Info: Griechischer Joghurt hat 10 % Fett, schmeckt aber ebenso cremig wie dreimal so fette Sahne. Aus Schafsmilch ist er besonders aromatisch und man findet ihn in vielen Lebensmittel-Kühlregalen. Kuhmilch-Joghurt evtl. mit Vanillezucker und Kardamom würzen.
Tipp: Für größere Mengen in Gläsern anrichten: Obst unten, Joghurt oben.
Auch lecker: Mit Apfel statt Birne.

FRUCHTIGE SCHICHTSPEISE

Schwarze Johannisbeeren enthalten Gerbstoffe, die dem Magen guttun. Die fruchtige Schichtspeise ist in einem gut verschließbaren Gefäß auch für unterwegs geeignet.

FÜR 6 PORTIONEN

200 g Vollkornbrot oder Pumpernickel
100 ml Sekt
1 Schuss Traubensaft
150 g Cassis-Fruchtaufstrich (schwarze Johannisbeere)
500 g Quark (40 % Fett)
150 g Naturjoghurt (3,5 % Fett)
3 EL flüssiger Honig
1 Päckchen Vanillezucker
300 g Charentais-Melone

1. Brot zerbröseln und mit dem Sekt, dem Traubensaft und dem Cassis-Fruchtaufstrich vermengen. Etwas durchziehen lassen.
2. Den Quark mit dem Joghurt glattrühren. Honig und Vanillezucker dazugeben. Die Melone in kleine (½ cm) Würfel schneiden und unter den Quark ziehen.
3. Alles in Schichten in Portionsgläser füllen.
4. Mit Melone garnieren, die übrige Frucht als Schiffchen schneiden und dazu servieren.

35 Min.
Pro Portion 346 kcal, 13 g F, 42 g Kh, 11 g E

Auch lecker: Pfirsiche anstatt Melone verwenden, dazu kurz heiß überbrühen und häuten. Sollte es keine vollreifen Früchte geben, dann verwenden Sie Pfirsiche aus der Dose.

SCHOKOSPEISE MIT MANGOKOMPOTT

Frische Mango und Kakao: Eine ungewöhnliche, reizvolle und sehr bekömmliche Kombination.

FÜR 6 PORTIONEN

1 reife Mango
75 ml Muskateller (oder Tokajer)
1 EL flüssiger Honig
400 ml Milch
40 g Vollkorngrieß
200 ml weißer Traubensaft
40 g Zucker
1 Päckchen Vanillezucker
2 EL Kakaopulver
150 ml Sahne
150 g TK-Himbeeren

1. Die Mango mit dem Sparschäler schälen, das Fruchtfleisch vom Kern schneiden und in 1 cm große Würfel schneiden. Mit Muskateller übergießen, mit Honig beträufeln und kalt stellen.
2. Die Milch in einem Topf zum Kochen bringen. Den Grieß in die kochende Milch einrühren, kurz aufkochen lassen, dann den Saft, Zucker, Vanillezucker und das Kakaopulver unterziehen und bei milder Hitze unter Rühren 3 – 5 Min. quellen lassen. Frischhaltefolie auf die Oberfläche legen und mindestens 4 Std. kalt stellen.
3. Himbeeren ca. 1 Std. vor dem Servieren auftauen lassen.
4. Kurz vor dem Servieren die Sahne steif schlagen, unter die Creme heben. Himbeeren vorsichtig unter das Mangokompott ziehen und servieren.

35 Min.
Pro Portion 256 kcal, 11 g F, 31 g Kh, 5 g E

Auch lecker: Wird sättigender mit 50 g gehackten Walnüssen. Wer mag, kann die Mangos auch kurz erwärmen – aber nicht kochen! Nach Geschmack mit Zimt oder Vanille würzen.

BUCHWEIZEN-BISKUIT MIT HIMBEERQUARK

Ein leichtes, fruchtiges Gedicht. Buchweizen enthält viele Mineralstoffe und schmeckt etwas nussig. Er zählt nicht zum Getreide und ist bei Gluten-Unverträglichkeit erlaubt.

FÜR 2 BISKUITROLLEN (20 STÜCK)

4 Eier
60 g Puderzucker
120 g Buchweizenmehl
3 EL Aprikosenkonfitüre
1 EL Orangenlikör
300 Quark (40 % Fett)
300 g griechischer Joghurt (10 % Fett)
100 ml Sahne
80 g Zucker
etwas abgeriebene Schale von 1 unbehandelten Zitrone
2 Päckchen Gelatine fix
300 g Himbeeren (frisch oder TK)
50 g Buchweizen

1. Backofen auf 180 Grad vorheizen. Ein Backblech mit Backpapier auslegen.
2. Eier trennen. Eiweiß sehr steif schlagen, nach und nach den Puderzucker einrieseln lassen. Das Mehl darübersieben, unterheben und zum Schluss die Eigelb unterziehen.
3. Teig aufs Blech streichen und im Backofen etwa 10 Min. goldgelb backen.
4. Den Teig längs halbieren. Jeden Teil mit einem feuchten Tuch bedecken und sofort samt Backpapier einrollen. Auskühlen lassen.
5. Die Aprikosenkonfitüre mit dem Orangenlikör glatt rühren.
6. Quark, Joghurt, Zucker, Zitronenschale und Gelatine fix gründlich verrühren. Die Sahne steif schlagen, unterziehen.
7. Beide Teigrollen ausrollen, erst die Konfitüre dann die Creme zu 2/3 gleichmäßig darauf verteilen. Mit jeweils 100 g Himbeeren belegen. Tiefgefrorene Himbeeren unaufgetaut verwenden, damit sie nicht zerdrückt werden.
8. Wieder einrollen. Mit der restlichen Creme rundherum bestreichen.
9. Den Buchweizen ohne Fett in einer beschichteten Pfanne rösten, bis er duftet. Rollen mit Buchweizen rundum bestreuen und mit Himbeeren belegen. Kühl stellen.

1 Std.
Pro Portion 106 kcal, 4 g F, 12 g Kh, 4 g E

Tipp: Der Teig bricht leicht, deshalb nach dem Backen noch warm einrollen.
Info: Gelatine fix muss weder quellen noch aufkochen. Sie kann direkt in die Flüssigkeit gegeben werden, ohne dass Klümpchen entstehen. Sie bekommen es in der Backwarenabteilung im Supermarkt.

VARIANTEN

Schokoladig: 2 TL Kakaopulver zum Buchweizenmehl geben.
Anderes Obst: Statt Himbeeren eignet sich anderes weiches Obst, zum Beispiel Mango- oder Melonenwürfel, Erdbeeren oder gehäuteter Pfirsich. Auch köstlich: in Weißwein pochierte Quitten- oder Apfelstückchen.

FRUCHTSCHNITTEN

Fruchtschnitten sind schneller fertig: Dafür denselben Grundteig backen und mit 300 g Kirsch-Fruchtaufstrich bestreichen. 6 Blatt Gelatine einweichen. 1 Glas Schattenmorellen (780 ml, netto 350 g) abgießen, Saft auffangen. Gelatine in 50 ml Saft erwärmen und auflösen, nach und nach übrigen Saft zugeben, kalt stellen. Kirschen grob pürieren, wenn der Saft beginnt zu gelieren, unterziehen. Auf die Kuchenplatte streichen und gelieren lassen. In Schnitten schneiden.

BELEGTE SCHOKO-TARTE

Kakao enthält Bioaktivstoffe und versteckt wunderbar das gesunde Vollkorn. Datteln sorgen für Ballaststoffe – und Süße.

FÜR 1 TARTEFORM Ø 28 CM (14 Stücke)

10 Datteln
200 g Vollkornmehl (Weizen oder Dinkel)
½ TL Backpulver
50 g Magerquark
2 Päckchen Vanillezucker
1 EL Kakaopulver, 1 Prise Salz
100 g Butter oder Margarine
1–2 EL Rum
20 g Schokolade (Vollmilch oder Zartbitter)
1 reife Mango
100 g Himbeeren
100 g Aprikosenkonfitüre
evtl. 1 EL Marillengeist

1. Datteln entkernen und mit dem Pürierstab fein zermusen. Mehl mit Quark, Vanillezucker, Kakao, Butter und Dattelmus verkneten. Ist der Teig zu trocken, etwas Rum zugeben.
2. Backofen auf 180 Grad vorheizen. Den Teig ausrollen und eine Tortenbodenform damit auslegen, mit einer Gabel mehrfach einstechen. Im Ofen (mittlere Schiene) 15 Min. backen.
3. Boden stürzen, Schokolade darüberraspeln, sodass sie noch schmilzt, evtl. dazu noch einmal kurz in den Ofen schieben.
4. Mango schälen, in Spalten vom Stein schneiden. Boden damit belegen, Beeren in die Lücken setzen. Konfitüre mit 1 EL heißem Wasser oder Marillengeist durch ein Sieb streichen, das Obst damit beträufeln.

30 Min. + 15 Min. Backen
Pro Stück 171 kcal, 7 g F, 23 g Kh, 3 g E

Auch lecker: Zum Belegen sind alle weichen Früchte wie Erd- oder Blaubeeren, Pfirsiche (gehäutet), Ananas, Melone (als Kugeln) geeignet.

TARTE TATIN

Ein unwiderstehliches Duo: karamellisierte Äpfel und knusprig-leichter Teig. Mehr Obst als Kuchen!

FÜR 1 TARTEFORM Ø 26 CM (14 Stücke)

750 g säuerliche Äpfel (z. B. Boskoop)
5 EL Rapsöl
4–5 EL flüssiger Honig
2 EL Sesamsamen
150 g dünne Filoteigblätter
2 EL Butter

1. Die Äpfel waschen und vierteln, Kerngehäuse entfernen, Schale längs einritzen. Backofen auf 220 Grad vorheizen.
2. Eine Tarteform mit Backpapier auslegen und mit Öl einpinseln. Honig und Sesam zugeben und etwa 5 Min. im heißen Ofen karamellisieren lassen.
3. Apfelviertel mit der Schale nach unten in die Form schichten. Butter schmelzen und mit dem Öl mischen. Filoteigblätter ausbreiten, mit dem Butter-Öl-Mix einpinseln und übereinander auf die Äpfel schichten, Ränder rundherum einschlagen. Oberfläche ebenfalls einpinseln.
4. In den heißen Backofen schieben (mittlere Schiene), Hitze auf 200 Grad reduzieren und etwa 25 Min. backen. Sofort behutsam auf eine Platte stürzen, warm oder kalt essen.

30 Min. + 25 Min. Backen
Pro Stück 134 kcal, 7 g F, 15 g Kh, 1 g E

Tipp: Die Tarte muss gestürzt werden, solange sie heiß ist, weil der Honig beim Abkühlen fest wird.
Auch lecker: Im Original wird Mürbeteig verwendet. Die Tarte klappt aber auch hervorragend mit Blätterteig. Sie schmeckt auch mit Rhabarber – dann die doppelte Menge Honig nehmen – oder mit Kürbis – dann mit Zitronenschale und -saft beträufeln. Statt Honig ist auch Zucker möglich.

MANDEL-CROISSANTS

Filoteig ist fettfrei – dazu kommt ein Öl-Butter-Mix. Vollkorn im Hefeteig sorgt für wertvolle Ballaststoffe.

FÜR 12 STÜCK

200 g Vollkornmehl (Dinkel oder Weizen)
½ Päckchen Trockenhefe oder ½ Würfel Hefe
200 ml Milch
1 EL Honig
100 g geriebene Mandeln
Salz
ca. 150 g dünner Filoteig
1 EL Butter
5 EL Rapsöl

1. Das Mehl mit Hefe mischen. Milch anwärmen, Honig darin lösen und mit dem Mehl und den geriebenen Mandeln zu einem weichen Teig verkneten. 1 Std. gehen lassen. Wenn er danach zu fest ist, weil das Vollkornmehl gequollen ist, etwas warmes Wasser unterarbeiten.
2. Hefeteig mit etwas Salz verkneten, zu einem großen Kreis ausrollen. In 12 Segmente schneiden.
3. Butter schmelzen und mit Öl mischen. Filoteig damit einpinseln, zu 12 Dreiecken zusammenfalten, Hefeteig deckend darauflegen, wieder einpinseln und von der breiten Seite zur Spitze rollen, Hörnchen formen und aufs Backblech setzen. Mit Öl-Butter-Mix bestreichen. 15 Min. gehen lassen.
4. Backofen auf 200 Grad vorheizen. Croissants in der Mitte des Ofens in etwa 15 Min. knusprig backen.

40 Min. + 1 Std. Gehzeit
Pro Portion 207 kcal, 14 g F, 16 g Kh, 5 g E

Info: Die Croissants werden mit Filoteig genauso knusprig wie mit Blätterteig. Sie lassen sich gut einfrieren.

MARONI-NAPFKUCHEN

Maroni sind fettarm und machen den Kuchen saftig. Dieser schmeckt auch toll zu Wein oder Punsch.

FÜR 1 FORM Ø 22 CM (12 Stücke)

250 g Dinkelmehl
2 TL Backpulver
1 unbehandelte Orange
etwas Orangensaft
100 g roher Rohrzucker
3 Eier
150 ml Rapsöl
50 g getrockneter Ingwer
1 TL Zimt
400 g vorgegarte Maroni

1. Mehl mit Backpulver mischen. Orangenschale waschen, dünn abraspeln, Saft auspressen.
2. Zucker mit Eigelb schaumig rühren, dann Rapsöl und Orangenschale zugeben. 200 g Maroni mit dem Pürierstab unter die Creme mixen. Ingwer fein hacken, mit Zimt und Mehl unterziehen. 120 ml Orangensaft (frisch gepressten Saft entsprechend mit Orangensaft auffüllen) und die übrigen 200 g Maroni im Ganzen unterrühren.
3. Den Backofen auf 180 Grad vorheizen. Napfkuchenform einfetten. Eiweiß steif schlagen, unter den Teig ziehen, in die Form füllen und auf der mittleren Schiene etwa 50 Min. backen.
4. Kurz rasten lassen, dann stürzen und mit Orangensahne (siehe Seite 201) auftischen.

40 Min. + 50 Min. Backen
Pro Stück ohne Sahne 322 kcal, 18 g F, 35 g Kh, 5 g E

Info: Maroni gibt es vorgegart im Vakuumpack. So werden sie frisch zubereitet: Oben kreuzweise einschneiden, bei 220 Grad im Ofen etwa 15 Min. garen, dann schälen.

GEFÜLLTE CROISSANTS

Köstlich sind die Croissants auch mit Füllung. Diese auf dem Hefeteig verteilen und dann mit einrollen.
Süß: Geeignet sind Mohnmasse (gibt es als Fertigprodukt), gehackte Walnüsse mit etwas Honig beträufelt, Aprikosenkonfitüre mit Sesamsamen oder einfach Raspelschokolade.
Pikant: Mit Käse, gehackten Tomaten in Öl, Olivenpüree, Pesto oder luftgetrocknetem Schinken füllen.

NAPFKUCHEN-VARIANTEN

Bananenkuchen: Banane statt Maroni nehmen – sehr lecker!
Obstkuchen: Mit rohen Apfelspalten oder Rhabarberstückchen statt der ganzen Maroni wird es ein Obstkuchen. Dann den Zimt durch Vanillezucker ersetzen.
Pikant: Zucker, Ingwer und Zimt weglassen und 100 g feine Schinkenwürfel unterziehen. Oder 40 g getrocknete Tomaten und 150 g Feta – beides gehackt.

WAS GIBT'S NEUES?

Noch nie gab es so viele Lebensmittel wie heute! Die Globalisierung, der Bioboom und neue Technologien haben eine unglaubliche Vielfalt auf dem Lebensmittelmarkt zur Folge.
Sie können aussuchen, was den Weg auf Ihren Teller findet. Doch dieses Angebot verlangt Kennerschaft. Und die bekommt man nur durch Ausprobieren, Riechen, Schmecken, Stöbern. Manches lernt man auf Reisen kennen, anderes auf dem Wochenmarkt, im Bioladen oder in Geschäften mit ausländischen Spezialitäten. Nehmen Sie sich die Zeit und lassen Sie sich auf Neues ein. Machen Sie ab und zu den Einkauf zur Expedition. Davon profitiert nicht nur der Gaumen, sondern womöglich auch die Fitness. Denn viele dieser neuen Lebensmittel haben auch ihre gesundheitlichen Pluspunkte.
Wie Sie Qualität erkennen, worauf zu achten ist bei Einkauf und Zubereitung und welchen Zusatznutzen Ihre Gesundheit davon hat, erfahren Sie auf den nächsten Seiten. In unseren Rezepten erhalten Sie Anregungen, wie Sie sie verwenden können. So können Sie gleich mit dem Ausprobieren starten!

GEWÜRZE

Die exotischen Küchen haben einen wahren Würzboom ausgelöst: Neue Gewürze werden angeboten und „alte" wiederentdeckt. Sie bieten nicht nur neue geschmackliche Reize, sondern haben auch viele Pluspunkte für die Gesundheit. Die größte Auswahl finden Sie in Geschäften mit asiatischen Spezialitäten (z. B. arabische, türkische, indische).

Chili & Co.

Chili oder Peperoni fand man zuerst in Südamerika und sie kamen mit Kolumbus in den Westen bis nach Asien. Capsaicin ist für die Schärfe verantwortlich und vor allem in Kernen und Innenwänden enthalten. Es regt die Durchblutung an und sorgt für innere Wärme – auch die Verdauung kommt in Schwung. Bei frischen Peperoni das Innere entfernen und nicht in Berührung mit den Schleimhäuten bringen: Es brennt höllisch! Da Capsaicin hitzefest ist, Chili am besten mitgaren. Leider sieht man den Schoten die Schärfe nicht an. Als Faustregel gilt: Je kleiner, desto schärfer – die Farbe spielt keine Rolle. Die meisten Chilischoten sind rot und haben eine leichte Süße. Sie passen zu süß-sauren und fruchtigen Gerichten, zu Ingwer und zu Schokolade. Getrocknet sind die Schoten noch schärfer und lassen sich in einer Mühle mahlen oder werden als Flocken angeboten. Die türkischen Pul Biber sind kleine rote Chiliplättchen. Sie werden mit anderen Gewürzen noch aromatischer. Chilimixe gibt's auch als Paste oder Sauce: Das rote und das grüne, mildere Tabasco kommt aus den USA, aus Asien das scharfe Sambal Oelek und das mildere Sambal Manis, aus Nordafrika das scharfe Harissa. Meist sind die Pasten gemischt mit anderen orientalischen Gewürzen. Sie sind auch ungekühlt mehrere Monate haltbar.

Ingwer

Die Ingwerwurzel bietet neben der sanften Schärfe, die nicht flüchtig ist, ein zitronig-frisches Aroma. Ganz frischer Ingwer lässt sich einfach durch eine Knoblauchpresse drücken. Ist er schon älter, ist es besser, ihn zu reiben – dabei lassen sich die Fasern entfernen – oder fein zu hacken.
Je später Sie Ingwer zugeben, desto stärker ist am Schluss das Aroma. Die Knolle ist im Gemüsefach des Kühlschranks 2 bis 3 Wochen haltbar. Ingwer regt mit seiner Schärfe die Verdauung und Durchblutung an und hilft bei Übelkeit und Erschöpfung.

Kardamom

Die grünen Kapseln des Ingwergewächses enthalten kleine aromatische Samen. Sie werden als Zusatz zu Kaffee und Tee und in Currys und Reisgerichten verwendet. Vor dem Gebrauch leicht zusammendrücken, damit sich der frische Geschmack entfalten kann. Die aufgedrückten Kapseln dann mitkochen und vor dem Servieren herausfischen. Sind die Kapseln blass, ist die Würzkraft schwach, auch in gemahlenen Samen verfliegt sie. Kardamom regt die Verdauung an und gibt dem Atem Frische. Schwarze Kapseln stammen von ähnlichen Pflanzen, sind aber viel würziger und oft geräuchert.

SCHARF MACHT GLÜCKLICH

Viele Kulturen schätzen scharfe Gewürze. Experten nehmen an, dass die Scharfstoffe Wärme- und Schmerzrezeptoren reizen. Das regt die Durchblutung an, was wiederum die Geschmacksknospen sensibilisiert: Schärfe wirkt also als natürlicher Geschmacksverstärker. Außerdem wirkt Schärfe anregend auf die Verdauung: Speichelfluss, Verdauungsenzyme, Bewegung von Magen und Darm werden aktiviert.

Kreuzkümmel (Cumin)

Kreuzkümmel gehört zur gleichen Familie wie Kümmel, schmeckt aber völlig anders und gibt indischen und orientalischen Gerichten ihr typisches Aroma. Er entfaltet es erst beim Rösten oder Garen. Kreuzkümmel gibt es gemahlen oder als ganze Samen zu kaufen. Vorteil der Samen: Sie bleiben länger frisch und aromatisch.

Pfeffer: Ein Klassiker und seine Verwandten

Pfeffer wirkt antibakteriell und hilft bei Verdauungsbeschwerden. Seine Schärfe kommt vom Piperin. Daneben enthält Pfeffer weitere gesunde Bioaktivstoffe wie Limonen und Eugenol. Unreif geerntet und gefriergetrocknet oder in Salzlake eingelegt, bleiben die Pfefferkörner grün, schmecken mild und passen zu zitronig-grünen Geschmacksnoten. Wird der unreife Pfeffer langsam getrocknet, fermentiert er und wird schwarz und scharf. Reifer Pfeffer wird geschält, ist weiß und etwas milder. Gerichte erst nach dem Garen pfeffern! Szechuanpfeffer wächst an einer anderen Pflanze und hat eine prickelnde Schärfe. Am besten vor Gebrauch rösten. Rosa Pfeffer ist weder Pfeffer noch scharf, sondern hat ein süßlich-zartes Aroma.

Wasabi und Meerrettich

Sie sind Spross beziehungsweise Wurzel von ganz unterschiedlichen Pflanzen, doch beide verdanken ihre Schärfe vor allem Senfölen. Ihre Schärfe macht sich im Nasen-Rachen-Raum bemerkbar. Meerrettichwurzeln – spitz oder rund, weiß oder schwarz – gibt's im Winter auf Wochenmärkten, sie sind frisch geraspelt besonders scharf. Milder wird es, wenn man etwas Sauerrahm untermischt. Der grüne Wasabi wurde mit den japanischen Sushis bekannt. Er wird als Paste oder getrocknet als Pulver zum Anrühren mit Wasser angeboten und ist sehr viel schärfer als Meerrettich. Mittlerweile gibt es Mischungen aus beiden mit leicht süßlichem Aroma – als Einstieg gut geeignet. Die Senföle sind leicht flüchtig. Deshalb Wasabi und geriebenen Meerrettich gut verschlossen halten und erst nach dem Garen frisch an die Gerichte geben. Kochen nimmt die Schärfe. Die Senföle wirken antibakteriell und schleimlösend. Sie sind ideal bei Erkältungen. Außerdem regen sie Speichel-, Magensaft- und Gallebildung und damit die Verdauung an.

DAS WECKT DIE WÜRZKRAFT

Für die meisten Gewürze gilt: je frischer, desto besser. Also keine großen Vorräte anlegen, sondern kleine Mengen in lichtgeschützter Verpackung möglichst kühl aufbewahren. Vor allem: möglichst unzerkleinert – denn Licht, Luft und Wärme lassen Aromen verfliegen.

Gewürze wie Pfeffer und Koriander ins Gericht mahlen, Muskatnuss frisch reiben, Fenchelsamen, Anis, Kreuzkümmel, Kümmel und grünen Pfeffer im Mörser zerstoßen.

Korianderkörner, Fenchelsamen, Anis, Kreuzkümmel und Curry schmecken intensiver, wenn man sie vor der Zubereitung röstet. Curry aber nur kurz rösten, sonst wird er bitter.

KRÄUTER

Kräuter, das heißt schon lange nicht mehr nur Petersilie, Dill und Schnittlauch. Erst kamen die Mittelmeerkräuter. Jetzt erobern asiatische Pflanzen und alte Klosterkräuter die Wochenmärkte. Dort sind sie auch am besten zu kaufen. Ideal: Lieblingskräuter im Topf oder Beet selbst ziehen, es lohnt sich! Die Pflanzen gibt's ebenso im Internet auf Bestellung. Sie haben nicht nur würzende, sondern zumeist auch eine heilende Wirkung. Fast alle regen die Verdauung an, einige wirken antibakteriell oder sogar gegen Erkältungskrankheiten. Außerdem sind die meisten Kräuter sehr reich an Vitamin C und an Mineralstoffen. Sie haben eine sehr hohe Nährstoffdichte. Auch kleine Mengen verbessern schon die Vitaminversorgung – wenn sie frisch sind.

DIE ZARTEN, FRISCHEN

Bärlauch

Bärlauch ist der Shootingstar unter den einheimischen Kräutern mit maiglöckchenartigen grünen Blättern, die intensiven Knoblauchduft verströmen. Frisch gibt es ihn nur von April bis Juni. Haltbar wird er mit Öl als Pesto oder tiefgefroren.

Koriandergrün

Koriander ist die Petersilie Asiens und war im Mittelalter in Europa ähnlich verbreitet wie Petersilie heute. Es gibt unterschiedliche Sorten. Die aus dem Asialaden schmecken weniger intensiv, was vielen recht ist, denn es gibt Korianderfans und entschiedene Gegner. Koriandergrün passt zu allen Gerichten mit Curry und Kokosmilch und ist auch für südamerikanische Gerichte typisch. Am besten frisch aufstreuen oder in Pasten verarbeiten. Es soll bei Magen-Darm-Erkrankungen helfen und macht Hülsenfrüchte leichter verdaulich.

Minze

Es gibt unendlich viele Arten von Minze, je nach Aroma als Orangen-, Ananas-, Limetten- oder Ingwerminze. Die marokkanische Minze ist typisch für orientalische Gerichte und wird zu Tee aufgebrüht, die japanische für Schmorgerichte verwendet. Minze hat ein starkes Mentholaroma, deshalb sparsam einsetzen. Sie wirkt auch gallentreibend, lindert Bauchweh und Husten.

Rauke (Rucola)

Rauke ist ein einheimisches Frühlingskraut, das mit dem Namen „Rucola" Karriere machte. Es kann als Gewürz, Salat oder Gemüse verwendet werden. Mit seinen Senfölen hat es ein kresseartiges Aroma, es regt die Verdauung und Durchblutung an. Rauke hat eine ausgeprägte Mittelrippe – deshalb zum Würzen am besten klein schneiden.

FRISCHE KRÄUTER LAGERN

Kräuter nie ins Wasser stellen: Ihr Stoffwechsel geht dann weiter, sie welken wie Blumen. Stattdessen in einer Box oder in Frischhaltefolie im Kühlschrank aufbewahren – das bremst den Abbau und hält einige Tage frisch.

Thai-Basilikum

Vertraut ist uns das Mittelmeer-Basilikum, das sehr zart ist und nicht mitkochen sollte. Doch es gibt eine unendliche Vielfalt anderer Basilikumarten von Limetten- bis zum indischen Basilikum. Am bekanntesten ist süßes Thai-Basilikum (Horapa) mit roten Stielen, das intensiver, etwas süßlicher, anisartig schmeckt und robuster ist. Es darf auch kurz mitkochen. Scharfes Thai-Basilikum (Grapau) ist herber. Er entfaltet sein Aroma sogar erst nach kurzem Kochen richtig. Die ätherischen Öle, Phenole und Flavonoide haben eine antioxidative Wirkung. Basilikum wirkt zudem magenstärkend und appetitanregend.

DIE DERBEN, HALTBAREN

Zitronengras & Kaffirblätter

Beide schmecken zitronig – aber nicht säuerlich! Das schilfartig-harte Zitronengras wird am besten frisch verwendet – ähnlich wie Lorbeerblätter. Das untere Ende entweder klein schneiden oder den Ansatz plattdrücken. Dann mitkochen und wieder entfernen. Das Innere des Wurzelansatzes kann zerrieben oder gehackt mitgegessen werden. Es passt wunderbar zu Kokosmilch und wirkt antibakteriell. Der Kaffirlimettenbaum ist tatsächlich mit Zitrusbäumen verwandt. Seine dunkelgrünen Blätter haben durch ätherische Öle einen intensiven Limettengeschmack. Am besten frisch verwenden oder auf Vorrat einfrieren, denn getrocknet verlieren sie an Aroma. Dann wie Lorbeer mitkochen und wieder entfernen oder zum Mitessen fein streifig schneiden oder musen. Ideal zu Kokosgerichten.

WÜRZWELTEN

Schon wenige Gewürze und Kräuter machen den typischen Geschmack von exotischen Gerichten aus – für den Einstieg ganz einfach.

Orientalisch: Zimt, Muskat, Pfeffer, Nelken, glatte Petersilie, Orangenschale, Zitronensaft, Vanille.
Indisch: Kurkuma, Kreuzkümmel, Koriandersamen und -grün, Chili, Kardamom, Macis.
Thai: Limetten-Kaffirblätter, Ingwer, Kokos, Limette, Curry, Thai-Basilikum, Koriandergrün.
China: 5-Gewürze-Pulver (Szechuanpfeffer, Sternanis, Nelken, Zimt, Fenchel), Ingwer.
Mexiko: Chili, Kreuzkümmel, Piment, Limette, Koriandergrün.
Mittelmeer: Rosmarin, Basilikum, Thymian, Oregano, Lavendel, Knoblauch.

Sie ähneln unserer Zitronenmelisse – deren Aroma verfliegt aber viel schneller und mitkochen sollte sie nicht.

Zitronen-Thymian

Eine frische Art des Thymians, wirkt wie er antibakteriell und verdauungsfördernd und passt zu Schmorgerichten. Auch getrocknet aromatisch.

GETREIDE

Getreide liefert nicht nur wertvolle Ballaststoffe, sondern auch hochwertiges Eiweiß. Wir essen Getreide vor allem als Brot. Die Vorteile des Korns lassen sich aber auch als Beilage genießen. Neue, schnelle und delikate Produkte helfen bei der Alltagsküche.

DAS BESTE VOM GETREIDE ZUM BACKEN

Es gibt eine große Vielfalt an Mehlsorten mit unterschiedlichen Backeigenschaften. Die richtige Wahl garantiert gutes Gelingen.

Vollkorn

Bei Vollkornprodukten müssen die Körner zwar noch vollständig erhalten sein, also den fett- und eiweißreichen Keim und die Außenschichten enthalten. Das Mehl muss aber nicht körnig, sondern kann auch fein vermahlen sein. Vollkornprodukte sind ballaststoffreich. Das sorgt für lange Sättigung und eine gute Verdauung. Die Ballaststoffe binden Schadstoffe, sodass diese schneller ausgeschieden werden. Für Vollkornmehle gibt es keine Typenkennzeichnung, denn sie enthalten die gesamten Mineralstoffe, Vitamine und Ballaststoffe, die das Korn mitbringt – das macht sie besonders wertvoll. Vollkorngebäck schmeckt leicht nussig.

Weizenmehl Type 1050 (Ruchmehl)

Dieses Mehl ist zwischen hellem und Vollkornmehl angesiedelt. Es ist fein gemahlen, enthält aber wertvolle Anteile der Randschichten des Weizenkorns. Geschmacklich ähnelt es dem häufig gebräuchlichen Weizenmehl der Type 405 und ist nur leicht dunkler. Beim Mineralstoffvergleich liegt jedoch das Mehl der Type 1050 weit vorne – der Gehalt ist fast dreimal so hoch. Ruchmehl kann genauso wie Weizenmehl der Type 405 verwendet werden. Es eignet sich besonders für aromatisches Gebäck, Mischbrot und Pizzen.

Dinkelmehl

Dinkel ist die Urform des heutigen Weizens und wird ebenso wie dieser als Back-, Brot- und Gebäckgetreide verwendet. Das Mehl hat einen leicht nussigen Geschmack und zeichnet sich durch einen hohen Eiweißgehalt aus. Wie Weizen enthält Dinkel auch Gluten.

Grieß

Bei Grieß handelt es sich um den grob gemahlenen Mehlkörper ohne Randschichten. Hartweizengrieß wird beim Kochen locker, bleibt aber schnittfest. Er eignet sich für Nudelteig, Klöße, Suppeneinlagen und Aufläufe. Weichweizengrieß wird beim Kochen weich und bleibt locker, er ist ideal für Süßspeisen wie Grießbrei und Kuchen. Es gibt ihn auch als Vollkornprodukt.

MEHR FLÜSSIGKEIT FÜR DUNKLERES MEHL

Bei der Teigbereitung benötigen dunklere Mehle mehr Flüssigkeit. Wird nur Vollkornmehl verwendet, steigt die Menge um 25 Prozent, bei Type 1050 um 15 Prozent und bei einer Mischung (1:1) aus Type 1050 und Weizenvollkornmehl um 15 bis 20 Prozent.
Tipp: die zusätzliche Flüssigkeit nach und nach zugeben.

DIE TYPENZAHL

Die Typenzahl gibt Auskunft über den Mineralstoffgehalt im Mehl, der nach dem Ausmahlen noch vorhanden ist. Je höher die Type, desto mehr Mineralstoffe sind enthalten und umso dunkler ist es. Ein Weizenmehl Type 1050 besitzt demnach 1050 mg Mineralstoffe pro 100 g Mehl. Je „vollkörniger" ein Mehl, desto schneller verdirbt es durch den fetthaltigen Keim. Vollkornmehle halten sich nur ca. 4 Wochen.

GETREIDE ALS LECKERE BEILAGE

Amaranth
Die feinen Körner sind eigentlich kein Getreide, sondern Grassamen aus den Anden, die es in sich haben: ein Drittel mehr Ballaststoffe und Zink als Weizenvollkorn, doppelt so viel Eisen und Magnesium sowie fünfmal mehr Kalzium machen es zu einem wahren Kraftkorn: beugt Osteoporose vor. Wir kennen es meist gepoppt als Bestandteil von Müslimixen. Dabei ist es auch gekocht eine feine Beilage.

Bulgur
Bulgur ist eine türkisch-orientalische Spezialität. Der vorgegarte, grob geschrotete Weizengrieß ist mit etwa 20 Minuten Garzeit ideal für die schnelle Küche und schmeckt nussig. Bulgur liefert viel Magnesium und Kalium.

Couscous
Couscous stammt aus Nordafrika. Er klebt nicht, ist bereits vorgegart und in 15 Minuten zubereitet, egal ob mit kaltem oder warmem Wasser. Couscous ist kein Vollkornprodukt.

Graupen
Graupen sind polierte Gerstenkörner, schmecken mild-süßlich und waren vor 100 Jahren Alltagskost. Durch das Polieren gehen Nährstoffe verloren, dennoch enthalten sie noch eine gute Portion Niacin für Nerven und Haut, Zink für das Immunsystem sowie Folsäure und Eisen für die Blutbildung.

Hirse
Hirse zählt vor allem in Afrika zu den Grundnahrungsmitteln. Die Körner sind klein und rundlich. Die Farbe variiert je nach Sorte von weiß, grau bis hin zu gelblich oder rötlich. Hirse ist besonders reich an Eisen und Kieselsäure (siehe Seite 102).

Instant-Grütze
Grützen bestehen aus grob zerkleinerten Getreidekörnern. Durch ihren hohen Ballaststoffgehalt sind sie sehr sättigend. Instant-Grützen – erhältlich in Bioläden – sind vorgedämpft und quellen besonders schnell – ideal als Beilage.

Quinoa
Die Samen des Knöterichgewächses stammen wie Amaranth aus den Anden. Das Quinoakorn ist etwas größer als Amaranth, aber ebenso wertvoll. Seine Pluspunkte sind vor allem ein hoher Anteil an knappen Aminosäuren: Quinoa-Eiweiß ist deshalb Weizen oder Soja überlegen. Es enthält sehr viel Eisen und Zink – ideal für alle, die wenig Fleisch essen. Quinoa enthält auch Saponine, Bioaktivstoffe, die die Pflanze schützen, aber bitter schmecken und bei empfindlichen Menschen die Darmschleimhaut schädigen können. Durch Reinigung und Trocknen während der Herstellung werden diese Stoffe aber deaktiviert.

Zartweizen
Zartweizen ist naturbelassener, vorgegarter Weizen, der wie Reis gekocht wird, aber weniger Kochzeit benötigt. Er ist reich an Eiweiß, Phosphor, Niacin und Ballaststoffen.

HÜLSENFRÜCHTE

Hülsenfrüchte punkten durch sehr viel pflanzliches Eiweiß, wenig Fett und viele Ballaststoffe. Neben Eisen, Folsäure und Vitamin B_1 sind Hülsenfrüchte reich an Bioaktivstoffen: Saponine, die den Cholesterinspiegel senken und antibakteriell sowie gegen Pilze wirken. Außerdem sind Phytoöstrogene (siehe Seite 19), die pflanzliche Variante von Östrogenen, in allen Hülsenfrüchten enthalten, vor allem aber in Sojabohnen.

Natürlich weisen auch grüne Bohnen, Erbsen und Zuckererbsen diese Vorteile auf. Aber damit erschöpft sich das Angebot lange nicht. Es gibt viele neue, delikate Arten von kleinen, harten Hülsenfrüchten. Wir stellen sie Ihnen auf dieser Seite vor. Die größte Auswahl finden Sie in Bioläden und in indischen Lebensmittelgeschäften. Kichererbsen und viele Bohnensorten gibt es auch fertig gegart in der Dose. Übrigens: Auch Erdnüsse zählen zu den Hülsenfrüchten, ebenso Alfalfa.

Bohnen in vielen Varianten

Rote Kidneybohnen sind bei uns vor allem durch Chili con Carne bekannt geworden. Sie haben eine etwas derbe Haut, sind mehlig und eignen sich für deftige Eintöpfe. Zwei italienische Sorten dagegen sind zarter und gefälliger: Die bräunlich gesprenkelte Borlotto-Bohne gibt es in zwei Größen. Kleiner und feiner sind die weißen Cannellini-Bohnen.

Die großen weißen Lima-Bohnen werden weich und zart, zerfallen aber nicht: gut für Salate. Die grünen Mungbohnen sind die Basis für Sojasprossen. Die kleinen schwarzen Urdbohnen werden zu Dal, also Bohnenbrei gekocht. Dies ist nur eine kleine Auswahl. In Bioläden werden Sie noch zahlreiche weitere Bohnensorten finden: Ausprobieren lohnt sich!

Linsen: Von weich bis knackig

Die feinen Linsensorten erobern die Gourmetszene. Schon die Namen signalisieren Genuss: Schwarze Beluga- oder Kaviarlinsen, bräunliche Champagner- oder Château-Linsen, grüne Puy-Linsen oder braune Berglinsen sind alle zart, würzig und knackig und brauchen nicht eingeweicht zu werden. In 20 bis 30 Minuten sind sie gar, ideal für die schnelle Küche, für Salate, Sülzen und Eintöpfe. Rote gespaltene Linsen sind in 15 Minuten weich, verkochen schnell und eignen sich eher für Suppe und Püree.

Kichererbsen

Kichererbsen werden als Gemüse in Eintöpfen und Salat zubereitet, vor allem aber püriert mit Sesampaste als Hummus, ein arabischer Dip, serviert. Sie sind gut verträglich. Geröstet sind sie Nüssen ähnlich und werden scharf gewürzt in asiatischen Läden als Snack angeboten.

SO WERDEN HÜLSENFRÜCHTE BEKÖMMLICHER

Säure in Essig oder Zitronensaft erleichtern die Verdauung. Gewürze wie Basilikum, Bohnenkraut, Ingwer, Curry, Nelken, Piment, Majoran wirken entblähend. Die Hülsenfrüchte sollten außerdem richtig gar sein. Manchmal werden sie püriert besser vertragen.

HÜLSENFRÜCHTE RICHTIG KOCHEN

Getrocknete Hülsenfrüchte müssen die Flüssigkeit, die ihnen entzogen wurde, wieder einlagern. Deshalb weicht man sie mehrere Stunden in Wasser ein – je derber und je älter sie sind, desto länger. Bei Linsen kann man darauf verzichten. Einweichen verkürzt die Garzeit. Salz verhindert die Wasseraufnahme – und Säure ebenfalls. Deshalb Hülsenfrüchte erst nach zwei Drittel der Kochzeit salzen und nachträglich säuern. Wenn sie dann noch nachziehen, wandert das Salz ins Gemüse. Je weicher das Wasser, desto schneller werden Hülsenfrüchte gar. Früher gab man bei hartem Wasser Natron zu – aber das zerstört Vitamin B_1! Gewürze und mediterrane getrocknete Kräuter am besten mitkochen.
Tipp: Einweich- und Garwasser möglichst mitverwenden beziehungsweise knapp bemessen. Es enthält ausgeschwemmte Bioaktiv- und Mineralstoffe. Bei Lima-Bohnen allerdings wegschütten, es enthält giftige Stoffe.

Sojabohnen

Sojabohnen sind kulinarisch uninteressant.
Aber sie sind Grundlage vieler Produkte von Sojamilch, -joghurts und -cremes bis zu Tofu, dem Sojaquark.
Die Stiftung Warentest testete Sojadrinks und stellte gute Noten aus. Wichtig war dabei die Anreicherung mit Kalzium (mindestens 120 mg/ 100 ml), denn die Drinks werden als Alternative zu Milch ausgelobt, enthalten aber viel weniger Kalzium. Tofu gibt es in vielen Varianten bis hin zu geräucherten Platten. Er ist auch Grundlage vieler pflanzlicher Aufstriche, die cholesterinfrei und eiweißreich sind und für Vegetarier eine Alternative zu Wurst. Als Bratlinge gibt es Tofu in interessanten Geschmacksrichtungen. Wer auf den Cholesterinspiegel achten muss, kann ab und zu darauf zurückgreifen.

Sprossen: Noch gesünder

Alle Hülsenfrüchte eignen sich vorzüglich zum Ziehen von Sprossen. Dazu müssen sie 24 Stunden in Wasser einweichen und werden dann täglich durchgespült. Beim Keimvorgang werden die Kohlenhydrate des Samens gespalten, auch Fett wird abgebaut. Dafür steigt der Vitamin- und Ballaststoffgehalt um ein Vielfaches an, Phasin, ein schädlicher Stoff in rohen Hülsenfrüchten, wird abgebaut. Deshalb kann man Sprossen nach gründlichem Waschen auch roh essen. Aber Vorsicht: Sprossen schimmeln im feuchten Milieu schnell.

GEMÜSE UND OBST

Exotische Obst- und Gemüsesorten kommen auf den Markt, alte Sorten werden wiederentdeckt. Nostalgiesorten findet man vor allem auf dem Wochenmarkt. Die Auswahl nimmt ganz besonders bei Kartoffeln, Äpfeln und Salaten zu. Exotisches gibt's beim Türken, Inder, im Asialaden, Supermarkt oder Bioladen.

Ananas
Reife Früchte erkennen Sie am Duft und der eher gelben Farbe. Frische Ananas enthält Bromelain, ein eiweißspaltendes Enzym, das Gelatine auflöst und Milchprodukte bitter macht. Alternative: Erhitzte Ananas (Dose) verwenden oder mit Agar-Agar eindicken. Auch Kiwi, Mango, Papaya oder Feigen enthalten eiweißspaltende Enzyme. Vorteil: In Marinade machen sie Fleisch zart.

Avocado
Avocados werden meist hart gekauft und reifen nach. Am schnellsten geht das, wenn man sie neben Äpfel oder Bananen lagert. Reife Avocados geben auf Druck etwas nach, sollten aber innen nicht braun sein. Lagerung im Kühlschrank stoppt die Reifung für ein paar Tage. Avocado-Mus ersetzt Butter auf dem Brot auf gesunde Art durch reichlich mehrfach ungesättigte Fettsäuren.

Artischocken
Ihre Bitterstoffe tun Leber und Galle gut. Große Artischocken eignen sich zum Dippen – nur ihr weicher Stielansatz und der Boden sind essbar. Die Kleinköpfigen sind zart und lassen sich füllen: Die harten Spitzen abschneiden und eventuell das „Heu" auf dem Boden entfernen. Den Rest kann man essen. Artischocken gibt es frisch oder sauer eingelegt als Herz oder Boden in der Dose (siehe Seite 177).

Berberitzen
Berberitzen sind kleine, rote, säuerliche Strauchbeeren. Sie haben antibakterielle Wirkung und helfen bei Gallen- und Leberbeschwerden. Aktuelle Studien bestätigen ihnen blutzucker- und cholesterinsenkende Wirkung. Berberitzen sind in Orientläden hauptsächlich getrocknet erhältlich.

Cranberries
Ihre Inhaltsstoffe wirken zum einen antibakteriell und lindern Harnwegsentzündungen, zum anderen besitzen sie ein hohes antioxidatives Potenzial – das soll die Zellen vor Schäden bewahren. Cranberries sind frisch, getrocknet und als Saft (mindestens 25 Prozent Fruchtsaftgehalt) erhältlich. Leider ist beides oft stark gezuckert.

Granatapfel
Der Granatapfel punktet als Antioxidans und soll gegen Krebs vorbeugen. Die Kerne eignen sich frisch als Zutat für Desserts. Einfacher: Granatapfel wie Orangen auspressen. Granatapfel gibt es beim Türken von November bis Januar. Er lässt sich bei Zimmertemperatur 2 bis 3 Wochen lagern. Einfacher: Reiner Granatapfelsaft aus dem Bioladen – passt ideal statt Zitronensaft ins Dressing.

Kürbis
Kürbisse sollten geschält werden. Nur beim Hokkaido-Kürbis wird beim Garen auch die Schale weich und kann mitgegessen werden. Sehr aromatisch sind Moschus-, Speisekürbis, Türkenturban und Spaghettikürbis. In der Saison gibt es sie auf dem Wochenmarkt, ganzjährig im Bioladen. Sie sind kalorienarm und gesund durch viel Karotin.

Mango
Am besten schmecken reif gepflückte Früchte: Sie duften und geben auf Druck nach. Unreife Früchte reifen schneller mit Äpfeln in einer Plastiktüte. Im Kühlschrank sollte man sie nie lagern. Mangos sind Karotin-Knüller und besonders magenmild.

Paksoi
Paksoi ist ideal für den Wok. Sein Geschmack erinnert an Chinakohl, er ist aber milder, saftiger und bekömmlicher. Sie bekommen ihn im Asialaden.

Palmenherzen
Es gibt sie hier nur säuerlich eingelegt als Konserve. Sie ähneln optisch dem Spargel, sind dicker und schmecken knackig-frisch.

Pastinaken
Weiße Wurzeln, die Petersilienwurzeln ähneln und wie Karotten und Kartoffeln verwendet werden. Sie sollen den Magen beruhigen (siehe Seite 90).

Quitten
Sie sind reich an Pektinen – die schützen Herz und Darm und normalisieren den Blutzuckerspiegel. Quitten sind nur gegart genießbar – als Kompott, Mark (Quittenbrot) oder in süß-sauren Orientgerichten. Dank wenig Säure sind sie gut verträglich. Nur von September bis Dezember ist Saison.

Süßkartoffeln
Das Angebot ist vor allem im Bioladen groß. Die rotfleischigen sind aromatischer, die weißen eignen sich besser für Püree. Sie können wie Kartoffeln gekocht, geröstet oder gebraten werden, sind süßlich und etwas kalorienreicher (siehe Seite 90/91).

Wasserkastanien
Sie sind in der Dose im Asialaden erhältlich. Ein spezieller Eiweißkleber bewirkt, dass sie auch gegart ihren spannend-knackigen Biss behalten (siehe Seite 186).

SÄFTE IM TEST

Das Ergebnis von Stiftung Warentest: Lang haltbare Orangensäfte besitzen fast genauso viel Vitamin C wie frisch gepresste aus dem Kühlregal, sind aber günstiger. Auch teure Direktsäfte sind gegenüber günstigen Konzentraten in puncto Vitamingehalt nicht deutlich besser. Übrigens: Trüber Apfelsaft wird nicht, wie oft vermutet, weniger behandelt als klarer. Aber er enthält deutlich mehr Bioaktivstoffe (im Schnitt ca. 300 mg/l)! Auch Traubensäfte sind gesund: Reichlich Flavonoide wirken antiallergisch und entzündungshemmend. Vorsicht: 1 Liter Traubensaft hat 760 Kalorien – deshalb zum Durstlöschen lieber mit Wasser verdünnt als Schorle trinken. Das gilt für Fruchtsäfte generell.

HONIG, SIRUPE, ZUCKER & CO.

Sehen Sie Süße als aromatische Zutat zum raffinierten Abschmecken von Gerichten. Ein isoliertes Süßungsmittel wie Haushaltszucker (Saccharose) ist relativ kalorienreich. Außerdem lässt er vor allem pur genossen den Blutzuckerspiegel sehr rasch ansteigen, gefolgt von einem ebenso raschen Abfall – da kommt schnell wieder Hunger auf. Sirupe und Dicksäfte enthalten zwar noch Spuren von wertvollen Mineralstoffen oder Vitaminen, aber auch sie bestehen letzten Endes aus Zucker. Am besten alles Süße in kleinen, feinen Mengen genießen.

Agavendicksaft

Er wird aus Agaven (= Familie der Sukkulenten) gewonnen, süßt stark, aber fein neutral und löst sich gut. Er ist perfekt zum Süßen von Müsli, Joghurt, Getränken und Desserts.

Ahornsirup

Dieser aromatische Sirup wird aus dem Saft des Zuckerahorns eingekocht. Die helle Sorte ist mild und eignet sich zum Süßen. Der dunkle ist besonders gut zum Backen und Würzen. Wichtig: Ahornsirup ist süßer als Zucker, 75 g Sirup ersetzen 100 g Zucker. Beim Backen sollten Sie dann 1 bis 2 Esslöffel weniger Flüssigkeit nehmen.

Apfeldicksaft

Apfeldicksaft wird durch Einkochen von Apfelsaft gewonnen. Er schmeckt kräftig malzig-säuerlich – ideal für fruchtige und pikante Speisen. Es gibt auch Dicksaft aus Birne und Mixe mit Holunder, Sanddorn und anderen Früchten. Die meisten Vitamine gehen bei der Herstellung verloren, doch die Mineralstoffe bleiben erhalten. Die Süßkraft ist durch die Säure reduziert.

WAS STECKT DAHINTER?

Verpackungsaufschriften sind oft verwirrend. Hier ein paar Erklärungen:

Zuckerfrei: Es dürfen nicht mehr als 0,5 Prozent Zucker enthalten sein (Saccharose, Fruktose, Glukose).

Ohne Zuckerzusatz: Es dürfen keine Einfach- und Zweifachzucker sowie keine süßenden Lebensmittel zugesetzt werden. Das heißt keine Glukose (Dextrose, Traubenzucker), Fruktose (Fruchtzucker), Galaktose, Mannose sowie keine Saccharose (Kristallzucker), Maltose (Malzzucker), Laktose (Milchzucker), Isomaltose und Isomaltulose.

100-prozentiger Fruchtsaft ohne Zuckerzusatz: Es sind natürlicherweise 5 bis 15 Prozent Zucker enthalten.

Ohne Zusatz von Kristallzucker: Außer Saccharose (Kristallzucker) dürfen alle Zucker enthalten sein.

Fruchtsüße

Erzeugt werden diese farblich und geschmacklich neutralen Sirupe aus Obst und Gemüse. Sie enthalten Traubenzucker (Glukose) und Fruchtzucker (Fruktose). Ernährungsphysiologisch sind sie dem Haushaltszucker weitgehend gleichzusetzen. Deshalb Vorsicht: sparsam verwenden.

Honig

Honig enthält zellschützende Antioxidanzien sowie Pinocembrin, ein hitzestabiles Antibiotikum, und Kaffeesäure – beide wirken antibiotisch. Dies alles natürlich nur in sehr kleinen Mengen. Leider ergaben Untersuchungen der Stiftung Warentest, dass in vielen Produkten gesundheitsschädliche Stoffe enthalten sind – in allen Preisklassen.

Süßstoffe

Süßstoffe sind synthetische Verbindungen, die bis zu 30 000-mal süßer sein können als Haushaltszucker. Sie liefern keine Kalorien und haben keine Blutzuckerwirkung. Deshalb werden sie oft in diätetischen Lebensmitteln, als Tafelsüße oder in Getränken verwendet. Außer Thaumatin und Aspartam sind sie zum Backen geeignet. In Verbindung mit manchen Lebensmitteln entwickeln Süßstoffe einen metallischen oder lakritzartigen Geschmack. Zugelassene Süßstoffe sind: Acesulfam-K (E 950), Aspartam (E 951), Cyclamat (E 952), Saccharin (E 954), Thaumatin (E 957), Neohesperidin DC (E 959), Sucralose (E 955), Aspartam-Acesulfam-K. Derzeit als Lebensmittel in der EU noch nicht zugelassen ist Stevia, ein süßendes Kraut.

Zucker

Die folgenden Varianten sind ursprünglicher als weißer Zucker – trotzdem verursachen sie Karies und haben reichlich Kalorien.
Demerarazucker ist eine dunklere Variante des Rohrohrzuckers und zeichnet sich durch seine großen Kristalle aus. Er hat eine goldene Farbe und schmeckt malzig. Dank seiner feinen Süße schmeckt er im Tee, im Kaffee und in Backwaren.

Rohrohrzucker wird aus Zuckerrohr gewonnen. Er schmeckt karamellartig und enthält noch geringe Mengen an Mineralstoffen und Melasse – deshalb die braune Farbe. Er eignet sich für Cocktails, zum Backen (Lebkuchen), für Süßspeisen.
Vollrohrzucker ist getrockneter Zuckerrohrsaft mit einem relativ hohen Anteil an Mineralstoffen wie Magnesium, Kalium und Eisen. Er hat einen starken Eigengeschmack und eignet sich besonders für die Vollwertküche.

Zuckeraustauschstoffe

Der Geschmack dieser Zuckeralkohole entspricht dem von Zucker. Sie haben weniger Kalorien (2,4 kcal/100g), ihre Süßkraft ist aber schwächer. Das macht auch die Kalorienersparnis zunichte. Ihr Vorteil: Sie sind zahnfreundlich. Zuckeraustauschstoffe werden verzögert in den Blutkreislauf aufgenommen. Sie regen jedoch auch die Verdauung an. Vorsicht: Der Verzehr größerer Mengen kann zu Durchfall führen. Sie finden sie unter folgenden Namen und E-Nummern: Isomalt (E 953), Maltit/Maltitsirup (E 965), Mannit (E 421), Laktit (E 966), Sorbit/Sorbitsirup (E 420), Xylit (E 967).

NÜSSE, KERNE, ÖLE

In Nüssen und Samen stecken neben gesunden mehrfach ungesättigten Fettsäuren auch reichlich Bioaktivstoffe und Vitamine, Eiweiß und Ballaststoffe. Sie helfen, den Bedarf an Eiweiß, Eisen, Zink und Kalzium zu decken.

Kürbiskerne

Ungeschält sehen sie beige aus, nur der steirische Kürbis hat die grünen, schalenlosen Kerne, aus denen auch das Kürbiskernöl gewonnen wird. Geröstet entfalten sie ihr Aroma am besten.

Macadamia

Die „Königin der Nüsse" hat den feinsten Geschmack. Außerdem ist sie die Nuss mit dem meisten Fett (70 Prozent) – davon sind der Hauptteil jedoch herzgesunde ungesättigte Fettsäuren. Dadurch ist sie relativ weich und lässt sich gut pürieren.

Sesam

Sesam ist spitze bezüglich seines Eisen- und Zinkgehalts. Geschält ist er fast weiß und schmeckt feiner, ungeschält ist er eher bräunlich und hat viel mehr Ballast- und Mineralstoffe. Zu Mus gemahlene Samen werden als Tahin bezeichnet. Auch ihn gibt es weiß aus geschälten Samen und bräunlich aus den ungeschälten. Seltener bekommt man den dekorativen schwarzen Sesam. Er wird oft verwechselt mit dem pfeffrig-aromatischen Schwarzkümmel, der dreieckige Samenkörner hat.

SO BLEIBEN NÜSSE AROMATISCH

Nüsse werden durch ihren hohen Fettgehalt schnell ranzig. Deshalb kühl und trocken aufbewahren, am besten luftdicht verschlossen im Kühlschrank. Ganze Nüsse mit Schale halten sich 2 bis 9 Monate. Geschälte und zerkleinerte nicht länger als ein paar Wochen. Sie lassen sich gut einfrieren, die Haltbarkeit verlängert sich so auf ein Jahr. Rösten ohne Fett, bis sie duften, weckt das Aroma.

Öle: Olive oder Raps?

Öle liefern essenzielle Fettsäuren, die Herz und Gefäße schützen. Je höher ihr Gehalt an Omega-3-Fettsäuren, desto gesünder (siehe Seite 16). Deshalb wird Rapsöl für die Ernährung am positivsten bewertet. Dann folgen Walnussöl, das teure Weizenkeimöl, Sojaöl, Olivenöl, Maiskeimöl, Sonnenblumenöl. Distelöl dagegen ist weniger empfehlenswert. Es hat zwar einen extrem hohen Linolsäuregehalt, herzgesunde einfache Fettsäuren (Ölsäure) und Omega-3-Fettsäuren fehlen aber fast völlig. Am besten für die warme Küche neutrales Rapsöl bevorzugen, für kalte Zubereitungen die aromatischen Kaltpressöle.

Öl mit Aroma
Je nach Belieben können Sie Öle aromatisieren. Trüffel oder Gewürze wie Rosmarin, Thymian, Ingwer, Knoblauch und Chili eignen sich dafür ideal. Auch gut: sehr würzige Öle wie Kürbis- oder Traubenkernöl mit neutralen Sorten mischen.

Arganöl
Der Arganbaum wächst nur in Marokko. Die Früchte werden kaltgepresst, das Öl ist ca. 2 Jahre haltbar. Arganöl hat den höchsten Gehalt der essenziellen Fettsäure Linolsäure und an Vitamin E. Das Öl ist sehr teuer. Gibt's im Bioladen.

Kürbiskernöl
Das dunkle, grünliche Öl hat einen pikanten nussig-röstigen Geschmack, weil die Kerne vor der Pressung geröstet werden. Eher Würze als Öl. Am besten im Kühlschrank aufbewahren.

Olivenöl extra nativ
Extra natives Olivenöl ist schonend kaltgepresst und schmeckt angenehm aromatisch. Es ist sehr reich an Polyphenolen. Seine Ölsäure beeinflusst den Cholesterinspiegel positiv und verringert das Risiko für Arterienverkalkung und Herzinfarkt. Die Stiftung Warentest fand in Tests allerdings viel mangelhafte Qualität. Geschmack und Geruch sind gute Qualitätskriterien.

Sesamöl
Das gelbbraune Öl aus geröstetem Sesam wird in der chinesischen Küche als Würzöl verwendet. Dank seines hohen Gehaltes an antioxidativen Substanzen ist das Öl sehr lange haltbar.

Traubenkernöl
Kaltgepresstes Traubenkernöl ist grün und schmeckt fruchtig-nussig.

Weizenkeimöl
Es hat eine goldgelbe Farbe, sein Geschmack erinnert an Getreide. Neben Arganöl ist es das Vitamin-E-reichste Öl und ziemlich teuer.

PFLANZENÖLE: FETTSÄURENANTEILE IM VERGLEICH IN PROZENT

Quellen: DGF (Dt. Ges. für Fettwissenschaft); Souci-Fachmann-Kraut 1994

Grafik: Kati Hamming

MILCH UND MILCHPRODUKTE

Sie liefern leicht verdauliches Eiweiß und sind unser wichtigster Kalziumlieferant. Der Milchzucker unterstützt die Kalziumaufnahme und wirkt positiv auf die Darmflora. Für Vegetarier ist diese Lebensmittelgruppe besonders wegen ihres Gehalts an Vitamin B_{12} von Bedeutung. Einziger Haken: Milchprodukte können sehr fettreich sein.

Die neuen Haltbaren

Pasteurisierte Frischmilch ist im Kühlschrank 5 bis 6 Tage haltbar. Durch die schonende Pasteurisation sinkt der Gehalt der Vitamine B_1, B_6, B_{12}, Folsäure und Vitamin C nur um 10 Prozent, der an Mineralstoffen und den hitzestabilen Vitaminen A, D, E, B_2, Niacin, Pantothensäure und Biotin bleibt stabil.
ESL steht für Extended Shelf Life – längeres Leben im Regal. Diese Milch ähnelt der Frischmilch, ist aber ungeöffnet 21 Tage haltbar. Der Vitaminverlust beträgt bei ihr zwischen 10 und 20 Prozent. ESL-Milch wird im Handel als „hocherhitzt" gekennzeichnet.
H-Milch ist absolut keimfrei und lässt sich bei Zimmertemperatur lagern. Allerdings enthält sie im Gegensatz zur pasteurisierten Milch 20 Prozent weniger Vitamine (vor allem Vitamin B).

Soja – eine Alternative zu Kuhmilch?

Sojaprodukte sind für Veganer und Milchallergiker eine Alternative. Sie enthalten hochwertiges Eiweiß und reichlich sekundäre Pflanzenstoffe (Isoflavone), aber kaum Kalzium. Wenn Sie Soja-Drinks als Milchersatz nehmen, sollten sie deshalb mit Kalzium angereichert sein.

Saure Sahne & Co.

Sie helfen Saucen zu binden, denn sie haben eine cremige Konsistenz, die sie durch langes Kochen und Pürieren aber verlieren können. Deshalb immer erst zum Schluss zugeben. Am besten fettarme Produkte bevorzugen: Crème légère ist mit 15 Prozent Fett die leichte Variante von Crème fraîche und ebenso zu verwenden. Bei Schmand Fettgehalte von etwa 20 Prozent oder mit 10 Prozent Fett Saure Sahne verwenden, die aber schnell ausflockt.

ÜBERFLÜSSIG: SPRÜH- UND KUNSTSAHNE

Sprühsahne kann geschmacklich nicht mit selbst geschlagener Schlagsahne mithalten, auch zerläuft sie viel schneller. Die Zutatenliste ist lang: Neben Schlagsahne, Süßungsmitteln, Zucker und Traubenzucker enthalten sie Treibgas (Distickstoffmonoxid), Verdickungsmittel (Carrageen), Stabilisatoren (Natriumphosphat) und Aromastoffe (Vanille). Die schnelle Sahne verlockt auch zum häufigen Gebrauch, gerade dann, wenn sich extra Sahne schlagen nicht lohnt. Vorsicht: Rückstände in der Spritztülle schimmeln schnell. Auch Soja-Schlagcreme kann nicht mit echter Schlagsahne mithalten. Pluspunkt: Sie hat nur halb so viele Kalorien.

Die Süßen

Bei süßer Sahne lohnt es sich, auf Qualität zu achten, denn es gibt erhebliche Unterschiede (test 7/2007). Frische Sahne schnitt im Test besser ab als H-Sahne. Sahne kann eingefroren werden, ist dann aber nicht mehr schlagfähig. Crème double ist eine schnittfeste süße Sahne mit 42 bis 45 Prozent Fett, ebenso wie die italienische Panna, die meist mit Bindemittel stabilisiert ist. Beide sind ideal für Saucen und Speisen, die keine Säure, aber Konsistenz brauchen. Fettärmer ist Kaffeesahne mit nur 10 bis 15 Prozent Fett: ideal, um Saucen und Suppen fettarm abzuschmecken.

Käse-Tipps

Vor der Nachtruhe gegessen hemmt Käse mit seinem Kalzium den Knochenabbau, der in Ruhephasen stattfindet, besonders gut. Zur Verhinderung des Schimmelwachstums wird die Oberfläche bei manchen Käsesorten mit dem natürlichen Konservierungsstoff Natamycin behandelt. Dann die Rinde abschneiden.
Bei geriebenem Käse fand die Stiftung Warentest in Proben mitunter schädliche Keime. Auch die Qualität ließ zu wünschen übrig – lieber selbst reiben. Dann weiß man, was man hat!

PRO- UND PREBIOTISCHE MILCHPRODUKTE

Über kaum eine Lebensmittelgruppe gibt es so viele Studien! Probiotische Milchprodukte enthalten Bakterienkulturen, die in großer Zahl den Darm erreichen und dort ihre Wirkung entfalten. Sie können die Häufigkeit von Erkrankungen des Verdauungssystems und der Atemwege senken, denn sie verbessern die Darmflora, schützen die Darmschleimhaut und unterstützen die Bildung körpereigener Abwehrkräfte. Prebiotische Produkte enthalten Substanzen (Oligsaccharide), die die Darmflora anregen. Sie haben eine ähnlich positive Wirkung. Wichtig ist die tägliche Aufnahme. Eine ähnliche Wirkung hat dann auch normaler Joghurt.

DER ABSOLUTE FETTGEHALT VON KÄSE

Weil der Käse im Verlauf der Lagerung an Wasser und Gewicht verliert, wird der Fettgehalt immer auf die Trockenmasse bezogen (Fett i. Tr.). Der absolute Fettgehalt liegt niedriger. Er lässt sich so berechnen:

Käsesorte	Absoluter Fettgehalt
Frischkäse	Fett i. Tr. x 0,3
Mozzarella	Fett i. Tr. x 0,4
Weichkäse	Fett i. Tr. x 0,5
Schnittkäse	Fett i. Tr. x 0,6
Hartkäse	Fett i. Tr. x 0,7

FISCH UND MEERESFRÜCHTE

Zu einer gesunden Ernährung gehören Fisch und Meeresfrüchte. Das Angebot ist groß und bietet kulinarische Abwechslung.

FISCH

Fisch enthält leicht verdauliches Eiweiß, die Vitamine A, B und D sowie Mineralstoffe und Spurenelemente – vor allem Jod – und mehrfach ungesättigte Fettsäuren, die Omega-3-Fettsäuren. Sie sind gut für das Gehirn – das belegte unter anderem eine Studie der Universität Bordeaux: Senioren entwickelten nach 7 Jahren seltener Demenz, wenn sie einmal in der Woche Fisch aßen. Fischfett beeinflusst außerdem Blutfettspiegel, Blutdruck und Fließeigenschaften des Blutes günstig. Dadurch sinkt das Risiko für Herz-Kreislauf-Erkrankungen. Salzwasserfische enthalten mehr gesunde Fettsäuren und mehr Jod als Süßwasserfische. Pro Woche sind eine Portion (70 g) fettreicher und eine Portion magerer (80 bis 150 g) Fisch ideal. Aber aufgrund der großen Nachfrage sind einige Arten überfischt und vom Aussterben bedroht. Zunehmend dominieren Farmfische das Angebot.

Die Barschfamilie

Ihre Vertreter sind sehr unterschiedlich groß, sie sind größtenteils im Süßwasser – einige aber im Salzwasser – heimisch.
Dorade hat wenig Gräten und festes, weißes Fleisch. Sie wird maximal 70 Zentimeter lang und wiegt dann bis zu 2,5 kg – ideal für die Zubereitung im Ganzen. Aber auch Filets werden angeboten. Prima zum Braten, Dünsten und Grillen – dann mit Haut. Gezüchtet kommen die Fische ganzjährig aus den Mittelmeerländern.
Pangasius kommt aus dem Mekongdelta und wurde unter den Hausbooten als „Hausfisch" gehalten. Heute kommt er aus Farmen. Sein Filet ist sehr saftig und hat einen milden Geschmack. Sie können ihn braten, dämpfen und grillen.
Tilapia lebt in tropischen Gewässern und wird vorwiegend in China/Taiwan gefarmt. Sein Fleisch ist weich und süßlich – ideal für exotische Gerichte, am besten schonend braten oder dünsten.
Wolfsbarsch (Loup de mer) hat zartes, kurz-faseriges weißes Fleisch. Der Seefisch hat kaum Gräten und eignet sich zum Dünsten, Grillen, Schmoren, Braten. Wird er nicht gegrillt oder gedünstet, den Fisch nicht schuppen – so bleibt er saftiger.
Zander ist unter den Süßwasserbarschen der größte. Sein Fleisch ist mager und zart. Er wird im Ganzen oder filetiert zubereitet. Am besten schmecken seine Filets auf der Haut gebraten.

Die Lachsfamilie

Diese Fische haben ein zartes Fleisch, kommen hauptsächlich aus Farmen und leben vorwiegend im Süßwasser, der Lachs auch im Salzwasser.
Star ist der Lachs – wegen seiner Größe am besten als Filet zu verwenden. Als ganze Seite ist er ideal für die große Runde.
Forellen haben wenige, harmlose Gräten und festes, zartes Fleisch. Gängigste Sorte ist die Regenbogenforelle aus der Teichwirtschaft. Bachforellen kommen aus Gebirgsbächen. Mit karotinhaltiger Nahrung gefüttert, werden sie zur rotfleischigen Lachsforelle.
Ebenfalls rotfleischig und etwas aromatischer ist der Bachsaibling. Bach- und Regenforelle sind mager, Lachsforelle und Lachs dagegen eher fett. Deshalb eignen sie sich auch gut zum Grillen. Die magere Forelle ist pochiert am besten – wenn sie sehr frisch ist, bricht sie dabei aber leicht.

Seeteufel (Lotte)

Der Seeteufel kommt aus dem Atlantik oder dem Mittelmeer und besitzt weißes, mageres, festes Fleisch ohne Gräten. Seeteufelfilets lassen sich gut in Medaillons schneiden, garen schön fest und zart: der absolute Luxus. Seeteufel kann durch Steinbeißer (Seewolf) oder St. Petersfisch ersetzt werden.

MUSCHELN

Auch sie profitieren vom Farming. Während früher Miesmuscheln nur in Monaten mit „r" gegessen werden durften, sind sie heute ganzjährig genießbar. Denn in den Farmen wird das Wasser kontrolliert, sodass sich Algengifte selbst in den warmen Monaten nicht entwickeln können. Die luxuriösen Jakobsmuscheln sind vor allem durch Tiefkühlung ganzjährig zu passablen Preisen auf dem Markt. Lebende Muscheln in feuchte Tücher gewickelt im Kühlschrank aufbewahren.

GARNELEN, SHRIMPS, KRABBEN

Es gibt mehr als 2 000 Garnelenarten, 300 davon werden wirtschaftlich genutzt. Verwirrung stiften vor allem die unterschiedlichen Namen: Shrimps bezeichnet im Englischen kleine Exemplare, Prawns größere. Die Spanier nennen die Meerestiere Gambas, die Franzosen Crevettes. In Italien sagt man Scampi.

Abgesehen von den nicht so hochwertigen Konserven gibt es Garnelen frisch oder tiefgefroren jeweils roh oder gegart. Greifen Sie bei Tiefkühlprodukten eher zu den rohen – sie schnitten im Test geschmacklich besser ab als gegarte. Sie erkennen sie an ihrer grauen Färbung: Garnelen werden erst beim Garen rosig. Wichtig: gegarte Garnelen nur noch schonend erwärmen, nicht mehr kochen. Entwarnung gab die Stiftung Warentest hinsichtlich schädlicher Rückstände. Der WWF (www.wwf.de) gibt aktuell Informationen, welche Garnelen in ihrem Bestand gefährdet sind.

VORSICHT HITZE!

Fisch gart schon bei Temperaturen unterhalb des Siedepunktes. Deshalb am besten pochieren, also gar ziehen lassen. Braten und grillen lassen sich vor allem festere, fette Fische. Am besten Filets mit Haut braten – dann bleiben sie saftig.

WILD ODER FARM?

Durch die Überfischung der Meere wird die Ware knapp. Farming hilft, die Nachfrage zu decken. Wer ganz sicher sein will, wählt Produkte aus Biofarmen. Wenn Sie nicht auf gefährdete Arten wie Rotbarsch, Schellfisch oder Kabeljau verzichten wollen, sollten Sie auf das Siegel des „Marine Stewardship Council" achten.

FLEISCH

Fleisch punktet besonders durch den hohen Eiweißgehalt, Eisen und Zink, aber auch durch B-Vitamine. Die Nährstoffe liegen außerdem in einer gut verwertbaren Form vor. Tierische Fette sollten allerdings nicht im Übermaß genossen werden. Doch Fleisch und Wurstwaren enthalten heute erheblich weniger Fett als früher. Wer durch Lebensmittelskandale verunsichert ist, kann zu Biofleisch greifen. Hier haben Sie die Garantie für artgerechte Haltung, Futter vorwiegend aus eigener Herstellung, keinen Einsatz von Antibiotika und kurze Schlachtwege (EG-Öko-Verordnung). Wenn Sie ganz auf Fleisch verzichten, sollten Sie häufiger Vollkorn, Hülsenfrüchte, Nüsse und Samen essen. So stellen Sie eine ausreichende Versorgung mit Eiweiß und Mineralstoffen wie Eisen und Zink sicher.

Geflügel

Das reine Muskelfleisch ist bei allen Geflügelarten mit weniger als einem Prozent Fett extrem fettarm. Aber Vorsicht: Fleisch mit Haut ist kalorienreich, denn unter der Haut sitzt das meiste Fett. Durch seinen geringen Anteil an Bindegewebe ist Geflügelfleisch besonders leicht verdaulich.

Lamm

Lammfleisch stammt von Schafen, die jünger als zwölf Monate sind. Sind die Tiere älter als ein Jahr, wird ihr Fleisch als Schaffleisch deklariert. Tiere unter sechs Monaten sind Milchlämmer – ihr Fleisch ist sehr hell. Lammfleisch ist reich an gesunden Fettsäuren – da Schafe generell (egal, ob bio oder konventionell) auf der Wiese oder Weide grasen.

Rind

Das feinste Fleisch geben Rassen, die nur zur Fleischproduktion gehalten werden wie Charolais, Limousin, Angus, Hereford und Galloway. Die Milch der Tiere dient hier ausschließlich der Aufzucht der Kälber (Mutterkuhhaltung).

Schwein

Schweinefleisch ist zart und mild. Schnitzel, Filet und Geschnetzeltes sind mager, Rippchen, Rückensteaks und Keule sind mit Fett durchwachsen und lassen sich gut grillen – das Fett brät dann aus.

Revolutionär: Niedrig-Temperatur-Garen

Diese Methode gart Fleisch schonend. Für die Bräunung wird das Fleisch angebraten – alternativ mit einer Würzpaste wie Pesto einstreichen. Dann bei 70 (kleinere Stücke) bis 80 Grad (größere Stücke) im Backofen garen. Der Saft zirkuliert im Inneren und verteilt sich im ganzen Stück. Der Vorteil: Das Fleisch bleibt rosa und zart. Am besten mit einem Fleischthermometer die Kerntemperatur überprüfen, denn bei jedem Backofen kann die Hitzeeinstellung etwas anders ausfallen:

- Rinderfilet braucht ca. 2¼ Stunden
- Schweinefilet ca. 1½ bis 1¾ Stunden
- Lammkeule 3 bis 4 Stunden
- Schweinerücken 2 bis 2½ Stunden.

Nach dieser Zeit auf 60 Grad reduzieren – dann bleibt das Fleisch bis zum Servieren warm und gart nicht weiter. Eine Sauce muss extra zubereitet werden, weil das Fleisch keinen Fond entwickelt.

MAGERER AUFSCHNITT

Bevorzugen Sie magere Wurstsorten (mit weniger als 15 Prozent Fett) wie Puten- oder Hähnchenbrust, Kochschinken, Geflügelwurst, Bierschinken, Corned Beef und Kassler. Doch Achtung: Geflügelwurst ist nicht automatisch fettarm – oft wird Speck verarbeitet. Rechtlich spricht nichts dagegen, solange der Geflügelanteil stimmt. Steht „rein" auf der Verpackung, wurde die Wurst ausschließlich aus Geflügel hergestellt. Und: Wenn der Geschmacksträger Fett fehlt, werden Produkte oft mit Aromastoffen aufgepeppt.

ES MUSS NICHT IMMER WURST SEIN

Brotaufstriche sind neben Käse als Alternative zur Wurst der Megatrend. Durch Zutaten wie Vollkorn, Tofu, Hefen, Hülsenfrüchte oder Nüsse sind sie cholesterinfrei und trotzdem eiweißreich. Sie enthalten viele Ballaststoffe und meist nicht so viel Fett. Außerdem machen sie Butter oder Margarine überflüssig.

Mariniertes

Unter fertig mariniertem Fleisch kann sich schlechte Qualität verbergen. Die Marinade enthält häufig Aromastoffe oder Geschmacksverstärker, außerdem lässt sich die Frische des Fleisches nicht mehr auf den ersten Blick feststellen. Wenn mariniertes Fleisch beim Durchschneiden im Innern bräunlich verfärbt ist, nicht mehr verwenden.

Küchenlatein

Sie können das Fleisch vor dem Anbraten getrost salzen – die Würze zieht dann besser ein. Nur wenn es länger steht, könnte das Salz dem Fleisch Flüssigkeit entziehen. Pfeffer lieber nicht mit anbraten – er entfaltet sich frisch gemahlen nach dem Garen viel besser. Paprika und Curry dagegen tut Hitze gut. Nach dem Braten Steaks und kleinere Stücke in Alufolie gewickelt 5 bis 10 Minuten ruhen lassen – so kann sich der Fleischsaft im Inneren wieder gleichmäßig verteilen und das Fleisch bleibt zart.

Wurst & Aufschnitt

Der größte Teil der Aufschnittsorten ist gepökelt. Dabei wird Fleisch mit speziellem Pökelsalz (eine Mischung aus Nitrit und Kochsalz) behandelt. Das Salz entzieht dem Fleisch Wasser und macht es haltbar und aromatisch. Außerdem verbindet sich der Blutfarbstoff des Fleisches mit dem Nitrit – dadurch bleibt es gegenüber Hitze und Sauerstoff stabil und behält seine rosige Farbe. Das beim Pökeln verwendete Nitrit reagiert beim Braten: Krebserzeugende Nitrosamine können entstehen. Diese Umwandlung kann auch im Körper passieren. Gleichzeitiges Essen von Vitamin-C-reichem Gemüse, Salat oder Saft kann diese Gefahr verringern.

Luftgetrocknet

Eine sehr schonende Konservierungsmethode, bei der Schinken, Salami oder Rinderkeule gesalzen und monatelang getrocknet werden. Parma- und Serranoschinken, Bündner Fleisch und zahllose Salamis werden so behandelt. Sie sollten hauchdünn aufgeschnitten werden und sind eine eiweißreiche und – bis auf die Salami – magere Delikatesse.

SERVICE

KRANKHEITEN VORBEUGEN

Adipositas (krankhaftes Übergewicht), Diabetes und das Metabolische Syndrom sind bei uns zu Volkskrankheiten geworden. Durch Lebensstil und Ernährung können Sie selbst viel dazu beitragen, diesen Krankheiten vorzubeugen. Auf den folgenden Seiten haben wir die wichtigsten Informationen kurz für Sie zusammengefasst.

DIE RECHENFORMEL FÜR DEN BMI LAUTET:

$$\frac{\text{Körpergewicht in kg}}{(\text{Körpergröße in m})^2} = \text{BMI}$$

Beispiel: Sie sind 1,64 m groß und wiegen 79 kg:

$$\frac{79\ \text{kg}}{1{,}64\ \text{m} \times 1{,}64\ \text{m}\ (= 2{,}68)} = \text{BMI}$$

Nach: Universität Hohenheim

WÜNSCHENSWERTER BMI NACH ALTER

Alter	BMI
19–24 Jahre	19–24
25–34 Jahre	20–25
35–44 Jahre	21–26
45–54 Jahre	22–27
55–64 Jahre	23–28
über 64 Jahre	24–29

ÜBERGEWICHT UND ADIPOSITAS

Die neuesten Zahlen der zweiten Nationalen Verzehrsstudie belegen es: Je älter wir werden, desto eher laufen wir Gefahr, übergewichtig zu werden (siehe Grafik rechts unten). Über die Ursachen wird gemutmaßt, geforscht und gestritten. Letzten Endes ist es aber ganz einfach: Es sammelt sich Fett in den Depots, wenn wir mehr Kalorien aufnehmen als wir verbrauchen.

Der Body-Mass-Index

Seit 1997 nutzt die Weltgesundheitsorganisation (WHO) den Body-Mass-Index (BMI) als Standardmaß zur Einteilung in fünf Gewichtskategorien. Ihren BMI können Sie berechnen, indem Sie Ihr Körpergewicht (kg) durch das Quadrat Ihrer Körpergröße dividieren (siehe Rechenformel Kasten links). Das Ergebnis können Sie mit den Zahlen des wünschenswerten BMI in der Tabelle links vergleichen. Ab einem BMI über 30 wird es in jedem Fall kritisch. Denn dann steigt das Risiko für Herz-Kreislauf-Erkrankungen um 49 Prozent. Das fand ein Forscherteam aus den Niederlanden heraus.

Übergewicht ist nicht gleich Übergewicht

Es ist für das Gesundheitsrisiko vor allem wichtig, wo die Fettpölsterchen sitzen. Aus diesem Grund werden adipöse (lat. adeps = fett) Personen nach ihrem Fettverteilungsmuster in zwei Gruppen eingeteilt:
Beim Birnentyp sind die Fettdepots hauptsächlich an Hüfte, Po und Oberschenkeln zu finden. Apfeltypen haben ihre Problemzonen um den Bauch herum. Das Fettverteilungsmuster ist häufig geschlechterspezifisch, wobei Männer meist zu den Apfel- und Frauen zu den Birnentypen zählen. Apfeltypen haben ein erhöhtes Risiko, am Metabolischen Syndrom zu erkranken (siehe Seite 240/241). Zu welchem Typ Sie gehören, können Sie leicht mithilfe eines Maßbandes herausfinden. Als Maßstab benutzt man hier den Bauch- beziehungsweise Taillenumfang. Messen Sie Ihren Taillenumfang in der Höhe des Bauchnabels (in der Mitte zwischen

unterem Rippenbogen und Oberkante des Hüftknochens).
Ab einem Umfang von mehr als 94 Zentimeter bei Männern und 80 Zentimeter bei Frauen gehören Sie zum Apfeltyp und damit ist das Risiko für Herz-Kreislauf-Erkrankungen erhöht. Zeigt das Maßband bei Männern mehr als 102 Zentimeter und bei Frauen mehr als 88 Zentimeter, ist das Risiko sogar deutlich erhöht.

Ist Übergewicht wirklich schädlich?

Es gibt einzelne Studien, die keine gesundheitlichen Risiken von Übergewicht sehen. Und natürlich jede Menge Einzelbeispiele von glücklichen, gesunden Dicken. Doch die sind in der Minderzahl. Folgende Krankheiten werden laut WHO durch Adipositas mitverursacht:

- Probleme mit dem Bewegungsapparat, also Verschleißerscheinungen von Hüfte und Knie sowie Rückenprobleme
- Diabetes
- Krebs (Brust, Darm, Gebärmutter, Speiseröhre, Niere)
- Koronare Herzkrankheiten
- Metabolisches Syndrom

Geheimrezept Diät?

Die Moden wechseln: Meist wird mit den Nährstoffen Eiweiß, Fett und Kohlenhydraten jongliert. Nachdem in den letzten Jahrzehnten „Low Fat“ der Renner war, wurde er zunehmend von „Glyx- und Low-Carb-Diäten“ und neuerdings von eiweißreichen Kuren abgelöst. Es gibt Trennkost, mal sind Zwischenmahlzeiten gefragt, dann wieder nicht. Fest steht: Wer zu viel isst, nimmt zu. Darüber hinaus sind wir alle Individuen, die man schwer in einen gemeinsamen Diät-Topf stecken kann. Wir verstoffwechseln das Essen nicht alle gleich, reagieren unterschiedlich auf verschiedene Ernährungsweisen und Lebensmittel. Diäten, bei denen man in kurzer Zeit viel abnimmt, sollten eher als Motivationskick betrachtet werden. Oder als jährliche – aber kurze – Fastenkur. Danach ist es wichtig, das neu erlangte Gewicht langfristig zu halten und den Jo-Jo-Effekt zu vermeiden. Dies gelingt nur, wenn die Energieaufnahme dem täglichen Energieverbrauch entspricht. Gewohnheiten ändern ist gefragt – vor allem nach der Lebensmitte. Ernährungsumstellung und Bewegung sind hier die entscheidenden Stichworte. Die besten Tipps für einen gesunden Lebensstil finden Sie auf den Seiten 22 bis 33.

MIT DEM ALTER STEIGT DAS GEWICHT

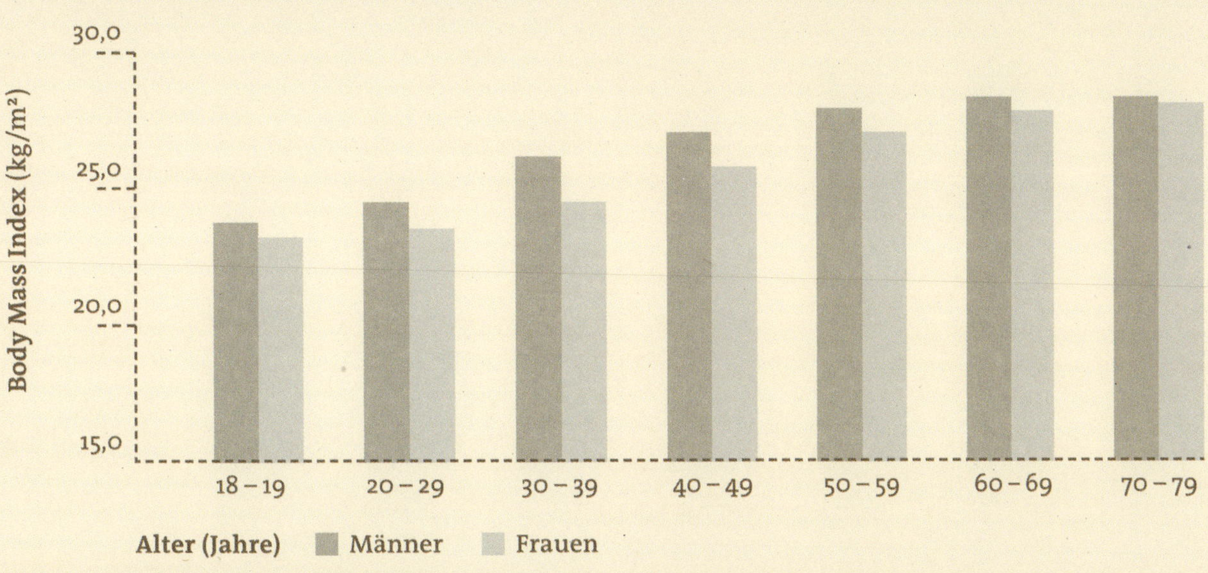

DIABETES

Mehr als 6 Millionen Diabeteskranke gibt es laut Deutscher Diabetes-Gesellschaft bei uns – Tendenz steigend. Im Jahr 2010 könnten bereits 10 Millionen Menschen an Diabetes erkrankt sein. Zu rund 90 Prozent handelt es sich um den Typ-2-Diabetes – die Form der Krankheit, die wir zum größten Teil selbst verschulden! Denn Auslöser für diese Form des „Altersdiabetes" ist unter anderem Übergewicht. Meist entsteht Diabetes erst in der zweiten Lebenshälfte, heute sind auch schon jüngere Übergewichtige davon betroffen. Zwar muss eine genetische Veranlagung vorhanden sein. Im Gegensatz zum Typ-1-Diabetes, der oft schon im Kindes- und Jugendalter ausbricht und der nicht heilbar ist, kann Altersdiabetes aber durch die Lebensweise beeinflusst, verhindert oder sogar geheilt werden.

Was ist Diabetes?

Kohlenhydrate werden in unserem Verdauungssystem aufgespalten in Zuckermoleküle, die ins Blut wandern. Sie dienen unserem Gehirn als Nahrung und unseren Körperzellen als Energielieferant. Um dort hineinzugelangen, ist das Hormon Insulin, das in der Bauchspeicheldrüse gebildet wird, als Schlüssel nötig. Und zwar immer dann, wenn der Blutzuckerspiegel ansteigt. Passiert das zu plötzlich, zu stark und zu häufig, dann kann die Bauchspeicheldrüse streiken und kommt mit der Produktion nicht mehr hinterher. Mit zunehmendem Übergewicht werden die Zellen außerdem unempfindlich gegenüber dem Insulin, der Blutzucker bleibt im Blut. Ab einer bestimmten Menge wird er mit dem Urin ausgeschieden.

Warnsystem unseres Körpers

Typ-2-Diabetes ist eine schleichende Krankheit. Es ist wichtig, dass sie so früh wie möglich erkannt wird, um Schäden zu minimieren. Viele bemerken ihren Diabetes erst, wenn die ersten gesundheitlichen Probleme auftreten. Dabei lässt sich das Risiko schon bei ersten Symptomen begrenzen. Testen Sie sich also:

SELBSTTEST: ERHÖHTES RISIKO?

Häufige Begleiterscheinungen eines Diabetes	**Trifft zu**
Übergewicht *(siehe Seite 236/237)*	☐
Hoher Blutdruck *(siehe 240)*	☐
Störungen des Fettstoffwechsels	☐
Symptome eines Diabetes	
Großer Durst, häufiges Wasserlassen	☐
Müdigkeit und Abgeschlagenheit	☐
Sehstörungen	☐
Vermehrte (Haut-)Infektionen mit schlechter Heilung	☐
Juckreiz	☐

Haben Sie ein oder mehrere Kreuzchen gemacht, sollten Sie beim Arzt einen Blutglukosetest durchführen lassen. Auch wenn er negativ ausfällt, ist es sinnvoll, den Blutzucker regelmäßig zu kontrollieren. Diesen Test können auch viele Apotheken durchführen.

Diabetes macht krank

Wenn der Blutzuckerspiegel ständig erhöht oder nicht gut eingestellt ist und stark schwankt, führt das zu Schädigungen der Blutgefäße. Die Folge sind Augen-, Nerven- und Nierenschäden bis hin zum sogenannten diabetischen Fuß. Für die hohe Sterblichkeit ist am Ende aber das erhöhte Risiko für Herz-Kreislauf-Erkrankungen wie Arteriosklerose, Schlaganfall und Herzinfarkt verantwortlich.

Diabetes Typ 2 lässt sich vermeiden!

Der „Apfeltyp“ (siehe Seite 236/237) trägt seine Problemzonen am Bauch mit sich herum und hat ein erhöhtes Risiko, an Typ-2-Diabetes zu erkranken. Dagegen anzugehen ist gar nicht so schwer: Schon tägliche 30 Minuten Bewegung, mehr Ballaststoffe, frisches Obst und Gemüse statt Fett im Ernährungsplan können das Risiko um 30 bis 76 Prozent senken. Ausreden wie „Jetzt ist es eh' zu spät“ gelten nicht: Denn dass ein Wandel des Lebensstils (fast) nie zu spät kommt, beweist unter anderen eine finnische Studie zur Vorbeugung gegen Diabetes, bei der das Durchschnittsalter 55 Jahre betrug.
In den USA fand man heraus, dass Zigaretten ebenso kontraproduktiv sind wie zu viele Kalorien und zuckergesüßte Getränke. Wer täglich 20 Zigaretten raucht, verdoppelt sein Erkrankungsrisiko.

Die Ernährung umstellen

Auch im Fall einer Erkrankung ist noch nicht alles zu spät. Eine Gewichtsabnahme auf der Basis von Bewegung und Ernährungsumstellung machen Medikamente bei einem Typ-2-Diabetes oft überflüssig! Die Blutzuckerwerte können dadurch so weit gesenkt werden, dass die körpereigene Insulinproduktion wieder ausreicht, um die gesamte Blutglukose in die Körperzellen aufzunehmen. Ganz abgesehen davon, dass sich auch der Blutfettspiegel verbessert.
Diätprodukte sind überflüssig und unnötig teuer. Kohlenhydrate und selbst Haushaltszucker sind nicht verboten! Vorzuziehen sind aber komplexe Kohlenhydrate in Vollkorn, Hülsenfrüchten, Gemüse und Obst. Bei der Einteilung der Kohlenhydrate hilft das Maß des glykämischen Index (GI, auch Glyx genannt). Je höher der GI, desto schneller geht der Zucker – der in allen Kohlenhydraten steckt und damit auch in Obst und Gemüse – ins Blut und treibt die Blutzuckerspitzen in die Höhe. Lebensmittel mit hohem GI sind meist stark verarbeitet und haben kaum Ballaststoffe. Zu ihnen gehören beispielsweise Honig, weißer Reis und zuckerhaltige Getränke. Mit viel Eiweiß und Fett aus den jeweiligen Lebensmitteln sinkt der GI aber.

Eine Diabetes-Diät?

In neueren Untersuchungen haben sich Diäten, bei denen die Kohlenhydrate reduziert wurden, als wirkungsvoll für eine Gewichtsreduktion erwiesen. Der Anteil der Kohlenhydrate an der Kalorienmenge lag dabei bei höchstens 40 Prozent – im Gegensatz zu den bislang empfohlenen 45 bis 60 Prozent. Der Anteil der Kalorien, die aus dem Fett kommen, blieb bei 30 bis 35 Prozent, dafür war mehr Eiweiß erlaubt, nämlich 20 bis 30 Prozent der täglichen Kalorienmenge. Komplexe, ballaststoffreiche Kohlenhydrate sollten bevorzugt werden. Diese Nährstoffverteilung könnte auch der Sarkopenie (siehe Seite 12) gegensteuern. Wer keine gesunden Nieren hat (das trifft für nicht wenige Menschen mit Diabetes zu!), sollte mit dieser proteinreichen Kost vorsichtig sein und sie nur unter ärztlicher Aufsicht durchführen, wie überhaupt der Nutzen dieser Diät bei Typ-2-Diabetes noch nicht bewiesen ist, so Professor Hauner, Direktor des Zentrums für Ernährungsmedizin an der TU München. Außerdem ist sie praktisch schwer umzusetzen.

DAS METABOLISCHE SYNDROM

Das Metabolische Syndrom wird auch das „tödliche Quartett" genannt. Wer von diesem Stoffwechselleiden betroffen ist, hat nicht nur mit einer Krankheit, sondern gleich mit mehreren zu kämpfen: mit Übergewicht, gestörtem Glukose- und Fettstoffwechsel und Bluthochdruck.

Was ist das Metabolische Syndrom?

Es sind vier Probleme, die einander bedingen und gemeinsam das Metabolische Syndrom auslösen:

1. Bauchbetonte Adipositas

Nach dem Internationalen Diabetesverband sind überschüssige Pfunde, vor allem am Bauch und um die Taille, die Hauptursache für die Entstehung des Metabolischen Syndroms. Denn das abdominale Fett verursacht kaskadenartig die weiteren Krankheitssymptome. Bei Fettansammlungen im Bauchraum spricht man vom Apfel-Typ (Androider-Typ, siehe Seite 236/237).

2. Gestörter Zuckerstoffwechsel

Durch starkes Übergewicht wird ein spezielles Hormon (Adiponektin) nicht mehr ausgeschüttet. Die Körperzellen werden dadurch „taub" für Insulin und können die anfallende Glukose nicht mehr aus dem Blut aufnehmen. Die Folgen sind ein erhöhter Glukosespiegel und eine erhöhte Insulinproduktion, um die Unempfindlichkeit der Zellen für Glukose zu kompensieren. Doch nach einiger Zeit stößt die Insulinproduktion an ihre Grenzen: Typ-2-Diabetes entsteht (siehe Seite 238/239).

3. Fettstoffwechselstörung

Die erhöhte Insulinproduktion ist eine logische Reaktion des Körpers. Jedoch mit negativen Folgen: Zu viel Insulin führt dazu, dass freie Fettsäuren ebenfalls im Blut verbleiben und nicht abgebaut werden. Überschüssiger Zucker und Fett im Blut führen auf längere Sicht zu Ablagerungen in den Gefäßen und einem erhöhten Arterioskleroserisiko.

4. Bluthochdruck (Hypertonie)

Verstopfte Blutgefäße verursachen Bluthochdruck und bilden die gefährliche Spitze des Syndroms. Denn zusammen erhöhen Hypertonie und Arteriosklerose das Risiko für kardiovaskuläre Erkrankungen wie Herzinfarkt oder Schlaganfall: bei Frauen um das Vier- bis Sechsfache und bei Männer um das Zwei- bis Dreifache!

So erkennen Sie es

Seit April 2005 gibt es von der International Diabetes Federation eine einheitliche Definition für das Metabolische Syndrom: Misst das Maßband bei Frauen einen Bauchumfang von mehr als 80 Zentimetern und bei Männer mehr als 94 Zentimetern und kommen dann noch zwei weitere der (im Kasten rechts unten) genannten Stoffwechselstörungen hinzu, zählt man zu dem Kreis der am Metabolischen Syndrom erkrankten Personen. Mittlerweile leiden schätzungsweise schon etwa 20 bis 25 Prozent der Bevölkerung an diesem verheerenden Stoffwechselleiden. Von den Typ-2-Diabetikern sind etwa 80 Prozent auch vom Metabolischen Syndrom betroffen.

Eine Wohlstandskrankheit

Das Metabolische Syndrom ist eine Wohlstandskrankheit: Fast Food und Fertigprodukte statt frisch zubereiteter Mahlzeiten, Fernsehen und Computer statt körperlicher Aktivität in der Freizeit, Auto und Fahrstuhl statt Fahrrad und Treppe. Das sind nur einige Beispiele, die den Lebensstil in den Industrienationen widerspiegeln. Viele von uns können mit diesem bequemen Leben und dem zusätzlichen Überangebot an Nahrungsmitteln nicht umgehen. Die Folge: In Deutschland sind inzwischen die Hälfte der Frauen und fast 70 Prozent der Männer zu dick (siehe Seite 236).

Da bauchbetontes Übergewicht den Anfang allen Übels darstellt, ist es auch der Ausgangspunkt für die Behandlung des Metabolischen Syndroms. Eine Ernährungs- und Lebensstiländerung, die eine Gewichtsabnahme bewirkt, lässt die Folgekrankheiten oft ganz von selbst verschwinden. Ein wesentliches

Hilfsmittel ist dabei die regelmäßige körperliche Aktivität. Die Whitehall-II-Studie fand heraus, dass fünf Stunden Ausdauertraining im Laufe einer Woche das Risiko, am Metabolischen Syndrom zu erkranken, um fast ein Viertel reduzieren. Das kann tägliches Laufen, Radeln oder Walken sein, ergänzt durch andere sportliche Aktivitäten wie Gymnastik, Tanzen oder Schwimmen. Wir wissen bisher noch viel zu wenig über das Metabolische Syndrom. So scheint der Verzehr von einem halben Liter Milch oder derselben Menge Milchprodukte das Risiko um die Hälfte zu reduzieren. Das fand eine britische Langzeitstudie von 2007 heraus. Wer das aber zusätzlich konsumiert, muss an anderer Stelle sparen. Sonst könnte er zu dick werden – und das erhöht das Risiko wiederum ...

Aber vielleicht gibt es einen kalorienfreien Weg, das Risiko zu mindern: dreimal in der Woche mittags eine halbe Stunde Sonnenbad für Gesicht, Arme und Beine verbessert die Versorgung mit Vitamin D enorm. Ein Mangel an diesem Vitamin scheint das Metabolische Syndrom zu begleiten. Wer sich häufig in geschlossenen Räumen aufhält, viel Zeit an Computer oder Fernsehen verbringt, hat ein erhöhtes Risiko für Vitamin-D-Mangel.

KENNGRÖSSEN DES METABOLISCHEN SYNDROMS

1. Bauchumfang:	Männer mehr als 94 Zentimeter Frauen mehr als 80 Zentimeter
2. Nüchtern-Blutglukose:	mehr als 100 mg/dl bzw. 5,6 mmol/l
3. Fettstoffwechselstörung:	
a) Erhöhte Triglyzeride:	mindestens 150 mg/dl bzw. 1,7 mmol/l
b) Zu niedriges HDL-Cholesterin:	Männer weniger als 40 mg/dl bzw. 1,03 mmol/l Frauen weniger als 50 mg/dl bzw. 1,29 mmol/l
4. Bluthochdruck:	systolisch mehr als 130 mmHg diastolisch mehr als 85 mmHg

Nach: International Diabetes Federation (IDF)

LEBENSMITTEL-KNOW-HOW: ANGEBOT UND MÖGLICHER ERSATZ

LEBENSMITTEL	REZEPTSEITE	KURZBESCHREIBUNG
Ajvar	S. 104, 109, 177	Mildes oder scharfes, säuerlich eingekochtes Paprika- oder Paprika-Auberginen-Mus aus dem Balkan.
Aloe vera (-Saft)	S. 52	Aloe vera ist eine Wüstenlilie, deren Inhaltsstoffe vielfache gesundheitliche Wirkungen haben sollen.
Beluga- oder Kaviarlinsen	S. 126	Kleine, schwarze, glänzende Linsen mit maronenähnlichem Geschmack. Siehe S. 220.
Berberitzen	S. 56, 83, 119, 194, 202	Kleine, längliche orangerote und fein säuerliche Beeren des Berberitzenstrauches. Getrocknet in der persischen Küche beliebt. Siehe S. 222.
Bindobin	S. 64	Handelsname von Johannisbrotkernmehl, das auch ohne Kochen eindickt. Es besteht aus unverdaulichen Ballaststoffen und tut deshalb Verdauung und Darmflora gut. Siehe S. 64.
Buchweizen	S. 206	Kleine, braune, dreikantige Körner. Auch Heidekorn oder Schwarzpolenta genannt.
Bulgur	S. 83	Grob gebrochene Weizenkörner, die im vorderen Orient als Beilage gegessen werden. Wird zubereitet wie Reis. Siehe S. 16, 219.
Cannellini-Bohnen	S. 106, 129	Weiße, besonders zarte Bohnen, die in Norditalien angebaut und gegessen werden. Siehe S. 220.
Couscous	S. 110, 119, 190	Vorgegarter, grober, aber polierter Weizengrieß, der in Nordafrika Grundnahrungsmittel ist. Siehe S. 219.
Cranberries	S. 56, 116, 126	Die „Kranbeere" ist mit der Heidelbeere verwandt und wird in Nordamerika in großem Stil angebaut. Wie Preiselbeeren sind sie zu sauer, um sie roh zu essen. Siehe S. 222.
Currypaste	S. 189	Currypasten gibt es in Grün, Gelb und Rot. Sie unterscheiden sich in Schärfegrad und Aroma.
Dinkel(mehl)	S. 56, 58, 79, 95, 116, 119, 197, 208, 210	Dinkel ist die Urform von Weizen. Das unreif geerntete und gedarrte Korn des Dinkels wird als Grünkern bezeichnet. Siehe S. 218.
Filoteig (auch Yufka genannt)	S. 198, 210	Den hauchdünnen Teig gibt es in unterschiedlichen Größen. Er wird nur aus Mehl, Wasser und Salz hergestellt und ist sehr fettarm.
Fünf-Gewürze-Pulver	S. 147	Ein fernöstlicher Mix aus Sternanis, Szechuanpfeffer, Zimt, Fenchelsamen und Nelken, der vor allem der Chinaküche das besondere Aroma verleiht.

ZU FINDEN IN ...	TIPPS	ERSETZBAR DURCH
orientalischen Läden, gut sortierten Supermärkten	Eignet sich zum Würzen oder für Dips. Geöffnet max. 1 Woche im Kühlschrank lagern, schimmelt schnell.	Tomatenpüree
Reformhäusern, Bioläden	Achtung vor Werbeaussagen: Nicht alle Wirkungen, die dieser Pflanze zugesprochen werden, stimmen; die Produkte sind oft zu teuer.	Möhrensaft
Reformhäusern, Bioläden	Siehe S. 220	Champagner-, Chateau-, Puy- oder Berglinsen
orientalischen Läden	Kann man mit Wasser oder etwas Saft weichkochen.	Rosinen, getrocknete Cranberries
Reformhäusern, Bioläden	1 Messlöffel Bindobin reicht für 100 ml kalte Flüssigkeit oder Sauce und für 200 ml Suppe.	Für süße Gerichte Gelierzucker (hat mehr Kalorien), Agar-Agar
Reformhäusern, Bioläden, gut sortierten Supermärkten	Trocken in einer beschichteten Pfanne geröstet, schmecken die Körner wie Nüsse.	Gehackte Mandeln, Haselnüsse, Pistazien
Reformhäusern, Bioläden, gut sortierten Supermärkten		Couscous, Reis
Bioläden, gut sortierten Supermärkten, ital. Läden	Siehe S. 106. Erst würzen, wenn die Bohnen fast gar sind.	Weiße Bohnen
Bioläden, türkischen Läden, gut sortierten Supermärkten	Quillt auch in kalter Flüssigkeit.	Bulgur, Reis
Supermärkten (Abteilung getrocknete Früchte)	Siehe S. 222. Zu verwenden wie Rosinen. Passen gut zu Wild und Schmorgerichten.	Granatapfelkerne, Preiselbeeren, getrocknete Kirschen
Asialäden, gut sortierten Supermärkten	Kokosmilch mildert die Schärfe.	Kreuzkümmel mit Gelbwurz und Chili
Supermärkten	Entspelzter Dinkel kann wie Reis zubereitet werden.	Weizen(vollkorn)mehl
türkischen, griechischen, arabischen Läden	Kann bei Tartes auch den Mürbeteig ersetzen.	Blätterteig, Strudelteig (zum Selbermachen S. 164)
Supermärkten, Asialäden	Gibt's auch im Ganzen: besonders aromatisch frisch aus der Gewürzmühle.	Die einzelnen Gewürze

LEBENSMITTEL	REZEPTSEITE	KURZBESCHREIBUNG
Garam Masala	S. 139	Diese Gewürzmischung ist typisch für die Zubereitung von Currys.
Granatapfel (-saft)	S. 52, 116, 178	Die dekorative Frucht wird im Orient und Mittelasien geerntet. Im Inneren befinden sich in größeren Kammern kleine Kerne mit saftigem Fruchtfleisch, die bei Reife rot sind. Siehe S. 222.
Isomalt	S. 64	Wird aus der Zuckerrübe hergestellt und schmeckt natürlich. Siehe S. 225.
Kardamom	S. 119	Stammt aus Indien und ist Bestandteil von Gewürzmischungen und „Chai", auch von europäischem Weihnachtsgebäck. Typisch ist die grüne Kardamomkapsel. Schwarzer Kardamom ist herber. Siehe S. 214.
Kichererbsen	S. 58	Diese milden, runden Hülsenfrüchte werden im Mittelmeerraum und Vorderasien bis Indien angebaut. Sie werden getrocknet, als Nasskonserve und als Mehl angeboten. Siehe S. 220.
Kokosmilch	S. 139, 142, 202	Die frische Nuss ist reich an Mineralstoffen, die zellschützend wirken, enthält aber 40 % Öl mit vielen gesättigten Fettsäuren, die man bei einem hohen Cholesterinspiegel meiden sollte.
Koriandergrün	S. 140, 174	Sieht aus wie feine Petersilie, schmeckt aber völlig anders und sehr intensiv. Spielt in der asiatischen, nordafrikanischen, kanarischen und mexikanischen Küche eine Hauptrolle. Siehe S. 216.
Koriander-körner/-samen	S. 140, 142, 174	Die ätherischen Öle dieses Gewürzes wirken antibakteriell und ähnlich wie Kümmel entblähend und krampflösend.
Kreuzkümmel	S. 83, 85, 106, 139, 140	Gehört zur gleichen Familie wie Kümmel, hat aber einen ganz anderen Geschmack, wird vor allem in der orientalischen und indischen Küche verwendet. Siehe S. 215
Kurkuma	S. 110, 140	Mit dem ingwerartigen Geschmack passt Kurkuma gut zu Eierspeisen, Cremesuppen und harmoniert mit Senf.
Macis	S. 184	Macis ist der getrocknete, blattförmige, orange bis rote Samenmantel der Muskatnuss. Gibt es gemahlen oder als gelbbraune Hülle.
Maroni	S. 147	Esskastanien sind in Süd- und Westeuropa zu Hause. Sie enthalten mehr Stärke und weniger Fett und Eiweiß als Nüsse und sind deshalb kürzer haltbar.
Mie-Nudeln	S. 113, 140	Asiatische Mie-Nudeln werden häufig als Suppeneinlage oder für gebratene Nudelgerichte verwendet.
Mohn	S. 56	Die Samen des Schlafmohns können unterschiedlich viel Morphin enthalten. Bei normaler Verwendung problemlos – Schwangere sollten aber lieber auf Mohn verzichten. Siehe S. 56.

ZU FINDEN IN ...	TIPPS	ERSETZBAR DURCH
orientalischen Läden	Basismischungen kann man nach Geschmack ergänzen z. B. mit Muskat oder Fenchel. Entfaltet sein Aroma durch Schmoren und Braten.	
türkischen, orientalischen Läden, Bioläden	Siehe S. 222. Der Saft lässt sich mit einer Zitronenpresse auspressen. Als Spritzschutz Haushaltspapier darüberlegen.	Cranberrysaft, Mix aus Limetten- und Zitronensaft
Reformhäusern	Isomalt ersetzt Zucker im Verhältnis 1:0,45.	Zucker
gut sortierten Supermärkten (gemahlen), Asialäden	Von frisch zerstoßenen Kardamomsamen am besten immer nur eine Prise verwenden.	Ingwer
gut sortierten Supermärkten (in der Dose oder getrocknet)	Siehe S. 58. Gegarte und mit Gewürzen geröstete Kichererbsen sind eine köstliche Knabberei und fertig in indischen Läden zu bekommen.	Getrocknete Bohnen
Asialäden, Supermärkten, Discountern	Es gibt süße und ungesüßte, fette und fettarme Kokosmilch: Achten Sie aufs Etikett!	Pürierter Aufguss von Wasser auf Kokosraspeln
gut sortierten Gemüsetheken	Koriandergrün erst kurz vor Gebrauch in kaltem Wasser schwenken, sonst verliert es das Aroma.	Petersilie
Supermärkten (Gewürzabteilung)	Koriander frisch mahlen. Er schmeckt mild und kann daher großzügig verwendet werden.	
orientalischen, asiatischen Läden (ganz oder gemahlen)	Vor Gebrauch die Samen rösten und zerkleinern. So kann sich das Aroma besser entfalten.	Kümmel
Asialäden, gut sortierten Supermärkten	Sparsam und erst kurz vor Kochende verwenden. Lichtgeschützt aufbewahren.	
gut sortierten Bioläden, Reformhäusern, Apotheken	Macis kurz vor Kochende zufügen oder auf die fertigen Speisen geben. Es ist milder als Muskatnuss.	Muskatnuss
Supermärkten, Bioläden	Fertig gegarte, haltbare Maroni werden in Schrumpffolie angeboten, in Sud als Konserve, gesüßt als Creme.	Cashewnüsse
Lebensmittelläden, Asialäden	Sie sind vorgekocht und müssen nur noch einmal aufkochen und 2–3 Min. ziehen.	Chinesische Eiernudeln, Fadennudeln
Supermärkten (abgepackt als Mohnsamen)	Mohn für Füllungen mahlen und kochen. Es gibt auch verzehrfertige, gesüßte Mohnmasse.	Sesamsamen oder Marzipanrohmasse

LEBENSMITTEL	REZEPTSEITE	KURZBESCHREIBUNG
Paksoi	S. 142	Mildes Chinagemüse, das mit Kohl verwandt ist und halb aus Rippen, halb aus Blatt besteht. Siehe S. 223.
Pastinaken	S. 91, 103, 178	Mildes Wurzelgemüse, das durch seine magenberuhigende Wirkung in der Babykost wiederentdeckt wurde. Auch roh essbar – ähnlich wie Rübchen oder Karotten. Siehe S. 90, 223.
Perlgraupen	S. 103	Polierte Gerstenkörner, die Niacin, Zink, Folsäure und Eisen enthalten. Siehe S. 219.
Polenta	S. 109	Polenta wird auch Maisgrieß genannt, da es beim Vermahlen von Mais entsteht.
Propolis	S. 57	Ein Bienenharz, das die Bioaktivstoffe von Blüten enthält. Kann in seltenen Fällen allergische Reaktionen auslösen. Siehe S. 57.
Pul Biber	S. 68, 79, 80, 85, 106, 113, 161, 177, 178, 186, 190, 198	Kleine Chiliplättchen, findet Verwendung vor allem in der türkischen Küche. Pul Biber ist ähnlich scharf wie schwarzer Pfeffer. Siehe S. 214.
Puy-Linsen	S. 142	Sie stammen aus Frankreich, sind festkochend, klein und ohne Einweichen in etwa 20 Min. gar. Siehe S. 220.
Quinoa	S. 145	Samen des Knöterichgewächses, hat einen hohen Anteil an Aminosäuren, sehr viel Eisen und Zink. Siehe S. 219
Sambal Oelek	S. 194	Rote, sehr scharfe Würzpaste aus Indonesien. Die mildere, süßlichere Variante heißt „Sambal Manis".
Schwarzkümmel	S. 68	Kleine schwarze dreieckige Samen, die man vor allem von türkischem Fladenbrot kennt. Nicht mit schwarzem Sesam verwechseln.
Süßkartoffel	S. 91	Süßliche Kartoffelsorten mit Knollen in unterschiedlicher Farbe und Größe, ursprünglich aus Süd- und Mittelamerika. Siehe S. 90, 223.
Tahin	S. 53	Sesampaste, die in der arabischen Küche eine große Rolle spielt. Siehe S. 53.
Tofu (Sojaquark)	S. 66	Tofu wird aus Soja hergestellt. Es gibt aromatisch gewürzte Tofusorten. Räuchertofu schmeckt fleischig-würzig.
Vanillepulver	S. 53	Vanillepulver ist gemahlene Vanilleschote. Es ist – anders als Vanillin – frei von Aromastoffen und Zucker.
Wasabi	S. 76, 103, 130, 180	Eine Wurzel, die ein Meerrettich-ähnliches, scharfes Aroma hat. Sie stammt aus Japan. Siehe S. 215.
Wasserkastanien	S. 186	Essbare „Nüsse" einer chinesischen Wasserpflanze, die es geschält als Konserve oder tiefgefroren gibt. Siehe S. 186, 223.
Zitronengras	S. 139	Gibt es frisch, tiefgekühlt, als Paste oder getrocknet – dann zerstoßen oder als Pulver. Siehe S. 217.
Zitronenkaffirblätter/Kaffirlimettenblätter	S. 179, 180	Durch die ätherischen Öle haben die dunkelgrünen Blätter des Kaffirlimettenbaums einen intensiven Limettengeschmack. Siehe S. 217

ZU FINDEN IN ...	TIPPS	ERSETZBAR DURCH
Gemüse-, Asialäden	Übrig gebliebene Blätter für Salat verwenden.	Chinakohl, Mangold
Gemüsetheken, Bioläden	Angeschnitten bis zum Erhitzen in Zitronen- oder Essigwasser legen, da sie sich sonst verfärben.	Möhren
Supermärkten, Reformhäusern (Nacktgerste)	Nacktgerste wird nicht poliert und ist dadurch gehaltvoller als die polierten Gerstenkörner.	
Supermärkten, Bioläden, Reformhäusern	Polenta gibt es in italienischen Läden auch als schnittfestes Fertigprodukt für die Pfanne.	Vollkornweizengrieß
Bioläden, bei Imkern	Geschmack und Geruch von Propolis variieren je nach Herkunft des Produkts.	Rosenblätter, Kräuterblüten
türkischen Läden	Als Anhaltspunkt zur Dosierung: Für den Strudel auf S. 198 etwa 1 TL nehmen, wenn es scharf sein soll, sonst weniger.	Frische Chilischoten, Sambal Oelek
Supermärkten, Bioläden	Siehe S. 220	Kaviar-, Berg-, Champagnerlinsen
Reformhäusern, Bioläden		
gut sortierten Supermärkten, Asialäden	Im Kühlschrank mehrere Monate haltbar.	Frische Chilischoten, Tabasco
Supermärkten, orientalischen Läden	Gemahlener oder zerstoßener Schwarzkümmel schmeckt intensiver als die ganzen Samen.	Schwarzer Sesam
Bioläden, Gemüsetheken	Siehe S. 223. Am besten schmecken die orangefleischigen Knollen.	
Bioläden, orientalischen Läden	Siehe S. 53. Weißer Tahin aus geschältem Sesam ist milder.	Mandelmus, Erdnussbutter
Bioläden, Asialäden, gut sortierten Supermärkten	Enthält nicht alle essenziellen Aminosäuren: mit anderen eiweißreichen Lebensmitteln essen.	
Reformhäusern, Bioläden		Vanilleschote
Asialäden, gut sortierten Supermärkten	Siehe S. 215. Die grüne Paste eignet sich als dekorative Garnitur für Fisch und Meeresfrüchte.	Normaler Meerrettich
Asialäden (Dose)	Siehe S. 186, 223. Am besten in dünne Scheiben schneiden. Auch als Suppeneinlage toll!	
Asialäden, gut sortierten Supermärkten	Siehe S. 217. Mitgekocht verleiht es Speisen einen exotischen Geschmack.	
Asialäden (frisch oder getrocknet).	Siehe S. 217	

STICHWORTVERZEICHNIS

A

B

C

D

E

F

G

H

I, J

K

L

M

N

O

P

Q

R

S

T

Ü

V

W

Z

REZEPTE VON A BIS Z

L

M

N

O

P

Stiftung Warentest

Impressum

Stiftung Warentest
Lützowplatz 11–13
10785 Berlin
Tel. 0 30 / 26 31–0
Fax 0 30 / 26 31–25 25
www.test.de

Vorstand: Dr. jur. Werner Brinkmann
Weiteres Mitglied der Geschäftsleitung:
Hubertus Primus (Publikationen)

Autorin: Dagmar von Cramm,
Dipl. oec. troph., Freiburg
Mitglied im Präsidium der
Deutschen Gesellschaft für Ernährung

Mitarbeit Autorin: Kathleen Peterka, Dipl. oec. troph. (Redakteurin, Versuchsküche); Barbara Micucci (Versuchsküche); Kathy Decker, Dipl. oec. troph. (Volontärin, Versuchsküche)

Lektorat: Ursula Rieth
Lektoratsassistenz: Veronika Schuster

Fachliche Beratung:
Prof. Dr. med. Hans Hauner,
Else Kröner-Fresenius-Zentrum für Ernährungsmedizin der TU München
Vera Kaftan-Namyslowski
Christiane Röhling
Dorothee Soehlke-Lennert

Layoutentwicklung, Bildredaktion:
Anna Rosa Stohldreier, Berlin

Titel, Layoutadaption:
Florian Brendel, Berlin

Fotos Titel + Rezepte:
Michael Kompe, Berlin

Foodstyling: Anke Rabeler, Berlin

Weitere Fotos
Getty Images: Tom Grill (S. 26, 29, 120, 233); Zubin Shroff (S. 166); **iStock:** Alasdair Thomason (S. 8, 20); Alessandro Guerani (S. 230); Alex Kizilov (S. 33); Alina Solovyova-Vincent (S. 125); Angel Rodriguez (S. 51); Angelafoto (S. 34); Angelo Gilardelli (S. 228); Anna Khomulo (S. 8, 49); Annett Vauteck (S. 40); Ashley Whitworth (S. 214); Bill Grove (S. 19); Brad Wieland (S. 173); Carl Kelliher (S. 26); Carlos Alvarez (S. 169); Clint Hild (S. 173); Daniel Loiselle (S. 123); David Joyner (S. 17); Donald Erickson (S. 73); doram (S. 39); Özgür Donmaz (S. 33); Eduard Vulcan (S. 125); Elena Elisseeva (S. 124); Elena Schweitzer (S. 45); Elena Zapassky (S. 227); Enrico Fianchini (S. 49); Ermin Gutenberger (S. 239); Evangelos Patriarcheas (S. 219); Floortje (S. 30, 38); Gabor Izso (S. 169); Gary Stokes (S. 36); George Jurasek (S. 43); Gregor Lajh (S. 227); Ivan Mateev (S. 51); Jason Reekie (S. 38); Jill Chen (S. 70, 238); Joan Vincent Cantó Roig (S. 15, 20); John Boylan (S. 31); John Peacock (S. 43); Juan Monino (S. 229); Julian Rovagnati (S. 21); kkgas (S. 38); Leonid Nyshko (S. 36, 216); Maceofoto (S. 226); Manuela Weschke (S. 125); Marcelo Wain (S. 224); Maria Bacarella (S. 231); Maria Bibikova (S. 41); Maria Gritcai (S. 73); Mark Evans (S. 14); Markos Dolopikos (S. 31); Millanovich (S. 49); Miquel Munill (S. 25); Nataliya Hora (S. 73); Nicolai Suslov (S. 41); Nigel Silcode (S. 222); Nikola Bilic (S. 40); Norman Chan (S. 239); Oleksandr Staroseltsev (S. 37); Oliver Blondeau (S. 14); Oliver Hamalainen (S. 17); Oliver Hoffmann (S. 214); Pål Espen Olsen (S. 48); pederk (S. 21); Peter Mlekuñ (S. 42); Petros Tsonis (S. 33); Rae Murphy (S. 226); Roberto A. Sanchez (S. 212, 233); Roberto Adrian (S. 36); Robyn Mackenzie (S. 14); Roman Chmiel (S. 19, 225); Sasimoto (S. 217); Stefan Tiraboschi (S. 37); Stefanie Timmermann (S. 45, 220); Stepan Popov (S. 241); Susan Fox (S. 234); Tafars Stevenson-Howard (S. 22); Tatyana Ogryzko (S. 124); Tomas Bercic (S. 226); William Berry (S. 32); Wolfgang Amri (S. 9); Zhang Bo (S. 45); **Fotolia:** Altio Ferlito (S. 221); Stefan Thiermayer (S. 219)

Infografiken: Kati Hammling, (S. 227)

Litho: tiff.any GmbH, Berlin

Verlagsherstellung: Rita Brosius (Ltg.), Susanne Beeh

Produktion: Vera Göring, Catrin Knaak

Druck: Firmengruppe APPL, aprinta druck, Wemding

Hersteller, Requisite: Arzberg Porzellan GmbH; ASA Selection GmbH; Auerhahn Bestecke GmbH; Bauscher; B / R / K Vertriebs-GmbH; Butlers; Josten Handel + Franchise GmbH & Co KG; Dom/Christian Koban GmbH; Duralex International France; Fissler GmbH; Friesland Porzellanfabrik GmbH & Co.KG; F.X. Nachtmann Bleikristallwerke GmbH; Ikea Deutschland GmbH & Co. KG; Kahla/Thüringen Porzellan GmbH; Knud Holst; Lambert GmbH; Langholz Coledampf´s CulturCentrum Küchenartikel KG; La Porcellana Bianca GmbH; Papstar Vertriebsgesellschaft mbH & Co. KG; Mepal Rosti Deutschland; Porzellanfabriken Christian Seltmann GmbH; Porzellanfabrik Schönwald/Spezialfabrik für Hotelporzellan; Rahaus Wohnen 2001 GmbH; Rice Denmark; Rosenthal Studio-Haus GmbH; Strauss Innovation GmbH & Co. KG; W.F. Kaiser u. Co. GmbH; WMF Württembergische Metallwarenfabrik AG; Villeroy & Boch AG; Zwiesel Kristallglas AG – Jenaer Glas

Einzelbestellung:
Stiftung Warentest
Tel. 0 180 5 / 00 24 67
Fax 0 180 5 / 00 24 68
(je 14 Cent pro Minute aus dem Festnetz, maximal 42 Cent pro Minute aus dem Mobilfunknetz)
www.test.de/shop

ISBN: 978-3-86851-025-6